YAOPIN YINGXIAOXUE YUANLI

药品营销学原理

主　编　谢纳泽　马　静
副主编　李元元　余家乐

河南大学出版社
HENAN UNIVERSITY PRESS
·郑州·

图书在版编目（CIP）数据

药品营销学原理 / 谢纳泽，马静主编． -- 郑州：河南大学出版社，2021.4

ISBN 978-7-5649-4649-4

Ⅰ．①药… Ⅱ．①谢… ②马… Ⅲ．①药品－市场营销学 Ⅳ．① F763

中国版本图书馆CIP数据核字（2021）第071034号

责任编辑 林方丽
责任校对 聂会佳
封面设计 郭　灿

出版发行	河南大学出版社
	地址：郑州市郑东新区商务外环中华大厦2401号　邮　编：450046
	电话：0371-86059750（高等教育与职业教育出版分社）
	0371-86059701（营销部）
	网址：hupress.henu.edu.cn
印　刷	广东虎彩云印刷有限公司
版　次	2021年4月第1版　　　　　　　　**印　次** 2021年4月第1次印刷
开　本	787 mm×1092 mm　1/16　　　　**印　张** 19
字　数	382千字　　　　　　　　　　　　**定　价** 48.00 元

（本书如有印装质量问题，请与河南大学出版社联系调换。）

前　言

健康是促进人的全面发展的必然要求，是经济社会发展的基础条件，是民族昌盛和国家富强的重要标志，也是全国各族人民的共同愿望和期待。2016年8月，全国卫生与健康大会在北京召开，习近平总书记指出，没有全民健康，就没有全面小康，要把人民健康放在优先发展的战略地位。

药品既是流通领域的商品，又是医生治病救人、护佑健康的重要武器。2016年10月25日，中共中央、国务院发布了《"健康中国2030"规划纲要》，对完善药品供应保障体系、优化健康服务等进行了重点规划，提出要"推进药品、医疗器械流通企业向供应链上下游延伸开展服务，形成现代流通新体系。规范医药电子商务，丰富药品流通渠道和发展模式""完善国家药品价格谈判机制。建立药品出厂价格信息可追溯机制""建设遍及城乡的现代医药流通网络，提高基层和边远地区药品供应保障能力"。伴随着药品流通领域一系列重要改革举措的出台，药品营销活动面临前所未有的新环境、新形势、新挑战、新机遇。

药品营销是一项实践性、政策性很强的工作，也是一项需要科学理论指导的创造性活动。本书以《中华人民共和国药品管理法》及其实施条例为统领，以《药品、医疗器械、保健食品、特殊医学用途配方食品广告审查管理暂行办法》《医药代表备案管理办法（试行）》等国家对药品经营的一系列法律法规为基础，充分借鉴吸收国内外市场营销和药品营销理论研究与实践探索的新理念、新成果、新方法，结合一线营销人员访谈、座谈，对当前药品营销活动的一般规律和基本经验进行梳理和总结，以期对新形势下药品营销实践提供有益参考。本书坚持把"市场营销基本原理与药品营销的特殊要求"相结合、"科学精神普及与人文精神培育"相结合、"理论原理介绍与实践操作技巧"相结合，融入了国家最新的文件、规范，增强了专业性、人文性、实用性和时代感。

本书旨在使读者了解药品营销的一般规律，熟悉药品营销的基本方法和策略。本书脉络清晰，深入浅出，普及性强，为各类药品营销从业人员系统学习营销理论提供了一本适宜的辅导教材，也可作为高等院校医药学专业大学生的专业读本。

本书由河南大学谢纳泽、马静担任主编。河南应用职业技术学院李元元、湖南中医药高等专科学校余家乐担任副主编。编写工作的具体分工是：谢纳泽（第一章、第二章、第九章）、余家乐（第三章）、马静（第四章、第五章、第六章、第七章、第八章）、李元元（第十章及附录）。谢纳泽负责全书的统稿和审稿工作。

在编写本书的过程中，我们走访了许多药品生产经营企业，拜访了药品营销一线的同仁和朋友，获得了大量的第一手资料；参考和借鉴了国内外部分专家、学者和药品营销实际工作者的研究成果和著述；从一些企业网站、营销论坛中获得了很多药品营销的策略与技巧，在此一并致谢。鉴于实践经验和理论水平有限，书中难免有欠妥之处，恳请广大同仁和读者批评指正。

河南大学　谢纳泽

2020年12月

目　　录

第一章　绪　论 ··· 001
　　第一节　药品营销学的产生与发展 ··· 001
　　第二节　药品营销学的研究对象和主要内容 ···································· 008
　　第三节　药品营销人员应具备的市场学基本知识 ····························· 011
　　第四节　药品营销人员应具备的药品基本知识 ································ 019
　　第五节　药品营销人员的自身建设 ··· 033

第二章　药品市场消费者研究 ·· 045
　　第一节　消费需求理论 ·· 045
　　第二节　药品市场消费者购买心理与购买动机 ································ 051
　　第三节　药品市场消费者购买行为及其影响因素 ····························· 056

第三章　药品市场调研 ·· 061
　　第一节　药品市场调研的概念和意义 ··· 061
　　第二节　药品市场调研的内容和类型 ··· 063
　　第三节　药品市场调研的步骤和方法 ··· 068

第四章　药品目标市场选择 ··· 075
　　第一节　药品市场细分 ·· 075
　　第二节　药品目标市场的选择 ·· 082
　　第三节　药品市场定位 ·· 086

第五章　药品策略 ··· 092
　　第一节　药品的概念与分类 ··· 092
　　第二节　药品市场寿命周期理论 ··· 097

第三节　药品注册 101

第六章　药品商标策略、品牌策略与包装策略 105
　　　第一节　药品商标策略 105
　　　第二节　药品品牌策略 111
　　　第三节　药品包装策略 117

第七章　药品定价 122
　　　第一节　药品定价目标 122
　　　第二节　药品定价策略 126

第八章　药品分销渠道策略 135
　　　第一节　一般商品的分销渠道及其类型 135
　　　第二节　"两票制"背景下医药企业的分销渠道 142
　　　第三节　药品集中采购 151

第九章　药品促销策略 159
　　　第一节　药品的促销 159
　　　第二节　药品广告 163
　　　第三节　公共关系 180
　　　第四节　营业推广 199
　　　第五节　我国药品营销理念的新发展 203

第十章　医药代表与药店代表 216
　　　第一节　医药代表的岗位职责 216
　　　第二节　药店代表的实战技巧 231

附录一　中华人民共和国药品管理法 245

附录二　中华人民共和国药品管理法实施条例 269

附录三 药品、医疗器械、保健食品、特殊医学用途配方食品广告审查管理暂行办法 282

附录四 互联网药品信息服务管理办法 288

附录五 国家药监局关于发布医药代表备案管理办法（试行）的公告（2020年第105号） 293

主要参考文献 296

第一章 绪 论

药品营销学是一门综合性的应用科学，它以经济科学、行为科学、药学和现代管理理论为基础，研究以消费者（患者）为中心的药品生产经营企业市场营销活动及其规律性，具有全程性、综合性、实践性的特点。它是伴随着医药经济的发展和繁荣而产生与发展起来的。

第一节 药品营销学的产生与发展

一、市场营销、市场营销学与药品营销学的概念

（一）市场营销

关于市场营销的概念，可谓仁者见仁智者见智，国内外学者对市场营销下过上百种定义，企业界的理解更是各有千秋。美国著名营销学家菲利普·科特勒教授认为，市场营销是个人和群体通过创造并同他人交换产品和价值以满足需求和欲望的一种社会和管理过程。根据这一定义，我们可以把市场营销的概念归纳为以下要点。

（1）营销不仅仅是"卖东西"，而是发现和培育市场需求，排除障碍，创造市场机会。市场营销的最终目标是"满足需求和欲望"，交换只是实现这一目标的手段或途径。销售产品是为了满足顾客需求，是利他行为，如果只注意产品而忽视顾客的需求，就会产生"市场营销近视症"。

（2）交换是市场营销的核心，交换过程是一个主动、积极地寻找市场机会，满足供求双方需求和欲望的社会过程和管理过程。人们有了需求和欲求，企业也将产品生产出来了，还不能解释为市场营销，产品只有通过交换才使市场营销产生。人们通过自给自足或自我生产方式，或通过捐赠、偷抢方式，或通过乞求方式获得产品，都不

是市场营销，只有通过市场交换，买卖双方各取所需、各得其所，才产生市场营销。

（3）交换过程能否顺利进行，取决于营销者创造的价值和产品满足顾客需求的程度和交换过程管理的水平。从这个意义上说，"酒香"就不怕"巷子深"。

也就是说，市场营销是指为了适应和满足消费者的需求，采取各种措施将产品或劳务从生产者手里转到消费者手里，从而实现企业生产、经营目标的一系列活动。

（二）市场营销学

市场营销学译自英语"Marketing"一词，这个词在我国有多种译法：市场学、行销学、销售学、市场管理、市场推销，等等。尽管译名多种多样，但其内涵基本是一致的，即市场营销学是一门专门研究企业市场营销策略和经营艺术的经济学科，是现代企业经营管理经验的概括与总结。

（三）药品营销学

药品营销学是市场营销学学科体系的一个分支，是市场营销学基本原理在药品经营领域中的理论延伸与具体应用，是一门专门研究药品市场的一般规律及药品生产经营企业市场营销活动的方法、策略和艺术的经济学科。它是伴随着医药经济的发展和繁荣，在药品经营实践中产生与发展起来的。

二、市场营销学的产生和发展

（一）市场营销学的产生

市场营销学是商品经济发展的产物，是伴随着经济发展和企业经营管理的需要而出现的，是20世纪发展最快的管理学科之一。这门建基于哲学、数学、经济学、心理学、管理学和行为科学之上的学科，不仅是当代企业在迅速变化的市场环境和日趋激烈的市场竞争中求生存、求发展的管理利器，而且已逐渐成为一种思维方式，在经济文化和社会生活的各个方面都得到了广泛应用。

市场营销学于20世纪初创建于美国，随后，它自身就像一个适销对路的商品一样，迅速传播到欧洲各国、日本和其他国家，在实践中不断发展、丰富和完善。

（二）市场营销学的发展

1. 市场营销理论的萌芽时期（20世纪初至20世纪20年代）

19世纪末至20世纪初，世界主要资本主义国家相继完成了产业革命，生产力水平极大提高，市场上的商品日益增多，而劳动者有支付能力的购买需求则相对缩小，资本家不得不关心自己产品的销路问题。这样，一些资产阶级经济学家为了迎合资本家垄断市场、追求最大利润的要求，开始着手研究市场销售问题。1912年，美国哈佛大学赫杰特奇（J. E. Hagertg）出版了第一本以"市场学"命名的教科书，这是市场营销学作为一门独立学科出现的里程碑。不过，这时的研究活动还没引起社会的广泛重视，仅限于在"象牙塔"里进行。

2. 市场营销理论的发展时期（20世纪20年代至第二次世界大战以后）

1929年，资本主义世界爆发了空前的经济危机，主要资本主义国家明显进入供大于求的买方市场，资本家开始重视市场调查，提出了"创造需求"的口号，并重视市场调查研究，分析、预测、刺激消费者的需求。市场营销学开始从大学讲台走向社会，市场营销学研究大规模展开。

3. 市场营销理论的系统化时期（第二次世界大战以后至20世纪60年代末）

第二次世界大战以后，美国军工经济开始转向民用经济，社会商品急剧增加，社会生产力大幅提升，而与此相适应的居民消费水平却没有得到多大提高，市场竞争更加激烈，市场营销从概念到内容都发生了深刻的变化，以消费者为中心的新的市场营销观念代替了以生产者（产品）为中心的旧的市场营销观念，这一基本观念的变革，被西方称为"市场学革命"。这一变革，要求企业重新审视市场在生产经营过程中的地位，把市场在生产过程中的位置颠倒过来：过去，市场被看作生产过程的终点，要求市场适应生产；现在，把市场看作生产过程的起点，生产要适应市场。

4. 市场营销理论创新时期（20世纪60年代末以来）

20世纪60年代末以来，市场营销学日益与消费经济学、管理学、心理学、社会学等学科密切结合，成为一门热门的边缘应用科学，研究领域日益广阔并向纵深发展。

现在，市场营销学作为一门世界性的独立学科已越来越受到政治家、经济学家、企业家、教育家们的重视，其基本理论和原理被运用到社会政治、经济、思想和文化生活的各个方面。

三、市场营销观念的演进

市场营销观念是企业经营活动的指导思想或商业哲学，它反映了一个企业的经营观念和思维方式，是企业如何看待顾客和社会的利益，即如何处理企业、顾客和社会三者之间利益的关键。无论是西方国家企业还是我国企业，营销观念演变都经历了由"以生产为中心"转变为"以顾客为中心"，由"以产定销"转变为"以销定产"的过程。

企业经营观念的演变过程既反映了社会生产力及市场趋势的发展，也反映了企业领导者与时俱进，对市场营销发展客观规律认识的不断深化。这可从美国企业经营观念的演变体现出来。现代企业的市场营销观念可归纳为五种，即生产观念、产品观念、推销观念、市场营销观念和社会市场营销观念。

（一）生产观念

生产观念是指导企业行为的最古老的观念之一。这种观念产生于20世纪20年代以前。企业经营哲学不是从消费者需求出发，而是从企业生产出发。其主要内容是：企业以改进、扩大生产为中心，生产什么产品就销售什么产品。生产观念认为，消费者喜欢那些可以随处买得到而且价格低廉的产品企业应致力于提高生产效率和分销效率，扩大生产，降低成本以扩展市场。例如，美国皮尔斯堡面粉公司，从1869年至20世纪20年代，一直以生产观念来指导企业的经营，当时这家公司提出的口号是"本公司旨在制造面粉"。美国汽车大王亨利·福特曾傲慢地宣称："不管顾客需要什么颜色的汽车，我只有一种黑色的。"因此，福特公司在很长一段时间只生产黑色的T型轿车，它的营销观念是典型的生产观念，生产的产品都是从本公司的角度出发，公司认为好的产品就是好产品。

生产观念是在市场产品供不应求的卖方市场条件下产生的。在资本主义工业化初期以及第二次世界大战末期和战后恢复时期，由于物资短缺，市场产品供不应求，生产观念在企业经营管理中颇为流行。我国在计划经济体制下，由于市场产品短缺，企业不愁产品没有销路，工商企业在其经营管理中也奉行生产观念，具体表现为：工业企业集中力量发展生产，轻视市场营销，实行以产定销；商业企业集中力量抓货源，生产什么就收购什么，生产多少就收购多少，也不用考虑市场。除了物资短缺、产品供不应求的情况之外，有些企业在产品成本高的条件下，为了降低成本，就扩大生产产量，其市场营销管理也受生产观念支配。如亨利·福特在20世纪初期曾倾全力大规模生产汽车，努力降低成本，从而降低汽车的价格，使消费者能够购买得起，借以提高福特汽车在市场上的销售量。

（二）产品观念

产品观念是一种古老的企业营销观念。产品观念认为，消费者喜欢质量好、功能好、有特色和价格合理的产品，企业应致力于提高产品质量，并不断加以改进，提供物美价廉的产品。它产生于市场产品供不应求的卖方市场条件下，为市场提供的商品不足，消费者可以选择的商品有限。企业只是把注意力放在产品上，而不是放在市场需要上。

在市场营销管理中过于信奉产品观念，只看到自己的产品质量好，看不到市场需求在变化，就容易使企业经营陷入困境。例如，美国的一家钟表公司自1869年创立到

20世纪50年代，一直被公认为是美国最好的钟表制造商之一。该公司在市场营销管理中强调生产优质产品，并通过由著名珠宝商店、大百货公司等构成的市场营销网络分销产品。1958年之前，公司销售额始终呈上升趋势，但此后其销售额和市场占有率开始下降。造成这种状况的主要原因是市场需求发生了变化，这一时期的许多消费者对名贵手表已经不感兴趣，而趋向于购买那些经济、方便和新颖的手表，而且已经有许多制造商迎合了消费者的需要，开始生产低档产品，并通过廉价商店、超级市场等大众分销渠道积极推销，从而夺走了该钟表公司的大部分市场份额。但公司竟没有注意到市场需求条件的变化，依然迷恋于生产精美的传统样式手表，仍旧借助传统渠道销售，认为自己的产品质量好，顾客必然会找上门。结果，企业经营遭受重大挫折，原有的市场被其他企业占领。

（三）推销观念

推销观念产生于20世纪20年代末至50年代，是许多企业所采用的另一种传统的营销观念。该观念认为，只要努力推销产品，消费者就会大量购买，因此企业必须积极推销和大力促销，运用广告术和推销术来刺激消费者大量购买本企业产品。这种观念本质上是"企业生产什么产品就销售什么产品"的翻版。

推销观念产生于资本主义国家由卖方市场向买方市场过渡的阶段。1920—1945年间，由于科学技术的进步、科学的管理和大规模生产方式的推广，产品产量迅速增加，逐渐出现了市场产品供过于求的买方市场、卖主之间竞争激烈的新情况。尤其在1929—1933年主要资本主义国家发生经济危机期间，大量产品销售不出去，迫使企业重视采用广告术与推销术去推销产品。许多企业家感到，即使有物美价廉的产品，也未必能卖得出去，企业要在日益激烈的市场竞争中求得生存和发展，就必须重视推销。例如，美国皮尔斯堡面粉公司在这种情况下，信奉推销观念，当时提出"本公司旨在推销面粉"的口号。其推销观念仍旧存在于当今的企业营销活动中，如对于顾客不愿购买的产品，往往采用强行的推销手段，而不是积极地从顾客的需求出发，生产、销售市场需要的商品。这种观念虽然比前两种观念有所进步，开始重视广告术及推销术，但其本质仍然是以生产为中心的传统的营销观念。

以上三种营销观念我们统称为传统的市场营销观念，以下介绍的营销观念是现代的市场营销观念。

（四）市场营销观念

市场营销观念是对传统营销观念的挑战，是一种新型的企业经营哲学。这种观念是以满足顾客需求为出发点的，即顾客需要什么产品，企业就生产、销售什么产品。

20世纪50年代中期,美国的社会生产力迅速发展,市场趋势表现为供过于求的买方市场,同时广大居民个人收入迅速提高,消费者对产品的要求越来越高,选择性越来越多,企业之间为实现产品的销售竞争越来越激烈,许多企业开始认识到,必须转变经营观念,才能求得生存和发展。开明的企业开始信奉市场营销观念。市场营销观念认为,实现企业各项目标的关键,在于正确确定目标市场的需要和欲望,因此,企业信奉"顾客就是上帝"的理念,并且比竞争者更有效地提供目标市场所期望的产品或服务,进而比竞争者更有效地满足目标市场的需求。市场营销观念的出现,使企业经营观念发生了根本性变化,也使市场营销学发生了一次革命。市场营销观念与推销观念具有本质的差别。推销观念只考虑卖方的需要,营销活动的中心是如何把产品销售出去;市场营销观念则考虑买方的需要,营销活动的中心是如何通过制造和提供消费者需要的产品及服务,满足顾客的需求。从本质上说,市场营销观念是一种以顾客的需要和欲望为导向的指导思想。在大多数国家已经进入买方市场的情况下,许多优秀的企业都已奉行了市场营销观念。例如,日本本田汽车公司在美国市场上推出一种新车前,派出工程技术人员专程到美国考察高速公路的情况,实地丈量道路,采集高速公路的柏油,拍摄进出口道路的设计。回到日本后,他们专门修了一条9英里(约14.5千米)长的高速公路,就连路标和告示牌都与美国公路上的一模一样。按照美国市场的条件及需求设计的汽车,一投放到美国市场就备受消费者推崇。

(五)社会市场营销观念

社会市场营销观念是对市场营销观念的修改和补充。它产生于20世纪70年代西方资本主义国家出现能源短缺、通货膨胀、失业增加、环境污染严重、消费者保护运动盛行的新环境下。市场营销观念只考虑消费者的需求和企业的利益,而忽视了社会公众的利益。社会市场营销观念认为,企业提供产品,不仅要满足消费者的需要和欲望,而且要符合消费者和社会的长远利益,企业要关心与增进社会福利。社会市场营销观念要求市场营销者在制定市场营销策略时要统筹兼顾三方面的利益,即企业利润、消费者需要的满足和社会利益。例如,我国的一些本土企业以及一些外资企业、合资企业,在我国市场上生产经营其产品获取利润时,还积极地捐助当地的教育、环保、慈善等事业,为促进社会福利做出贡献,特别是在市场当地出现自然灾害时,企业更是利用这个机会捐款捐物,以此在市场上、在社会公众的心目中树立良好的企业形象,这样做的企业就是信奉了社会市场营销观念。

上述五种企业营销观念的产生和存在都有其历史背景和必然性,都是与一定的市场条件相联系、相适应的。自20世纪80年代至今,随着市场的不断变化,市场营销观念又出现了诸如关系营销、绿色营销、网络营销等新的营销观念。一些企业为适应市场的变化，不断追求新的现代的市场营销观念，指导企业在市场环境变化中生存和发展。因此，企业为了在瞬息万变的市场中求得生存和发展，必须树立具有现代意识的市场营销观念、社会市场营销观念。但必须指出的是，由于诸多因素的制约，当今企业并非都树立了市场营销观念和社会市场营销观念，有的企业还在信奉传统的市场营销观念，因此，有必要大力提倡现代企业更新旧的市场营销观念。可以肯定地说，确立正确的市场营销观念是企业成功的基础。

四、市场营销学在我国的传播

20世纪三四十年代，市场营销学在中国曾有一轮传播。现存最早的教材，是复旦大学丁馨伯先生于1933年编译、出版的《市场学》。但是，在计划经济条件下，市场营销学没有获得发展的"市场"。

十一届三中全会以后，我国再次引进了市场营销学。1984年1月，全国高等院校市场学研究会的成立，为市场营销学的学习、应用和推广揭开了新的篇章。1984—1994年，可以说是市场营销学在我国广为传播的时期。在这一段时间里，市场营销理论、策略和方法的研究和应用，无论就广度还是深度而言，均取得了跨越式发展，十年走过了在西方国家数十年走过的历程。1995年，第五届市场营销与社会发展国际会议在北京召开，促进了我国营销理论研究与应用的深化、拓展。目前，市场营销的基本原理已广泛应用于社会政治、经济、文化生活的方方面面。

五、药品营销在我国的发展

我国的药品营销实践和对药品营销理论的研究起步都比较晚。1979年以前，在计划经济体制下，老百姓求医问药的唯一途径就是医院，国内制药企业均按照上级下达的计划安排生产，药厂的生产规模由医院、医药公司上报的计划来决定，企业基本上都只有一个供销科。药品销售基本上是通过各地的国有医药公司流通到各级医院，再通过医院医生的处方来完成的。药品销售过程，只是供销科与各地医药公司的计划衔接问题，只要医药公司的收购计划完成，药厂的销售任务也即完成，不存在真正意义上的药品营销。

1978—1985年，伴随着改革开放的步伐和经济的发展，人们的消费水平得到提高，健康意识也逐渐增强，制药企业的经营理念和营销手段开始趋向灵活，医药公司统购包销的职能被逐渐减弱。在经济利益驱动下，各地新的药厂如雨后春笋般出现，药品品种越来越多，竞争格局逐渐形成。

1985—1989年，中国经济得到较大发展，上海施贵宝、天津史克、西安杨森等合资药厂纷纷建立，合资药厂的产品销售因完全不在计划经济之内，销售模式是纯粹的自产自销。同时，大批进口药品引进中国，使人们的用药选择空间进一步扩大。合资药厂与进口商为开拓中国医药市场，将自己的产品销售出去，便借鉴国外普遍的操作经验，建立了自己的市场营销队伍，开始了真正意义上的药品营销。

20世纪90年代以后，我国的市场经济体制逐步完善，医药市场也渐趋成熟，更多的国营制药企业走上了自产自销的道路，加上越来越多的合资制药企业的介入，药品市场竞争逐渐激烈，药品营销理论和实践都获得了长足的发展。

进入21世纪后，人们的收入水平得到了很大的提高，健康意识也日益增强，对药品的消费已经有了一定的认知。处方药和非处方药开始分类，大量的零售药店和连锁药店建立，消费者对药品的选用范围扩大，选用方式也从单一的处方型向双向选择型转变，药品市场大规模消费的潜力得以挖掘，药品市场竞争愈演愈烈。同时，世界经济一体化日渐系统化，尤其是我国加入世界贸易组织后，高新技术带来了经济生活的新变化以及药品消费者理念与行为的深刻转变，新的药品营销观念不断产生。正如美国西北大学营销学副教授格雷戈里·卡彭特先生所言，传统的营销观就是"给顾客他们想要的东西"，企业应弄清购买者想要什么，而后想出行之有效的办法予以满足。从根本上讲，营销是一种发现行为，判断的主要前提是购买者知道自己想要什么。但发展中的新营销观念与此不同。营销战略越来越基于这样一种假设，即购买者至少在一开始并不知道自己想要什么，而是"学会"想要什么。例如，过去人们没有"补钙""补维生素"等概念，是通过学习形成了新的健康理念，产生了"缺失感"，从而使这些药品市场出现并迅速壮大起来的。

第二节 药品营销学的研究对象和主要内容

一、药品营销学的研究对象

每个学科都有自己的"责任田"，药品营销学也有自己独特的研究对象，它是研究以消费者（患者）为中心的药品生产经营企业市场营销活动及其规律性的，这种研究具有鲜明的全程性、综合性、实践性的特点。

(一) 全程性

现代药品营销学的研究对象已远远突破了药品流通领域，向前可以追溯到制药企业的产前活动，包括药品市场调研、药品设计、包装、商标等；向后可以延伸到企业的售后服务，包括消费者（医生、患者等）对药品是否满意、会不会成为回头客等。

药品营销不同于药品的推销。药品营销包括药品市场调研、产品开发、定价、促销、服务等一系列经营活动，而药品的推销仅仅是药品生产经营企业营销活动的一个环节或一部分。

(二) 综合性

现代药品营销学已经发展成为一门综合性的应用学科，单单具备药学或市场营销学等某一学科的知识是无法做好药品营销活动的。一个优秀的药品营销人员不仅要具备必需的药品专业知识，而且要培养广泛的兴趣与能力，了解琴棋书画、诗文戏舞等，努力成为"博士"、通才。

(三) 实践性

俗话说得好：十年可以养出一个秀才，但养不出一个商人。正像学习游泳必须下水一样，学习药品营销也不能纸上谈兵，仅仅掌握药品营销理论是远远不够的，必须亲身从事药品营销实践。同时，理论的力量就在于同实践相结合，药品营销理论来源于药品营销实践，也必须在药品营销实践中才能得到检验、丰富和完善。从某种意义上说，市场是一本最好的市场营销教科书。

二、药品营销学的主要内容

消费者是企业的"衣食父母"，任何一个企业要想在市场上求得生存和发展，都必须使自己的生产经营活动适应消费者的需要，因此，药品市场消费者是现代药品生产、经营企业营销活动的中心。围绕这一中心，药品营销学主要开展以下四个方面的研究，简称4Ps理论，即药品营销学的四大支柱：产品（Product）、价格（Price）、渠道（Place）、促销（Promotion）。

(一) 产品

药品营销学研究产品，不是研究产品的生产过程和工艺技术，而是从消费者或患者的需求出发，研究药品生产经营企业如何适应消费者防病、治病、养生的需要，生产出适销对路的药品。这不仅包括药品实体，还包括药品的特质，如知名度、美誉度、信誉、服务等。

(二) 价格

这一点主要研究药品生产经营企业定价的理论依据,以及在不同市场背景下采取的定价方法和定价策略等。价格是市场经济的第一信号,是药品生产单位、药品经销企业和医疗机构进行竞争的重要标准。药品价格的制定与调整,对于保证社会主义市场机制的正常运转起到了不可替代的作用,对于稳定市场物价、保障人民生命健康具有重大意义。

(三) 渠道

这一点主要研究药品生产出来以后通过什么渠道、经过哪些环节到达消费者(患者)手中。谁拥有销售通道,谁就拥有未来。渠道选择正确与否,关系到药品流通时间的长短、费用的多少、价格的高低,影响着企业利润的多少。

(四) 促销

这一点主要研究药品生产经营企业扩大药品销路的途径、策略、方法和技巧。

当然,市场营销策略组合作为现代市场营销理论中的一个重要概念,是不断丰富和发展的,在传统的4Ps理论基础上,营销组合因素即"P"的数目有增加的趋势。1986年6月,美国著名市场营销学家菲利普·科特勒教授又提出了11Ps营销理念,即在传统的4P之外加上政府权力、公共关系、调研、区隔、优先、定位和人,并将产品、价格、渠道、促销称为战术4P,将调研、区隔、优先、定位称为战略4P。产品、价格、渠道、促销4P之外的7P含义分别是:

(1) 政府权力(Power),指依靠两个国家政府之间的谈判,打开另外一个国家市场的大门,依靠政府人脉,打通各方面的关系。

(2) 公共关系(Public Relations),就是利用新闻宣传媒体的力量,树立对企业有利的形象报道,消除或减缓对企业不利的形象报道。

(3) 调研(Probe),即探索,就是市场调研,通过调研了解市场对某种产品的需求状况如何,有什么更具体的要求。

(4) 区隔(Partition),即市场细分的过程,按影响消费者需求的因素进行分割。

(5) 优先(Priority),即选出"我"的目标市场。

(6) 定位(Position),即为自己生产的产品赋予一定的特色,给消费者留下一定的印象,或者说,定位就是确立产品竞争优势的过程。

(7) 人(People),"只有发现需求,才能满足需求",这个过程要靠员工实现。因此,企业就要想方设法调动员工的积极性。这里的People不单单指员工，也指顾客。顾客也是企业营销过程的一部分，比如网上银行，客户参与性就很强。

第三节　药品营销人员应具备的市场学基本知识

一、市场及其基本要素

（一）市场的概念

市场是商品经济的范畴，市场的概念有广义和狭义之分，广义的市场是指一定时间、地点条件下，商品生产者、中间商、消费者交换关系的总和；狭义的市场是指商品交换的场所。

（二）市场的基本要素

（1）必须具有能满足消费者某种需要的一定量的商品或劳务，这是构成市场的物质基础，即市场主体。

（2）必须具有一定量的由货币购买力所形成的有支付能力的需求。

（3）必须具有从事市场交换活动的当事人，即市场客体。

（三）市场的分类

我们可以从不同角度对市场进行分类。从市场要素上，就主体而言，市场可分为买方市场和卖方市场。所谓买方市场就是商品供大于求，卖方互相竞争，消费者持币选购，市场销售以消费者为中心，买方占优势地位的市场形势；反之，则属于卖方市场。就客体而言，市场可分为商品市场和生产要素市场。其中，商品市场又可分为生产资料市场和消费资料市场，生产要素市场又可分为资金市场、信息市场、技术市场、劳动力市场等。

按照地理位置，市场可分为城市市场、农村市场及国内市场、国外市场。

另外，我们还可以从时间、法律、运作等角度来对市场进行分类。

二、药品市场相关概念

(一) 药品市场

商品的市场就是客户的需求。某种药品的市场就是患者治疗某种疾病的需求,这种需求可能是全面的疗效,也可能是其中的一部分,比如缓解部分症状。

(二) 市场细分

市场细分就是将具有相同或相似需求的消费者归纳在一起的过程。例如,医药代表对负责区域中的目标医院进行市场细分,就是按照销售产品的不同市场的潜力评估因素将目标医院划分为A、B、C三类,而对目标医生也可根据处方机会和对其支持度分为A、B、C三类。

(三) 市场潜力

目标市场的潜在需求的多少即市场潜力。

(四) 医院潜力

医院潜力是单位时间内目标医院中所有的适应证患者对某种药品的需求总和。对任何药品,其潜力计算都只与适应证患者的人数及药品的治疗剂量相关,与其他竞争药品的销售金额或包装量无关。简单地把一家医院里全部同类产品的盒数加起来,认为大约就是该类药物的市场潜力总和,这种计算是不科学的,因为不同的产品在治疗量上没有直接的可比性。

(五) 医生与适应证潜力

不同的目标医生处理不同适应证的患者数量分别有多少,就是目标医生对不同适应证的潜力。

(六) 患者潜力

患者潜力等于平均每日患者的某药品的处方量疗程天数。每日患者的处方量根据不同治疗阶段的治疗方案由医生确定。

(七) 药品定位

药品定位就是将药品的特点及由此能提供的利益与划分的目标市场需要相对应的

过程。例如，某种抗生素能够有效地抑制革兰阴性菌的活性，因而可有效控制感染，我们就定位这种抗生素为有效治疗革兰阴性菌感染的抗生素。同一产品在不同的销售阶段可根据市场策略进行不同的市场定位。比如，镇痛药可以治疗各种疼痛，但由于市场条件的不同，可以定位于急性疼痛或者慢性疼痛用药，也可以定位于创伤性疼痛或者癌性疼痛。在骨科急诊医生需要快速缓解骨折、外伤患者的疼痛时，一种定位于急性创伤性疼痛的镇痛药会立刻引起医生的注意，这就说明医生的需求与药品的利益对应起来了，加上医药代表对药品的特性和利益的说明，医生就会逐渐形成明确的药品定位。

（八）终端

终端就是企业产品销售渠道的最末端，是企业产品到达消费者手中的"最后一公里"，换句话说，就是最终用户可以购买到商品的地方。

药品销售终端可分为三类。第一终端为公立医院，包括市级公立医院和县级公立医院市场；第二终端为零售药店，包括实体药店和网上药店（获得药品经营许可证）；第三终端为公立基层医疗，包括城市社区卫生中心/站和乡镇卫生院。药品销售终端的城市社区卫生服务中心、县医院、乡镇卫生院（含乡村卫生室）等公立基层医疗服务单位是国家"全民医保"建设的最大受益者，也是医药市场总量增长的主要动力所在。

2018年我国三大终端六大市场药品销售额实现17 131亿元，同比增长6.3%。从实现药品销售的三大终端的销售额分布来看，公立医院终端市场份额最大，2018年占比为67.4%，零售药店终端市场份额2018年占比为22.9%，公立基层医疗终端市场份额近年有所上升，2018年占比为9.7%。如果加上未统计的民营医院、私人诊所、村卫生室，则中国药品终端总销售额约20 000亿元。

（九）药品上市许可持有人

药品上市许可持有人是指取得药品注册证书的企业或者药品研制机构等。

药品上市许可持有人应当依照《中华人民共和国药品管理法》规定，对药品的非临床研究、临床试验、生产经营、上市后研究、不良反应监测及报告与处理等承担责任。其他从事药品研制、生产、经营、储存、运输、使用等活动的单位和个人依法承担相应责任。

（十）"两票制"

"两票制"，即药品从生产企业销往流通企业开一次发票，流通企业销往医疗机构再开一次发票的药品流通政策。其着力于减少药品流通中间环节，鼓励公立医疗机构与药品生产企业直接结算货款、药品生产企业与流通企业直接结算配送费用，避免多级经销商，从而减少层层药价加码情况。

2017年1月9日，为压缩药品流通环节，解决药品价格虚高问题，实现医药产业的健康发展，国务院医改办、国家卫生和计划生育委员会等国家八部门联合发布了《关于在公立医疗机构药品采购中推行"两票制"的实施意见（试行）》，"两票制"开始在药品流通环节实施。

三、当前我国医药行业的发展趋势

随着"两票制""一致性评价""三医联动"等国家政策的不断推进，我国药品流通行业集中度进一步提升，药品零售市场呈现连锁化趋势，医药工业迎来产品和企业洗牌，医药电商迎政策利好将全面发展。

（一）药品零售呈现连锁化趋势

1995年，海王星辰、中联大药房率先在深圳建立起现代化运营模式的连锁药店。至今，我国药店连锁化已经历了25个年头。

2017年我国有零售药店45.4万家，连锁化率50.4%。我国零售药店"小、散、乱"问题突出，行业标准化、信息化等水平参差不齐，不利于开展大规模信息化建设及集中管理。相比于美国3大连锁药店巨头CVS、Walgreens、Rite占据75%的市场份额，我国零售药店连锁率还有较大提升空间。

规模化的并购只是过程，整合优化才是扩张的关键。尤其是加盟店，此前一直不被看好。2017年各大连锁巨头为了扩张速度，也都开始"自营+加盟"并重发展。2018年11月23日商务部发布《全国零售药店分类分级管理指导意见（征求意见稿）》，提出"2020年，全国大部分省市零售药店分类分级管理制度基本建立，工作机制运行良好；到2025年，在全国范围内统一的零售药店分类分级管理法规政策体系基本建立，部分协调联动机制运行良好"。分类分级管理制度可以促进零售药店规范化经营，推动药品零售行业转型升级，提升药品流通监管效率，保障消费者用药安全。但一旦零售药店分类分级管理落实到位，相关配套政策及资源向优质药店倾斜，"二八分化"会更严重，马太效应也会更明显，从而带来零售药店信息化和集中度的提升，呈现出强者恒强的格局，从而使全国性龙头与区域性药店连锁龙头胜出。

（二）医药商业集中度进一步提升

随着2017年"两票制"全面推行，药品流通行业集中度将明显加速。国药、华润、上药、九州通等医药商业龙头迎来利好，一些过票违规、品种较少、缺乏竞争力的中小医药商业将被彻底淘汰。

我国医药产业集中度仍很低，除国药、华润、上药3大医药龙头外，还存在许多规模很小的商业代理公司，供货目录甚至只有十几个品种，这直接导致医药流通环节多、成本高，药品从生产商到最终的消费者有六到七个流通环节，无序竞争、过度竞争现象严重。

"两票制"政策的深入执行将进一步压缩药品流通环节，提升产业集中度，医药服务供应链集成管理模式将进一步优化。

（三）一致性评价带来制药企业洗牌

药物一致性评价是新医改的核心政策之一，旨在提高药品质量、减少同质化竞争、淘汰僵尸文号、鼓励新药开发等。

目前我国已有的药品批准文号总数达18.9万，而一致性评价后这一数字会砍掉一大半，研发能力较弱的中小医药企业和研发机构将因此倒闭或被兼并。尤其对以仿制药为主的中小制药企业来说，一致性评价带来生物等效性（Bioequivalence，BE）开展难、BE风险高、品种选择难、投入高等诸多困难。按现在的情况，一致性评价BE费用，加上前期药学研究调查，一个项目可能需要投入500万元以上，而且不能确保BE一次性合格。如果是抗肿瘤等特殊药品，投入可能会翻倍。

新版GMP《药品生产质量管理规范》淘汰了一大批企业，一致性评价将继续淘汰一批资金、研发和营销实力弱的医药企业。以往纯靠营销和渠道建设的医药企业，将会随着品种的优胜劣汰而渐渐落幕。

（四）处方药外流释放千亿级市场

长期以来，公立医院在处方药市场牢牢占据主导地位，医院处方更是难以流出，处方药在药房销售中占比极低。但随着医药分家、降低药占比、流通"两票制"等医改政策落地，处方外流已是大势所趋，将释放千亿级的市场。国务院通过的《"十三五"卫生与健康规划》明确要求，加快推动门诊患者凭处方到零售药店购药。目前，在门诊诊断开药，到零售药店拿药已十分寻常。

处方药从公立医院外流或将带来千亿级市场，无论是工业企业、商业企业还是零售药店都在蠢蠢欲动，紧盯这块市场。在处方药这块，目前的格局是医院占70%份额，社区占10%左右的份额，零售约占20%的份额。按照国家目标，要把医院近1/3处方药外流到院外，相当于在原来7000亿基础上拿出2000亿进入零售市场，无疑是一个巨大的市场机遇。

1. 处方药外流的3种主要模式

目前处方药外流主要是3种模式，第一种是DTP(Direct to Patient)模式，即制药企业将产品直接授权给药店做经销代理，患者在拿到医院处方后就可以在药房买药并获得专业用药指导；第二种是处方药生产企业自己建立零售团队，实现药品零售化销售；第三种就是患者拿着医院的处方自己到院外购药，这种类型目前占绝大部分，属于处方药的自然外流。

2. 处方药外流所面临的问题

第一，目前医院处方药外流数量有限，中药处方流出要比西药处方多。

第二，药店处方药销售需要严格执行相关规定，比如按照GSP（《药品经营质量管理规范》）规定进行储存、陈列、管理，给消费者提供体验空间。

第三，药店需要增加高层次的药学服务人员，具备专业的处方用药指导技能。

除此之外，处方电子化、用药习惯等也会影响到药店销售。

3. 药店如何承接处方药外流

药店承接处方药应做好这几点：一是做好处方药品种规划，把现有的经营品种与医院医保报销目录的品种进行匹配，再同药企进行价格谈判；二是利用药店市场化的价格优势和服务优势吸引医院处方，培养忠实的消费者群体；三是提升专业化服务能力，提高诊断和用药水平，增强消费者购药体验。

医院处方外流是一个巨大的市场机遇，零售药店应提前布局，从根本上解决患者用药依从性的问题，不断提高用户黏度。

（五）医药电商快速发展

医药电商，即医药电子商务，是指以医疗机构、医药公司、医药生产商、医药信息服务提供商、第三方机构等以营利为目的的市场经济主体，凭借计算机和网络技术（主要是互联网）等现代信息技术，进行医药产品交换及提供相关服务的行为。

虽然我国医药电商已有了一定的发展，但受限于消费者购物习惯、电商发展不够成熟等因素，网购药品的占比相对较小。过去几年，我国药品网购的占比虽然保持增长，但比重均低于10%。随着医药电商的不断发展，O2O（线上到线下）等模式得到更多消费者接受，通过网购这个渠道购买药品的占比将不断提高。

随着新医改、互联网+、医药新零售等因素正深入影响医药电商行业，近年来中国医药电商市场开始呈现持续增长的趋势。可以说，医药电商的黄金时代已经到来。医药电商与普通的电商并无本质区别，最重要的区别在于医药领域：一是受到严格的监管，二是对于服务的要求比其他领域的电商要求更高。

近年来，我国二孩政策的实行、人口老龄化现象的加剧以及人们对健康观念的提升,医药行业发展前景一片大好。而随着"互联网+"的不断深入以及智能手机的进一步普及,医药电商迎来更多发展机遇。随着医药电商的进一步覆盖,市场规模将持续扩大,2025年或将近3800亿元。

信息化是实现智慧医疗的重要技术之一,而智慧医疗的发展会给医药电商带来更多机遇。目前,智慧医疗包括互联网医药、在线问诊、远程诊疗等,实现这些医疗服务的各个环节中,药品配送同样至关重要。除了医院自身的智慧药房可以为患者进行配药、物流配送以外,互联网医疗服务平台在为患者诊断、开具电子处方后,可以通过平台的网上药房或是合作的线下药店为患者配送药品。

2020年9月21日,国务院办公厅印发《关于以新业态新模式引领新型消费加快发展的意见》(以下简称《意见》),该《意见》要求:建立健全"互联网+服务"、电子商务公共服务平台,加快社会服务在线对接、线上线下深度融合;积极发展互联网健康医疗服务,大力推进分时段预约诊疗、互联网诊疗、电子处方流转、药品网络销售等服务。可以说,该《意见》为"互联网+"医药服务提供了顶层政策支撑,医药电商行业将迎来更多发展机遇。行业普遍认为,在院外医药零售市场,患者已经从关注价格到关注疗效,从关注可及性到在乎专业性,以及不断升级的多元化服务需求,零售终端面对全新的线上线下全场景竞争,合规发展,开放融合,多维度满足市场需求,全新的市场格局正在形成。

(六)"三医联动"贯穿全产业链联动改革

三医联动即是医疗、医保、医药改革联动,贯穿全产业链,是未来的医改核心。

1. "三医联动"之医疗篇

一是分级医疗构建家庭医生制度。分级医疗是医疗改革的重点之一,2016年8月全国卫生与健康大会首次将"分级诊疗"定位为5项基本医疗卫生制度之首。分级医疗的关键在于建立家庭医生制度,随着国务院医改办《关于印发推进家庭医生签约服务的指导意见的通知》等文件的出台,以人为中心,面向家庭和社区,推进家庭医生签约服务成为重要的医改抓手。全国各地正在加快对重点签约人群的签约,家庭医生签约速度更是不断推进。截至2017年11月底,95%以上的城市都已经开展了家庭医生签约工作。超过5亿人有了自己的家庭医生,人群的覆盖率超过35%,重点人群的覆盖率超过65%。

二是微医(原挂号网)布局"互联网医院+药店"。在分级诊疗不断推进的过程中,互联网医疗平台也迎来了巨大的创新机遇,比如平安好医生、微医集团等。

微医旨在打造"中国式ACO(责任医疗组织)平台",重点推进"互联网分级诊疗平台""区域手术中心"和"微医ACO"三大战略落地,构建"医、险、药"生态链闭环。

借助资本的力量,微医在过去一年时间已经覆盖了一万多家药店,日诊量超过两万。微医通过在药店布设远程诊疗相关设备,患者可以远程接入微医乌镇互联网医院,并能够拿到处方。如果远程诊疗不能处理,还可通过该平台预约其他医院。

除此之外,丁香园则采用自建门诊的模式,将传统医疗的中间利润环节砍掉,降低患者医疗服务价格。

2. "三医联动"之医保篇

一是"两保合一"整合推进。"两保合一"旨在推进城镇居民医保和新农合制度整合。绝大多数省市将出台整合方案并执行。安徽和江苏则是"两保合一"整合最早的两个地区。

二是医保目录优化调整。"两保合一"之后,医保目录将根据"就高不就低"的原则,增加原参保人员的用药范围、报销水平等,调整预计将新增300多种药物,进而带来市场扩容的机会。

三是医保支付方式及标准改革。医保支付方式将开始向按病种付费转移,医保支付标准在完成一致性评价后,原则上将按通用名制定(一致性评价前按商品名制定)。药品实际市场交易价格会是医保支付标准的主要参考因素,全国最低价是主要的参考价格。

3. "三医联动"之医药篇

一是药物一致性评价是医保支付标准的实施基础。药物一致性评价是上述医保支付标准政策实施的基础,2017年国家不遗余力地推进这项政策,而且,仿制药一致性评价将淘汰一批研发技术落后的企业,实现制药行业"去产能"的任务。

二是药价谈判制度覆盖更多区域。2016年5月20日,首批国家药品价格谈判结果出炉,3种谈判药品降价幅度最高达到了67%。文件要求各地及时做好谈判药品集中挂网和与相关医保政策的衔接。谈判结果公布后至今,已有26省份将谈判药品纳入各类医保合规费用范围。

三是未来药品采购形式更加丰富。未来药品采购将会越来越多地采取市级招标采购,采购组织联盟,同时在药品议价前引入专家团队进行品牌遴选。药品采购形式也各种各样,例如上海和深圳的药品集中采购组织、宁波模式、三明联盟等。

"三医联动"政策的不断推进,将改变目前医疗与医药市场的格局,行业的集中度将逐渐提高,生产企业和流通企业总体趋势是往微利方向进行,而互联网医疗和医药电商平台将借助模式创新蓬勃发展。

第四节 药品营销人员应具备的药品基本知识

一、药品的基本概念

不同时代不同国家对药品的定义不同,从不同的角度定义药品,其内涵也不尽相同。

(一)我国药品的定义

根据《中华人民共和国药品管理法》,"药品是指用于预防、治疗、诊断人的疾病,有目的地调节人的生理机能并规定有适应证或者功能主治、用法和用量的物质,包括中药、化学药和生物制品等"。以上主要是从管理的角度对药品加以定义,该定义有以下几个关键点。

(1)使用目的和使用方法是区别药品与食品、毒品的基本点。没有任何东西其本质就是药品,只有被人们用来预防、治疗、诊断人的疾病,有目的地调节人的生理机能时才被称为药品。

(2)我国法律上明确规定传统药和现代药均是药品,这和西方国家有区别。

(3)明确了《中华人民共和国药品管理法》管理的是人用药品。

(4)药品的范围包括中药、化学药和生物制品。

(二)辅料的含义

根据《中华人民共和国药品管理法》,"辅料是指生产药品和调配处方时所用的赋形剂和附加剂"。

(三)国外药品的定义

世界各国依据各自的国情、用药习惯及药品管理体制的需要,对药品赋予了不同的定义。

在美国,药品指在美国药典、美国顺势疗法药典、国家处方集以及这些药典、处方集的补充本中收载的物品,或指拟用于诊断、治疗、预防人和其他动物疾病的物品,或指用于影响人、其他动物身体的结构或功能的物品(除食品外),或拟作为上述三条任何物品的成分之一的物品,但不包括医疗器械或它们的组分、部件以及附件。

在英国,药品除包含人用和动物用的物质外,草药和民间用药亦被认为是药物,制备药物的成分亦同样作为药品。

在日本,药品除包括上述药品制剂外,还包括"准药品",如漱口水,除臭剂,止痒水,脱毛剂,杀虫剂,染发剂,防止粉刺、皮肤粗糙、斑疹、冻伤、皮肤或口腔的消毒灭菌剂,洗澡用品等。

二、放射性药品

放射性药品指用于临床诊断或者治疗的放射性核素制剂或者其标记药物,如氟化钠、氟马西尼、雷氟必利等。

三、麻醉药品

麻醉药品指连续使用后易产生生理依赖性、能成瘾癖的药品,如吗啡、美沙酮、右丙氧芬、羟考酮、芬太尼和氢可酮等。

四、精神药品

精神药品是指直接作用于中枢神经系统,使之兴奋或抑制,连续使用能产生依赖性的药品。

依据人体对精神药品产生的依赖性和其危害人体健康的程度,精神药品可分为一类和二类精神药品。一类精神药品如布苯丙胺、卡西酮二乙基色胺;二类精神药品如异戊巴比妥、布他比妥、去甲伪麻黄碱。

五、医疗用毒性药品

医疗用毒性药品指毒性剧烈、治疗剂量与中毒剂量相近,使用不当会致人中毒或死亡的药品,如三氧化二砷、士的宁、A型肉毒毒素及其制剂等。

毒性药品的包装容器上必须印有毒药标志。

六、生物制品

生物制品是应用普通的或以基因工程、细胞工程、蛋白质工程、发酵工程等生物技术获得的微生物、细胞及各种动物和人源的组织和液体等生物材料制备的,用于人类疾病预防、治疗和诊断的药品。

生物制品不同于一般医用药品，它通过刺激机体免疫系统，产生免疫物质（如抗体）才发挥功效，在人体内出现体液免疫、细胞免疫或细胞介导免疫。

生物制品包括预防用生物制品、治疗用生物制品和诊断用生物制品三大类。临床上常用的有人血白蛋白、人免疫球蛋白、流行性感冒病毒裂解疫苗、转移因子，等等。

七、新药

新药指未曾在中国境内上市销售的药品。新药经申请、检验、审评、生产现场检查合格后，由国家食品药品监督管理总局（CFDA）审核发给新药证书，申请人已持有药品生产许可证并具备生产条件的，同时发给药品批准文号。

新药上市前，必须完成临床前的研究和临床试验。药物临床前研究主要内容为处方组成、工艺、药学、药剂学、药理、毒理学的研究。对于具有选择性药理效应的药物，在进行临床试验前还需测定药物在动物体内的吸收、分布及消除过程。临床前的药理研究是要弄清新药的作用范围及可能发生的毒性反应，在经药物管理部门初步审批后才能进行临床试验，目的在于保证用药安全。

新药临床研究是确定一个药物在人身上是否安全有效的关键一环，一般按其目的分为四个阶段。第一阶段是安全性预测，可在少量志愿者（包括患者或正常人）身上进行，一般在10—30例正常成年志愿者身上观察新药耐受性，找出安全剂量。第二阶段是有效性试验（100例），选择有特异指征的病人随机分组，设立已知有效药物及空白安慰剂双重对照（对急重病人不得采用有损病人健康的空白对照）并尽量采用双盲法（病人及医护人员均不能分辨治疗药品或对照药品）观察，同时还需进行血药浓度监测计算药动学数据。第三阶段是较大范围的临床研究，受试验例数一般不少于300例。先在一个医院，以后可扩大至三个以上医疗单位进行多中心合作研究。第四阶段是广泛的安全性、有效性考察。对那些需要长期用药的新药，应有50—100例病人累积用药半年至一年的观察记录，由此制定适应证、禁忌证、剂量疗程及说明可能发生的不良反应后，再经药政部门的审批才能生产上市。

八、假药与劣药

假药是指药品所含成分与国家药品标准规定的成分不符的或以非药品冒充药品或以他种药冒充此种药的药品。

《中华人民共和国药品管理法》第九十八条规定，禁止生产（包括配制）、销售、使用假药、劣药。

有下列情形之一的，为假药：

（1）药品所含成分与国家药品标准规定的成分不符；

（2）以非药品冒充药品或者以他种药品冒充此种药品；

（3）变质的药品；

（4）药品所标明的适应证或者功能主治超出规定范围。

有下列情形之一的，为劣药：

（1）药品成分的含量不符合国家药品标准；

（2）被污染的药品；

（3）未标明或者更改有效期的药品；

（4）未注明或者更改产品批号的药品；

（5）超过有效期的药品；

（6）擅自添加防腐剂、辅料的药品；

（7）其他不符合药品标准的药品。

九、药品的商品属性

药品的商品属性包括药品名称、药品批准文号、批号及效期、药品说明书、药品质量与药品质量标准等。

（一）药品名称

药品名称一般分为通用名和商品名。通用名是指药物的有效成分的名称，商品名是制药企业为其产品注册的商标名称。药品的通用名是《中华人民共和国药典》或国家药品标准规定的名称，是同一种成分或相同配方组成的药品在中国境内的通用名称，具有强制性和约束性。凡上市流通的药品必须标注其通用名称。

《中华人民共和国药品管理法》第二十九条规定，列入国家药品标准的药品名称为药品通用名称。已经作为药品通用名称的，该名称不得作为药品商标使用。

（二）药品批准文号

药品批准文号是药品监督管理部门对特定生产企业按法定标准、生产工艺和生产条件对某一药品的法律认可凭证，每一个生产企业的每一个品种都有一个特定的批准文号。

药品生产企业必须取得药品批准文号后，方可生产该药品。

境内生产药品批准文号格式为：国药准字H（Z、S）＋四位年号＋四位顺序号。中国香港、澳门和台湾地区生产药品批准文号格式为：国药准字H（Z、S）C＋四位年号＋四位顺序号。

境外生产药品批准文号格式为：国药准字H（Z、S）J＋四位年号＋四位顺序号。其中，H代表化学药，Z代表中药，S代表生物制品。

药品批准文号，不因上市后的注册事项的变更而改变。

中药另有规定的从其规定。

（三）批号及效期

1. 批号

批号是用以识别"某批"产品的一组数字，用以追溯和审查该批药品的生产历史。国产药品的标签上，都印有阿拉伯数字"批号"，药品批号由6位或8位数字组成，第一、二位数表示该药生产年份，第三、四位数表示该药生产的月份，第五、六位数表示该药品的日期，第七、八位数则表示药品的有效期为几年。例如，有一瓶四环素片剂的批号为"180512-02"，这表明这批药品是2018年5月12日生产的，它的有效期为2年，所以该药至2020年5月12日后则不能使用。

2. 效期

药品的效期通常用有效期和失效期表示，其中有效期是指药品在一定的贮存条件下能够保持质量的期限。有效期是根据药品的稳定性不同，通过稳定性实验研究和留样观察而制定的。失效期是指药品在规定的贮存条件下，其质量到某年某月即可能达不到原定标准的要求。

药品效期的计算是从药品的生产日期（国产药品通常以批号表示）算起，药品标签上所列失效期，即是有效期的终止日期。进口药品常用"EXP"、"use before"表示失效期。日期书写上习惯为"月日年"或"月年"。

（四）药品质量与药品质量标准

1. 药品质量

药品质量可以理解为药品的物理、化学、生物药剂学、安全性、有效性、稳定性、均一性等指标符合规定标准的程度。

（1）物理指标，包括药品活性成分、辅料的含量、制剂的重量、外观等指标。

（2）化学指标，包括药品活性成分、化学、生物化学特性变化等指标。

（3）生物药剂学指标，包括药品的崩解、溶出、吸收、分布、代谢、排泄等指标。

（4）安全性指标，包括药品的"三致"（致癌、致畸、致突变）、毒性、不良反应和副作用、药物相互作用和配伍、使用禁忌等指标。

（5）有效性指标，包括药品针对规定的适应证在规定的用法、用量条件下治疗疾病的有效程度指标。

（6）稳定性指标，包括药品在规定的储藏条件下在规定的有效期内保持其物理、化学、生物药剂学、安全性、有效性指标稳定的指标。

（7）均一性指标，包括药品活性成分在每一单位（片、粒、瓶、支、袋）药品中的物理、化学、生物药剂学、安全性、有效性、稳定性等指标等同程度的指标。

2．药品质量标准

药品质量标准是指为保证药品质量而对各种检查项目、指标、限度、范围等所做的规定。

药品质量标准是药品的纯度、成分含量、组分、生物有效性、疗效、毒副作用、热原度、无菌度、物理化学性质以及杂质的综合表现。药品质量标准主要由《中华人民共和国药典》、部（局）颁标准、注册标准组成。其主要内容包括药品质量的指标、检验方法以及生产工艺等技术要求。政府在对药品的生产、流通、使用过程实施管理中必须以药品标准作为技术标准，以确保各环节的操作具有严肃性、权威性、公正性和可靠性。

（五）药品包装、标签、说明书

1．药品包装

药品包装是指选用适当的材料或容器、利用包装技术对药物制剂的半成品或成品进行分（灌）、封、装、贴签等操作，为药品提供品质保证、鉴定商标与说明的一种加工过程的总称。

对药品包装本身可以从两个方面去理解：从静态角度看，包装是用有关材料、容器和辅助物等材料将药品包装起来，起到应有的功能；从动态角度看，包装是采用材料、容器和辅助物的技术方法，是工艺及操作。药品包装按期在流通领域中的作用可分为内包装和外包装两大类。其功能主要有三方面，即保护功能、方便应用和商品宣传。

2．药品标签

药品的标签是指药品包装上印有或者贴有的内容，分为内标签和外标签。药品内标签指直接接触药品的包装的标签，外标签指内标签以外的其他包装的标签。

药品的内标签应当包含药品通用名称、适应证或者功能主治、规格、用法用量、生产日期、产品批号、有效期、生产企业等内容。包装尺寸过小无法全部标明上述内容的，至少应当标注药品通用名称、规格、产品批号、有效期等内容。

药品的外标签应当注明药品通用名称、成分、性状、适应证或者功能主治、规格、用法用量、不良反应、禁忌、注意事项、贮藏、生产日期、产品批号、有效期、批准文号、生产企业等内容。适应证或者功能主治、用法用量、不良反应、禁忌、注意事项不能全部注明的，应当标出主要内容并注明"详见说明书"字样。对贮藏有特殊要求的药品，应当在标签的醒目位置注明。

药品标签中的有效期应当按照年、月、日的顺序标注,年份用四位数字表示,月、日用两位数表示。其具体标注格式为"有效期至XXXX年XX月"或者"有效期至XXXX年XX月XX日";也可以用数字和其他符号表示为"有效期至XXXX.XX."或者"有效期至XXXX/XX/XX"等。

3. 药品说明书

药品说明书的内容包括药品名称、结构式及分子式(制剂应当附主要成分)、作用与用途、用法与用量(剧毒药品应有极量)、不良反应、禁忌、注意事项、包装(规格、含量)、有效期贮藏、生产企业、批准文号、注册商标等项内容。中药制剂说明书还应包括主要药味(成分)性状、药理作用、贮藏等。

药品说明书是药品情况说明的重要来源之一,也是医师、药师、护师和病人治疗用药时的科学依据,还是药品生产、供应部门向医药卫生人员和人民群众宣传介绍药品特性,指导合理、安全用药和普及医药知识的主要媒介。新药审批后的说明书,不得自行修改。

十、药品的处方管理制度

(一)处方的概念与组成

处方是指由注册的执业医师和执业助理医师在诊疗活动中为患者开具的、由取得药学专业技术职务任职资格的药学专业技术人员审核、调配、核对,并作为患者用药凭证的医疗文书。医师有处方权,药师有调配处方权。处方是药品消耗及经济金额的原始资料,也是追查医疗责任、承担法律责任的依据,因此处方具有法律上、技术上和经济上等多方面的意义。

处方由处方前记、处方正文、处方后记组成。处方前记包括医疗机构名称,就诊科室,门诊病历号,住院病历号,就诊日期,患者姓名、性别、年龄,临床诊断和处方编号等,处方前记也称为处方的自然项目。处方正文以Rp(拉丁文Recipe的缩写)起头,正文包括药品名称、剂型、规格、数量、用法和用量等。所开药品单价和总计金额通常也标明在正文中,也可列在前记或后记。处方后记包括医师、配方人、核对人、发药人的签名和发药日期等。

应用计算机打印的电子处方格式与书写处方一致,应有处方医师和调剂配发药师的签字,且必须设置处方或医嘱正式开具后不能修改的程序。为了便于识别和管理,普通处方用白色,急诊处方用淡黄色,儿科处方为淡绿色,麻醉药品和第一类精神药品处方颜色为淡红色。

处方必须书写清楚、正确，内容完整、无缺、无误才能调配。处方如有修改，应由处方医生在修改处签字或盖章，以示责任。调配处方时，如发现处方书写不符合要求或有差错，药剂人员应与医师联系，更改后再调配，不得擅自修改处方。处方剂量一律以公制表示，并且应为常用量，如超过常用量，应由医师在剂量旁重新签字后方可调配。

处方一般不得超过7日用量；急诊处方一般不得超过3日用量；对于某些慢性病、老年病或特殊情况，处方用量可适当延长，但医师必须注明理由。麻醉药品、精神药品、医疗用毒性药品、放射性药品的处方用量应当严格执行国家有关规定。开具麻醉药品处方时，应有病历记录。

（二）处方药与非处方药

处方药，是指凭执业医师和执业助理医师处方方可购买、调配和使用的药品。非处方药，是指由国务院药品监督管理部门公布的，不需要凭执业医师和执业助理医师处方，消费者可以自行判断、购买和使用的药品。

非处方药在美国被称为 Over the Counter(意为"可在柜台上买到的药物")，取其字头简称 OTC，此称谓已成为全球通用的俗称，我国的非处方药专有标识图案中也使用了这一缩写。和处方药相比，非处方药使用更安全、更方便、不良反应更小。按国家非处方药分类管理规定，非处方药根据使用安全性不同，又分甲类和乙类，乙类比甲类更安全。

非处方药必须在药品的包装、标签及说明书上印有规定的 OTC 标示，具体为甲类非处方药为椭圆形的红底白字，乙类非处方药为椭圆形的绿底白字。

处方药与非处方药的分类不是药品本质的属性，而是一种管理的界定。无论是处方药还是非处方药，都是经过国家药品监管部门审定批准的，其安全性和有效性是有保障的。其中非处方药主要是用于治疗各种消费者可以自我诊断、自我治疗的常见轻微疾病。

十一、合理用药与不合理用药

（一）合理用药与不合理用药的概念

合理用药指根据疾病种类、患者状况和药理学理论选择最佳的药物及其制剂，制定或调整给药方案，以期安全、有效、经济、适当地使用药物。违反安全、有效、经济、适当的综合用药目标则为不合理用药。

为了保证合理用药，医师、药师、护理人员、技术员、管理者、病人及其监护人都要在职责范围内参与用药流程,并形成完整的用药流程。完整的用药流程包括正确诊断、对症下药、妥善配药、病人遵嘱、治疗得到跟踪处置等环节。合理用药体现了为民谋利、以人为本的科学理念。

(二) 合理用药的基本原则

一是优先使用基本药物是合理用药的重要措施。不合理用药会影响健康,甚至危及生命。

二是用药要遵循能不用就不用、能少用就不多用,能口服不肌注、能肌注不输液的原则。

三是购买药品要到合法的医疗机构和药店,注意区分处方药和非处方药,处方药必须凭执业医师处方购买。

四是阅读药品说明书是正确用药的前提,特别要注意药物的禁忌、慎用、注意事项、不良反应和药物间的相互作用等事项。如有疑问要及时咨询药师或医生。

五是处方药要严格遵医嘱,切勿擅自使用。特别是抗菌药物和激素类药物,不能自行调整用量或停用。

六是任何药物都有不良反应,非处方药长期、大量使用也会导致不良后果。用药过程中如有不适要及时咨询医生或药师。

七是孕期及哺乳期妇女用药要注意禁忌;儿童、老人和有肝脏、肾脏等方面疾病的患者,用药应谨慎,用药后要注意观察;从事驾驶、高空作业等特殊职业者要注意药物对工作的影响。

八是药品存放要科学、妥善,防止因存放不当导致药物变质或失效;谨防儿童及精神异常者接触,一旦误服、误用,及时携带药品及包装就医。

九是接种疫苗是预防一些传染病最有效、最经济的措施,国家免费提供一类疫苗。

十是保健食品不能替代药品。

(三) 不合理用药的表现

1. 用药不对症

仅凭一知半解或自恃"久病成医",或听别人的用药"经验",不经诊断,未弄清楚病因和药物的适应证时就随意用药,这种不合理用药发生率最高,对健康的危害也最大。许多症状可能相同或相似,其病因却不相同,治疗方法也更是迥然不同。用药不对症,不仅不能治愈疾病,还会延误原有疾病的正常治疗,甚至会因为所用药物的不良反应而增添药源性疾病。

中成药的使用中,也存在着这种情况。比如胃痛,有脾胃不和、食积停滞、脾胃虚寒等多种类型，不同类型所用药物是不同的。失眠也有心肝血虚、心阴不足、心肾不交、心脾两虚和肝郁化火等类型，治法也不同。中药也有不良反应，若使用不当也会出现药源性疾病。

2．用药时机不对

从大的方面来看，首先应在疾病的不同阶段运用不同的治疗手段。以乙肝的治疗为例，许多人认为，一旦感染了乙肝病毒，在未查明病毒在体内复制情况时，就应立即使用抗病毒药物进行治疗。但有研究表明，过早地使用抗病毒药物治疗乙肝，效果并不好，其原因是：

（1）体内没有病毒复制时，使用抗病毒药是无效的；

（2）体内的免疫细胞处于"麻痹状态"（免疫耐受）时，使用抗病毒药物治疗效果较差；

（3）不考虑病情，过早地使用抗病毒药物治疗，往往可增强乙肝病毒对药物的耐受性，或使病毒发生变异；

（4）过早地使用抗病毒药物治疗，并不能起到防止肝脏发生纤维化的作用。

从小的方面来看，每天的服药时间是有讲究的。比如，抑酸剂、保护胃黏膜的药物要在饭前服，而阿司匹林这类的解热镇痛药就一定要在饭后服。

另外，不少降压药都需要保持相对恒定的血药浓度，比如有的药一日服两次，应每隔12小时1次；每日服3次的药，需每隔8小时服1次。不少患者往往在三餐前后服用，这样白天血液中药物浓度较高，而夜间较低，影响疗效。

可见，用药时机要正确掌握，不能想当然，在遵医嘱或者阅读药品说明书的基础上合理用药，若有疑问，应主动咨询医师或药师。

3．随意增减药物剂量

俗话说得好，"病来如山倒，病去如抽丝"，但有的人治病心切，认为药吃得越多，病好得越快，便随意加大剂量。还有的人又经常忘服、漏服药物，病情一有好转，就不把吃药放在心上了。然而，药物服用的剂量是通过长期临床试验和可靠的理论依据制定的，此类随意用药行为不仅无法达到治疗效果，往往还会造成不良后果。药量过大，可能引起中毒，尤其对老人和儿童，是十分危险的；药量偏小，非但达不到治疗效果，反而贻误病情，甚至产生耐药性。

因此，使用药品时，应该参照药品说明书上的规定，严格掌握用量和疗程，这样才能保证用药安全有效。

4．不按疗程服药，稍有好转立即停药或者频繁换药

与一般老百姓的认识不同，疾病是否痊愈，并不是以患者自觉症状的好坏来决定的。病人感觉已经正常时，有可能身体机能并未完全恢复正常，如果是患感染性疾病，

致病菌也可能只是暂时潜伏起来，并未被清除。可见，在对待用药疗程的问题上，要相信医生，而不要被主观感觉欺骗。以下几种情况，都是用药过程中需要杜绝的。

（1）时断时续：药物发挥疗效主要取决于它在血液中恒定的浓度，如不按时服药，达不到有效浓度，对控制疾病发展不利。

（2）疗程不足：药物治疗需要一定的时间，如细菌感染性疾病需要7—14天才可治愈。若用药两三天，症状有所缓解就停药，就可能成为慢性感染。糖尿病的治疗中，有时症状虽消失了，但血糖可能仍高，此时若自行停药，可能会导致并发症。

（3）突然停药：许多慢性疾病需长期坚持用药控制病情，巩固疗效，如精神病、抑郁症、糖尿病、高血压等。停药应在医师指导下逐步进行，不要擅自停药，否则会导致旧病复发甚至病情加重而危及生命。

（4）随意换药：有些药物显示疗效需要一定时间，如伤寒病程为4周，用药（以氯霉素为例）总疗程不少于2周；抗结核病药需半年至1年。随意换药可能使治疗复杂化，出现问题也难以找出原因及时处理。

5. 对治疗目标有不切实际的期望

得了病，大家总想通过一次治疗"断根"，认为长期服药就等于自己的病治不好了，这种愿望是人之常情。但也应该看到，到目前为止，除少数能获得持久免疫的疾病，如麻疹、天花、水痘、风疹、伤寒等感染性疾病外，绝大多数疾病是难以通过某种"神奇的治疗"而根治的。以高血压为例，没有一种药能吃一次就把血压永久地降下来，但是只要坚持服药，就可以把血压控制住，避免并发症的发生，提高生活质量，延长生命。

对疾病的康复，我们必须有一个科学的心理预期，才能避免不合理用药。

6. 盲目联合用药

部分人有这种心态，认为将多种药物联合使用，总有一种是合适的，还可以增强疗效。事实上，盲目地联合用药危害不小。首先，有些药物商品名不同，其有效成分是一样的，同时服用就会导致重复用药，使剂量累加。例如降糖药中，格列齐特与达美康是同一成分，不必同用，格列齐特与格列本脲虽非同一成分，但都属于磺脲类，也不应同用。其次，有些药物间存在配伍禁忌，联合使用会导致药物间发生相互作用，以致降效、失效，甚至招致毒性反应。再次，不恰当的联合用药还会加大毒副作用。

合用的药物越多，它们之间产生相互作用、引起不良反应的可能性越大。所以，联合用药时务必咨询医师和药师。

十二、药物不良反应

（一）药物不良反应的概念

按照 WHO（世界卫生组织）国际药物监测合作中心的规定，药物不良反应（Adverse Drug Reactions，简称 ADR）是指正常剂量的药物用于预防、诊断、治疗疾病或调节生理机能时出现的有害的和与用药目的无关的反应，包括药物的副作用、毒性作用（毒性反应）、后遗反应（后作用）、过敏反应、特异质反应、抗感染药物引起的二重感染、依赖性以及致癌和致畸及致突变作用等。

许多人认为，只有假药、质量不合格的劣药、医务人员或者患者自己用药不当，才会引起不良反应。事实上，许多经过严格审批、检验合格的药品在正常用法用量的情况下，也可能在一部分人身上引起不良反应。

（二）药物不良反应的表现

1. 对人体有害的副作用

这是指治疗剂量的药物所产生的某些与防治目的无关的作用，如阿托品通常被用于解除肠胃痉挛而引起口干等。因为这种作用是在治疗剂量下同时出现的，所以其副作用常常是难以避免的。

2. 毒性反应

毒性反应也叫毒性作用，是指药物引起身体较重的功能紊乱或组织病理变化，一般是由病人的个体差异、病理状态或合用其他药物引起过敏性增加诱发的。那些药理作用较强、治疗剂量与中毒剂量较为接近的药物容易引起毒性反应。此外，肝、肾功能不全者，老人和儿童易发生毒性反应。少数人对药物的作用过于敏感或者自身的肝、肾功能等不正常，在常规治疗剂量范围内也可能出现别人过量用药时才出现的症状。

临床常见的毒性反应有：

（1）中枢神经反应，如头痛、眩晕、失眠、耳鸣、耳聋等。

（2）造血系统反应，如再生障碍性贫血、颗粒血细胞减少等。

（3）肝肾损害，如肝大、肝痛、肝肾功能减退、黄疸、血尿、蛋白尿等。

（4）心血管系统反应，如血压下降或升高、心动过速或过缓、心律失常等。

3. 过敏反应

过敏反应也称变态反应，只有特异质的病人才能出现，与药物剂量无关。临床常见的过敏反应有全身性反应、皮肤反应等。

4．其他不良反应

其他不良反应包括由于长期使用抗菌药物而出现的菌群失调、二重感染，某些药物产生的依赖性、致突变、致畸、致癌及其他不良反应等。

（三）药品不良反应的诱发因素

药品不良反应的诱发因素比较复杂，有非药品因素及药品因素两类。前者包括年龄、性别、遗传、感应性、疾病等，后者包括药品的毒副作用、药品的相互作用以及赋形剂的影响等。因此，同一药品的不良反应在不同年龄、性别、种族、感应性、适应证及不同共存疾病的病人中可能表现不尽相同，再加上药物及其制剂中赋形剂的影响，问题更为复杂，这也是药品不良反应不易预测的主要原因。

十三、配伍变化与配伍禁忌

配伍变化可分为可见配伍变化和不可见配伍变化。可见配伍变化主要包括溶液混浊、沉淀、结晶及变色，不可见配伍变化有水解反应、效价下降、聚合变化。

配伍禁忌是在一定条件下产生的不利于生产、应用和治疗的配伍变化。配伍禁忌往往是物理与化学因素相互影响而造成的，分为物理配伍禁忌和化学配伍禁忌。

十四、国家基本药物制度

1977年，世界卫生组织（WHO）首次提出了基本药物的理念，把基本药物定义为最重要的、基本的、不可缺少的、满足人民需要的药品。公平可及、安全有效、合理使用是基本药物的三个基本目标。目前全球已有160多个国家制定了本国的基本药物目录，其中105个国家制定和颁布了国家基本药物政策。我国从1979年开始引入"基本药物"的概念。

2009年新医改方案对基本药物的含义进一步作了明确和界定，基本药物是指适应基本医疗卫生需求、剂型适宜、价格合理、能够保障供应、公众可公平获得的药品。具体来说，"适应基本医疗卫生需求"是指优先满足群众的基本医疗卫生需求，避免贪新求贵；"剂型适宜"是指药品剂型易于生产保存，适合大多数患者临床使用；"价格合理"是指个人承受得起，国家负担得起，同时生产经营企业有合理的利润空间；"能够保障供应"是指生产和配送企业有足够的数量满足群众用药需要；"公众可公平获得"是指人人都有平等获得的权利。

纳入国家基本药物目录遴选范围的主要是常见病、多发病、传染病、慢性病等的防治所需药品。纳入国家基本药物目录中的药品必须符合两个基本条件：一是《中华人民共和国药典》收载的，二是符合卫生部、国家食品药品监督管理局颁布药品标准的。除急救、抢救用药外，一些独家生产品种经过论证也可以纳入国家基本药物目录。

不能纳入国家基本药物目录遴选范围的，一是含有国家濒危野生动植物药材的；二是主要用于滋补保健的；三是非临床治疗首选的；四是因严重不良反应，国家食品药品监督管理部门明确规定暂停生产、销售或使用的；五是违背国家法律、法规，或不符合医学伦理要求的。此外，国家基本药物工作委员会还可以规定不能纳入遴选范围的其他情况。

国家基本药物制度是为维护人民群众健康、保障公众基本用药权益而确立的一项重大国家医药卫生政策，是国家药品政策的核心和药品供应保障体系的基础，涉及基本药物遴选、生产、流通、使用、定价、报销、监测、评价等多个环节。国家基本药物制度首先在政府举办的基层医疗卫生机构实施，主要内容包括国家基本药物目录的遴选调整、生产供应保障、集中招标采购和统一配送、零差率销售、全部配备使用、医保报销、财政补偿、质量安全监管以及绩效评估等相关政策办法。

国家基本药物的功能定位是"突出基本、防治必需、保障供应、优先使用、保证质量、降低负担"，针对当前我国基本药物制度不能完全适应临床基本用药需求、缺乏使用激励机制、仿制品种与原研品种质量疗效存在差距、保障供应机制不健全等问题，2018年9月19日，国务院办公厅发布了《关于完善国家基本药物制度的意见（国办发〔2018〕88号），对进一步完善国家基本药物制度进行了安排部署。

十五、国家基本医疗保险药品

基本医疗保险药品指适应基本医疗卫生需求，剂型适宜、价格合理、能保障供应、公众可公平获得的药品。

国家基本医疗保险药品分甲、乙两类。甲类的药物是指全国基本统一的、能保证临床治疗基本需要的药物。这类药物的费用纳入基本医疗保险基金给付范围，并按基本医疗保险的给付标准支付费用。

乙类的药物是指基本医疗保险基金有部分能力支付费用的药物，这类药物先由职工支付一定比例的费用后，再纳入基本医疗保险基金给付范围，并按基本医疗保险给付标准支付费用。

2019年8月，按照党中央、国务院决策部署，为进一步提高参保人员用药保障水平，规范医疗保险、工伤保险和生育保险用药管理，根据《中华人民共和国社会保险法》及相关文件要求，国家医保局、人力资源社会保障部组织专家调整制定了新版《国家基本医疗保险、工伤保险和生育保险药品目录》（以下简称《药品目录》），该目录分为凡例、西药、中成药、协议期内谈判药品、中药饮片五部分。凡例是对新版《国家基本医疗保险、工伤保险和生育保险药品目录》的编排格式、名称剂型规范、限定支付范围等内容的解释和说明；西药部分包括了化学药品和生物制品；中成药部分包含了中成药和民族药；协议期内谈判药品部分包括了尚处于谈判协议有效期内的药品；中药饮片部分包括医保基金予以支付的饮片范围以及地方不得调整纳入医保基金支付的饮片范围。为提高医保基金的使用效益，新版《国家基本医疗保险、工伤保险和生育保险药品目录》对部分药品的医保支付范围进行了限定。

2020年7月30日，医疗保障局局务会审议通过了《基本医疗保险用药管理暂行办法》，根据该办法，纳入国家《药品目录》的药品应当是经国家药品监管部门批准，取得药品注册证书的化学药、生物制品、中成药（民族药），以及按国家标准炮制的中药饮片，并符合临床必需、安全有效、价格合理等基本条件。以下药品不纳入《药品目录》：

（1）主要起滋补作用的药品；

（2）含国家珍贵、濒危野生动植物药材的药品；

（3）保健药品；

（4）预防性疫苗和避孕药品；

（5）主要起增强性功能、治疗脱发、减肥、美容、戒烟、戒酒等作用的药品；

（6）因被纳入诊疗项目等原因，无法单独收费的药品；

（7）酒制剂、茶制剂、各类果味制剂（特别情况下的儿童用药除外）、口腔含服剂和口服泡腾剂（特别规定情形的除外）等；

（8）其他不符合基本医疗保险用药规定的药品。

第五节 药品营销人员的自身建设

乔·吉拉德有句名言：事实上，凡是向你买东西的人，买的都是你。的确，营销人员不仅仅是在卖产品，更是在"卖自己"！美国的一位专家曾作过的调查也表明，80%的客户没有什么真正明确的拒绝理由，只是泛泛地反感推销员的打扰，对推销员本人产生怀疑、恐惧的心理，同时对推销员带来的商品也必然产生疑惑："这个商品到底是真的还是假的？信誉可靠吗？"所以，从根本上说，客户对推销员的拒绝并不是拒绝商品，而是拒绝推销员。这也是我们作为消费者共同的心理体验。推销员在推销商品之前，要先推销自己。要想提高产品的竞争力，必须首先练好"内功"，增强自身的吸引力和核心竞争力。

一、学会塑造良好的第一印象

塑造良好的第一印象对营销人员和营销工作至关重要。在心理学上有这样一个著名的实验：把被试者分成两组，看同一张照片。对甲组说，这是一位屡教不改的罪犯；对乙组说，这是一位著名的科学家。看完照片后让被试者根据这个人的外貌来分析其性格特征。结果，甲组说：深陷的眼睛藏着险恶，高耸的眉头表明他死不悔改的决心。乙组说：深沉的目光表明他思想深邃，高耸的额头表明了科学家探索的意志。这个实验表明，第一印象形成的肯定的心理定式，会使人在后续的了解中多偏向于发掘对方具有美好意义的、肯定的品质；若第一印象形成的是否定的心理定式，则会使人在后续的了解中多偏向于揭露对方令人厌恶的、否定的品质。这充分证明了第一印象对人际交往的重要性，营销人员应从中有所感悟。

第一印象既包括身材、长相的外部特征，又包括仪态风度等内涵。营销人员良好的外部形象和得体的表情姿势会给客户留下良好的印象，增强自身的亲和力和人格魅力，对营销工作十分有益。

（一）培养良好的风度

风度美是营销人员的基本素质。人的风度是内在心理素质和修养的外在体现，它能反映出人的道德品格、思想情操、性格气质、学识教养、处世态度以至交往诚意。它影响着一个人在交往对象心目中形成的印象，也影响着对方以何种方式对一个人做出反应。一个具备良好风度的营销员，除了具备较好的外貌长相等自然条件以外，还要有得体的衣着、服饰和形体动作。特别是营销人员与客户初次见面，应该面带微笑，衣着整齐，干净得体，仪态优雅大方，充满自信、热情，这样才能让客户对你有好感，给客户留下良好的第一印象，赢得客户的认同和信任。

（二）养成良好的语言习惯

语言是连接人与人的媒介，媒介质量的好坏直接决定了人际关系的和谐与否，进而会影响到事业的发展以及人生的幸福。尤其对于营销员，卓越的口才、有技巧的说话方式，更是事业披荆斩棘的利剑、增加自身个性魅力的砝码。营销员与客户的交流能反映营销员的素质、个性、学识水平甚至人格修养，同时也是彼此表达心声、反映愿望、交流情感的主要形式，对营销的成败至关重要。所以，营销员要充分运用语言艺术去说服客户，在语调的高低、语音的大小、语速的快慢、语气的强弱上深入揣摩、研究，养成良好的语言习惯。具体要做到：语言谦逊，无论在什么时候都要抱着谦虚的态度,切不可说大话、说空话、说满话,更不能胡编乱造,说话时要用情感打动人,而不是用大话压人;注重礼貌,话在人说,同样一句话,有的人说起来很好听,但有的人说起来很刺耳,主要原因是说话有没有注意礼貌;语速适中,说话太快,不是让人听不清,就是让人听不懂,还会让别人认为你不稳当,甚至产生误解;语言要净化,不论在什么场合、什么时间和空间,都不能说脏话,更不能骂人。许多销售业务员反复对着镜子练习访问客户时的语言及表情,重要性也正在于此。

(三) 锤炼幽默的个性品质

幽默不只是孩童的把戏和开心的笑脸,它往往可以取得很好的表达效果。据美国针对1160名管理者的调查显示:77%的人在员工会议上以讲笑话来打破僵局,52%的人认为幽默有助于其开展业务,50%的人认为企业应该考虑聘请一名"幽默顾问"来帮助员工放松,39%的人提倡在员工中"开怀大笑"。一些著名的跨国公司,上至总裁,下到一般部门经理,已经开始将幽默融入日常管理活动当中,并把它作为一种崭新的培训手段。没有幽默的语言是一篇公文,没有幽默感的人是尊雕像,没有幽默感的家庭是一间旅馆,没有幽默感的社会是不可想象的。生活中有幽默,生活更有味道。幽默是打开沟通大门的金钥匙,是消除窘境的润滑剂,可以使人与人之间的关系变得融洽,它叫人感到轻松愉快,又觉得意味深长。所以,适时"幽"上一"默",能使营销员增添超凡脱俗的魅力,给客户留下良好的印象,进而打开销售的突破口。

(四) 与微笑结伴同行

微笑是有效的通行证,是人际交往的润滑剂。微笑不仅给人美感,而且常能给人带来令人满意的信息和友好的情感。微笑既表示友好、礼貌,也是自信、成熟的象征,它是社交中一种最积极的表情。意大利文艺复兴时代著名画家达·芬奇的肖像画作品——《蒙娜丽莎的微笑》可谓传世经典之作,受到历代艺术家的推崇。蒙娜丽莎朴素平静,衣着简单,未佩戴任何首饰,而以其神秘的微笑倾倒世人,更告诫世人掌握微笑的艺术,与之结伴而行,必定受益无穷。

二、努力增强人际吸引力

所谓人际吸引力,就是指在人际交往中引起双方的好感,缩短双方的交际距离并延续双方交往时间的那些主客观因素。每个人都喜欢接近有吸引力的人,而不愿意接近没有吸引力甚至乏味的人。药品营销人员可以从以下几个方面培养自己的人际吸引力。

(一) 主动热情地与人交往

在工作和人际交往中应该积极、主动、热情，摒弃不良心理，解决主观态度的问题。

1. 排除羞怯心理

从交往的角度考虑，羞怯是交往的障碍之一。羞怯腼腆者在社交场合常感到窘迫紧张和手足无措，严重者甚至难以清楚正常地表达自己的愿望和想法，因此他们常将自己封闭在个人的小天地里，不愿主动进行人际交往。有这种心理的人，在不熟悉的环境中易显得焦虑、紧张、局促不安、不自然、不协调。由于羞怯，记忆发生障碍，思维出现差错，反应迟缓，词不达意，举止失调，错失良机。这相当不利于搞好人际关系和人际交往。

2. 排除自卑心理

不少心理学家认为，自卑感强的人自尊心也强，他们勤于反思而又敏感多疑。为了保护自尊心不受伤害，他们不愿意坦率地与人交往，对社会活动采取回避态度。在人前他们时常表现出低眉顺眼的表情、缩手缩脚的举止和自惭形秽的心理。心理上的自卑必然导致自感低人一等，缺乏与别人平等交往的勇气，从而难以正常地进行交际，更有甚者，这种情况会导致恶性循环，加重他们的自卑心理。所以，药品营销员特别要树立自信自强的自我人格，做交往的主动方。

3. 排除嫉妒心理

嫉妒是以多种形式表现出来的一种情感，它包含忧虑和疑惧、羡慕和憎恶、愤怒和怨恨、猜疑和失望、屈辱和虚弱以及伤心和悲痛。日本心理学家诧摩武俊认为：这是一种急欲排除别人优越地位或想破坏别人优越地位的状态，一种含有憎恨的激烈的情绪。作为一种变态心理，嫉妒影响人际交往是十分明显的。具有嫉妒心理的人很难保持心理上的平衡。一旦不能控制情绪，心理上的痛苦会激发情感上的对立，势必造成分裂和攻击行为的增多，极大地伤害人际关系，更有甚者严重地影响自身的身心健康。

4. 排除猜疑心理

猜疑是一种缺乏事实依据的主观想象和猜测。猜疑心重的人，时常用自己的"合理想象"去揣度别人的心理，甚至会用千奇百怪的理由来证实自己的猜疑，无事生非。猜疑心理是人的消极心理品质，常导致人际关系的恶化。

5. 排除自傲心理

有自傲心理的人自我评价过高，总以为人不如己，孤芳自赏，骄傲自大，唯我独尊，缺乏自我批评，而且不允许别人批评自己。自傲的人容易与人发生冲突，使他人远离自己，从而使自己陷入被孤立的泥潭。

以上心理状态都会成为人际交往的心理障碍，必须加以克服、消除；否则，就不可能很好地与交际对象和谐相处，更谈不上建立和发展良好关系。

（二）与人交往时善于求同存异

17世纪莱布尼茨说了一句经典的话："世界上没有两片完全相同的树叶。"我国俗话也说得好："众口难调""人上一百，形形色色"。说法不同，但道理是相通的。人与人之间，"异"是客观的，是不以人的主观意志为转移的，即使双胞胎个性也不完全一样。了解了这一点，我们在与人交往时，就不能强求一律，只能求大同存小异，就是在基本方面求得大体一致或相似，特别是在态度上的相同或相似；在非原则问题上，保持各自的特点、差异。生活是多姿多彩的，自然是千姿百态的，那么人也同样不可能是千人一面的，因此人要有包容心，允许别人与自己不一样，允许别人有自己的观点、认识、看法和生活方式。一个成功的智者在与他人交往的过程中，总是习惯地运用求同存异的智慧，而能够自如地做到求同存异的人，肯定是一个充满智慧的人。

（三）要能恰当地赞许别人

赞许别人，关键要看赞美的人能不能抓住对方的闪光点。心理学研究表明，人都有被尊重和被肯定的需要，而且这种需要是比较高层次的需要，而赞美就是满足人性的需要的有效方式。当我们赞美他人的时候，我们的态度是尊敬的，我们的语气是柔和的；而被赞美的人，他的肌体——肉体的、精神的都是呈现开放状态，整个人都处在轻松的心理感受中，从而愿意继续接受信息。赞美能在交际双方之间营造出轻松和谐的交际氛围，所以有人说"赞美是语言中的钻石"，它能抚平心灵的创伤，助人摆脱自卑、树立自信。当你赞美别人的时候，无疑是把一份最好的礼物送给了别人。

要赞美一个人，当面赞美固然能起到作用，但背后赞美的效果更佳。因为如果你当面说别人好话，说得不当可能会被认为你在奉承他、讨好他；然而在背后说这些相同的好话时，被赞美者就容易认为你更真诚、更实在，也容易领情。

（四）尽可能地满足对方的需求

一个乐善好施而且善解人意的人是一个富有吸引力的人。在社会生活中每个人都需要和依赖他人的关心、友爱和温情，尤其是身处逆境时，对别人的态度更为敏感。因此，对失意的人送去宽心的话，向焦虑的人伸出援助的手，都能激起对方感情的波澜，获得对方的信任与感激。一个营销人员不仅要主动关心、帮助他人，更要将心比心，善于体谅对方的难处，更好地理解对方的动机，挖掘出对方潜在的需求，从而增加相互之间情感的融洽度。

（五）不断增添新的内容

在人际交往中，我们要给交往活动增添新的内容，增加新鲜感、新奇感，这样才会提高交往双方的兴趣，增加相互的吸引力，使双方的关系得到进一步发展。

（六）擅用多样化的交际方式

营销人员的交际方式和渠道不宜单一，而应多样化，这样才能使自己有机会结交社会各界人士。要平等待人，真诚坦率，"上交不谄，下交不渎"，不能做人际交往中的"势利眼"，否则，就不可能建立广泛的人际关系。

三、掌握应对客户"拒绝"的一般技巧

"销售工作是在被客户拒绝时才开始的。"客户是上帝，但上帝不一定对你的任何要求和问题做肯定的回答。对于营销人员来说，客户说"不"是司空见惯的。"您了解××吗？""对不起，我们不需要。"许多营销员与客户的第一次接触就这样结束了。其实，当客户说"不"的时候，通常只是表明他们"不知道"。客户可能不知道你，不知道你所推销的药品，不知道你的公司，甚至不知道他们自己真正的需求。所以，营销人员要随时准备着接受客户的拒绝。

（一）客户说"不"是绝好的营销机会

在成功的营销人员看来，客户说"不"不但不是营销的结束，反而是营销的开始，是一次与客户增进了解、加强沟通，直至最后促成交易的绝好机会。因为，当客户说"不"的时候，气氛就会变得紧张起来，此时，如果营销人员固执己见，据"理"力争，营销活动就只能是到此为止。但是，如果营销人员善于换位思考，能适当地认同客户的意见，紧张的气氛就会得到缓和，客户的敌对情绪就会大大减弱。

要缓解对立的气氛就必须让客户紧张的心情得到放松。当客户说"不"的时候，可以通过简短的几句"题外话"，使客户的对立情绪得到缓和。一般情况下，当客户说"不"时，都有一个心理防线或成交的底线，当与客户成为朋友之后，就可以借机询问客户不买产品的真实原因。实际上，客户不会直接说出不买产品的真实原因，可能会以种种理由进行敷衍，如"暂时没钱""好像不需要"等。此时，营销人员可以进一步提出"如果把这个问题解决了，您是不是愿意购买"的问题，就这样，层层递进，把不真实的原因——剔除，就可以了解客户的真实想法。当客户说出真正的原因时，离成交就不远了。

事实证明，当客户说"不"时，营销人员如果能敏锐地发现客户的疑虑，并加以排除，就可以摆脱被动，占据主动，从而使自己的营销活动峰回路转、柳暗花明，最终取得成功。

（二）如何让客户不再说"不"

客户的"不"可分为两类：一般性和隐蔽性。营销人员既要未雨绸缪，防患于未然，又要对症下药，具体问题具体分析。

一般性的"不"带有很大的盲目性，是客户在不了解或未经深思熟虑的情况下说出的。针对一般性拒绝的客户，营销人员应以热情负责的态度介绍自己，讲解更多有关药品的知识，以增强客户对所销售药品的认识和信心。

隐蔽性的"不"则是客户出于某种心理需要，不愿说出真实原因，而用别的借口加以掩饰。比如，感觉价格太贵，但又不愿明说等。针对隐蔽性客户，营销人员应尊重其心理需求，引导其说出真正的原因，因势利导地扭转客户的拒绝态度。对这类客户，不能与他们过多地争论拒绝的理由，也不宜盲目附和，而应重点说明药品的保障价值和补偿功能，增强客户的信心。

四、学会说话

网络上流传的一段话很有道理：急事，慢慢地说；大事，清楚地说；小事，幽默地说；没把握的事，谨慎地说；没发生的事，不要胡说；做不到的事，别乱说；伤害人的事，不能说；讨厌的事，对事不对人地说；开心的事，看场合说；伤心的事，不要见人就说；别人的事，小心地说；自己的事，听听自己的心怎么说；现在的事，做了再说；未来的事，未来再说。虽然其标题是"说话的温度"，但事实上它一直在提醒我们小心说话而且要"说好话"，话说出口之前先思考一下，不要莽莽撞撞地脱口而出。

好口才是优秀营销员的基本技能之一。如何让语言更艺术、把握语言的技巧大有学问。

（一）正确使用礼貌用语

"礼多人不怪"，在营销过程中，处处都应注意正确使用礼貌用语，并力求做到自觉、主动、热情、自然和熟练。营销实践中常用的礼貌用语很多，现列举数例：

（1）迎客时说"欢迎""欢迎您的光临""您好"等；

（2）对他人表示感谢时说"谢谢""谢谢您""谢谢您的帮助"等；

（3）由于失误表示歉意时说"很抱歉""实在很抱歉"等；

（4）打扰或麻烦客户时说"实在对不起""打扰您了""给您添麻烦了"等；

（5）接受客户的吩咐时说"听明白了""清楚了，请您放心"等；

（6）对在等待的客户说"让您久等了""对不起，让您等候多时了"等；

（7）不能立即接待客户时说"请您稍等""麻烦您等一下""我马上就来"等；

（8）当客户向你致谢时说"请别客气""很高兴为您服务""这是我应该做的"等；

（9）当要打断客户的谈话时说"对不起，我可以占用一下您的时间吗？""对不起，耽误您的时间了"等；

（10）送客时说"再见，欢迎您下次再来""再见，一路平安"等。

在使用礼貌用语时，还应注意以下几点：

（1）注意仪表。与客户说话时，要面带微笑，注意倾听，并通过关注的目光进行情感的交流，或通过点头和简短的插话、提问，表示对客户谈话的注意和兴趣。

（2）注意选择词语。在表达同一种意思时，选择不同的词语会给人不同的感受，产生不同的效果。例如，"刘主任，我想了解一下'白加黑'的库存情况"，以商量的口吻表达出自己的意图更易于让客户接受，如果把"想"字省去，变成"刘主任，我了解一下'白加黑'的库存情况"，在语气上就显得生硬，让人难以接受。另外，还要注意选择客气的用语，如用"几位"代替"几个人"，用"贵姓"代替"您姓什么"，用"去洗手间"代替"上厕所"，用"不新鲜，有异味"代替"发霉""发臭"等。这样能让人听起来更文雅，避免粗俗感。

（3）注意提炼语言。客户给营销员的谈话时间一般比较短，这就需要营销员用"心"说话，用语要简洁明了，中心明确，重点突出。

（4）注意语调、语速。说话不仅是交流信息，更是沟通感情，这就需要说话者把握好语调、语速，以取得最佳的表达效果。例如，明快、爽朗的语调会使人感到大方的气质和亲切友好的感情；声音尖锐刺耳或说话速度过快，常使人感到急躁、不耐烦的情绪。

（二）说话的语言技巧

1. 掌握"我"字的运用分寸

在交谈中，"我"字当头，用得过多、过频繁，会给人以突出自我、标榜自我的印象，拉大交往的心理距离，影响沟通的深入发展。所以，掌握"我"字的运用尺度是营销员必备的用语技巧。具体来说，就是要做到：

多用"我们"代替"我"。以复数的第一人称代替单数的第一人称，可以显示认可对方的心情，促进彼此情感的交流。例如，"我认为……是不是？"可以说成"我们是否可以这样认为……"。

"我"字能省则省。这样不仅可以避免重复，还能使"我"不至于太突出。例如，

"我对公司的员工作过一次统计,(我)发现有40%的员工对公司有不满情绪,(我认为)这些不满情绪来自奖金的分配不公,(我建议)是不是可以……"。

以平稳和缓的语调弱化"我"字。说"我"字时,不要读成重音,语音不要拖长,语气要平淡,神态不要洋洋自得,表情不要眉飞色舞,应把表述的重点放在事物的客观描述上,而不是突出做这件事的"我";否则,会使人觉得你自认为高人一等,在吹嘘自己。

2. 使用模糊语言,给自己留余地

模糊语言是有交际经验的人在谈判中常用的重要语言技巧。营销员要学会使用模糊语言,在与客户的交流中把握好分寸,给自己留下进退的余地,避免"满口话",让自己难堪。例如,对客户提出的一些很难一下子做出回答的要求和问题,可以说"我们将尽快给您答复""我们再考虑一下""最近几天给您回音"。这里的"尽快""再""最近几天"都具有灵活性,留有余地,可以避免因盲目做出反应而陷入被动局面。

3. 运用委婉策略,曲线救国

现代市场营销学研究表明,营销员的认识和情感往往并不完全一致,所以,在营销过程中,有些话虽然是真实的,但对方却因为碍于情面而觉得难以接受。这时,就需要运用委婉策略,把话语磨去"棱角",变得"圆滑"一些,这样,客户就可能既从理智上又在情感上愉快地接受你的意见。委婉的方式可以归纳为以下四种。

(1)灵活运用某些语气词,如"吗、吧、啊、嘛"等软化语气,让对方感到你说话的语气不那么生硬。试比较以下句子:"请问,您对 A 药品是怎样认为的?"与"请问,您对 A 药品是怎样认为的呢?"显然,第二句显得比较客气委婉,会使客户更容易接受。

(2)巧妙使用否定词。例如,把"我认为您这种看法不对"说成"我不认为您这种看法是对的",把"我觉得这样不好"说成"我并不觉得这样好",就能把同样的意思表达得不那么咄咄逼人。

(3)缓和推托。如果对方有求于你,你又不便直截了当地拒绝,就可以说:"这件事目前恐怕很难办到。"又如,对方约你去办一件事,而你没有时间,就可以这样说:"今天恐怕没有时间,我下次一定去。"

(4)另有选择。例如,朋友对你说:"星期六咱们去郊游好吗?"你可以说:"星期天去怎么样?"实际上是用另一种选择从侧面否定了对方的意见。

五、注意察言观色

所谓察言观色,就是观察对方的眼神和面部表情。科学研究发现,人的面部表情

能够反映出内在心理活动和思想变化。

早在19世纪,德国有一位公爵养了一匹高大的马,据说这匹马智力超群,能回答不少算术题。许多人不相信,远道而来想亲自出题试试,结果马都答对了。这件事引起了一位动物学家的兴趣,于是他也前去对马作了一个多月的研究,终于把秘密揭开了。原来马是根据出题者面部表情的变化得到暗示来答题的。当人们出题后等待马的回答时,马一边用前蹄敲打地面,一边观察出题者。当敲打到答案数时,出题者脸上的表情会出现一些细微的变化,马便得到了暗示,于是它停下来不再敲了,这就是它"智力超群"的奥秘。

言为心声,一个人心底的秘密会在表情动作中表露无遗。伟大的生物学家达尔文就认为一种特定的面部表情在全世界基本传达了相同的情绪,因而人们通过表情往往就能识别到人的心理活动。

同样,客户每一种表情和动作都潜在一种含义。一个优秀的营销员往往初与客户相见便能体察入微,对他人的言语、表情、手势、动作以及看似不经意的行为有较为细致的观察,敏锐地洞察客户的所思所想,能有针对性地把资讯提供给客户,使客户的心理得到满足,促成交易。所以说,一双"火眼金睛"是金牌营销员必备的。

测得风向才能使好舵。能真正在交际中察言观色、随机应变,也是一种本领。例如,在访问中我们常常会遇见一些意想不到的情况,访问者应全神贯注地与客户交谈,与此同时,也应对一些意料之外的信息敏锐地感知、恰当地处理。

客户一面跟你说话,一面眼往别处看,同时有人在小声讲话,这表明刚才你的来访打断了什么重要的事,客户心里惦记着这件事,虽然他在接待你,却是心不在焉。这时你最明智的方法是打住,丢下一个最重要的问题请求告辞:"您一定很忙。我就不打扰了,过一两天我再来听回音吧!"你走了,客户心里对你既有感激,也有内疚:"因为自己的事,没好好接待人家。"这样,他会努力完成你的托付,以此来弥补。

在交谈过程中突然响起门铃、电话铃,这时你应该主动中止交谈,请客户接待来人、接听电话,不能听而不闻滔滔不绝地说下去,使客户左右为难。当你再次访问希望听到所托之事已经办妥的好消息时,却发现客户受托之后尽管费心不少但并没圆满完成甚至进度很慢。这时你难免发急,可是你仍应该将到了嘴边的催促化为感谢,充分肯定客户为你作的努力,然后再告之以目前的处境,以求得理解和同情。这时,他就可能意识到虽然费时费心却还没有真正解决问题,产生好人做到底的决心,进一步为你奔走。

营销员可以把人们的表情概括为以下几种类型。

第一种,僵硬型,脸上肌肉麻木,面无表情,往往充满憎恶与敌意,他们试图以此种表情来掩盖自己的真实情绪。

第二种，厌烦型，主要表现为叹气、伸懒腰、打哈欠、东张西望、看时间、表情无奈等。

第三种，焦虑型，比如手指不断敲打桌面、双手互捏、小腿抖动、坐立不安等。

第四种，兴奋型，表现为瞳孔放大、面颊泛红、搓手、轻松地跳跃，等等。

第五种，欺骗型，喋喋不休地诉说，语意却不连贯，尤其是平时沉默寡言的人，此时他多半想隐瞒什么。另外，下意识地摸下巴、摆弄衣角，或将手藏在背后，都是说谎的征兆。

第六种，高傲型，表现为眼睛眯起、头向后仰、俯视对方，或者双手抱胸、斜视、手叉腰、歪着头等。这都表示自负、盛气凌人，对你的话不屑一顾，营销员对此要特别注意。

六、及时处理客户抱怨

客户是上帝，是公司的重要经济来源。但营销人员遇到客户不满意、抱怨也是难免的。面对客户抱怨，要站在客户的立场上换位思考，了解客户为什么生气以及怎样做才能提升客户的满意程度。一般来说，处理客户抱怨要遵循以下六个步骤。

1. 让顾客痛快发泄

一般在抱怨发生初期，客户常常都会感到义愤填膺、情绪非常激动，以至于措辞激烈，甚至伴有恶言恶语。因此一旦发展到投诉的地步，客户内心必然是很气愤的，这个时候客户无处发泄，只能从销售人员这里寻找出气口，此时唯一能做的就是让客户尽情宣泄，冷静地聆听客户的全部委屈，全盘了解让他们产生不满的原因，等客户心态稳定下来了才好开展接下来的工作。

2. 主动承认错误并道歉

承认错误并不是说就是自己的问题，而是为了不给客户传达一种"是你自己做错了"的感觉，避免问题严重性继续蔓延。因此，客户宣泄完毕后销售人员应该主动诚恳地向客户表示歉意，用"非常抱歉""真是对不起"等话语来平息顾客的情绪。态度好了，客户还你以好脸色的同时，也会耐心听你讲解。

3. 分析问题出处

耐心询问问题产生的原因，了解事故每一个发展环节，确保客户是否遗漏了什么重要信息，恰巧他们认为不重要所以未告知你，最终导致误会产生。抓住问题关键，才好提出应对措施。我们需要保证的是服务质量，而不是服务速度。

4. 提出问题解决办法

在维护客户权利与保障公司利益的前提下，针对问题的起因和结果提出合理的解决办法，具体的解决方案因人而异，目的是维护公司的名誉，同时维持好新老客源。

5. 询问客户意见

待服务方出具了具体解决方案后，询问客户意见，客户满意与否决定了方案是否能正常进行。如果客户的想法与公司有出入，首先要站在客户的立场上，在不损害公司利益的前提下，针对客户的想法与要求做出相应调整和更改，直到双方满意为止。

6. 后续跟踪服务

等事情告一段落后，记得拨打客户电话询问一下客户意见，了解他们对于解决方案的施行是否满意，是否需再做出相应调整，对公司有什么意见和建议，等等，这样有利于把控客户心理，下次再面临同样情况时能做好完善的前提准备，同时好的服务也能让客户对公司满意程度加分。

第二章　药品市场消费者研究

"知己知彼，百战不殆。"消费者是现代医药企业市场营销活动的出发点和归宿，不断满足消费者的需求是企业生存和可持续发展的支点，企业的生产经营决策必须以消费者为本，对消费者进行深入细致的研究。所谓消费者研究就是研究消费者，了解消费者的需求、购买心理、购买动机和购买行为，以制定最佳的营销策略。

第一节　消费需求理论

一、研究消费者需求的意义

（一）有利于更好地满足消费者的需要

消费者是现代企业市场营销活动的中心，消费者的需求是企业生产经营活动的"指挥棒"，而"没有永远的忠诚，只有永远的利益"，消费者的需求不是固定不变的，它会随着时间，地点，消费者经济收入、价值观念、消费习惯等的变化而不断发展变化。企业只有与时俱进，与世俱进，紧紧跟随、预测消费者需要的变化，才能更好地满足消费者的现实需要，刺激其潜在需要，获得更长远的发展。如果无视消费者需要的变化，而以不变去应万变，则无异于坐以待毙。

（二）有利于提高企业市场营销活动的针对性

企业市场营销活动要想取得实效性，必须首先具有针对性。营销手段是"矢"，消费者需求是"的"，只有明确了消费者的需求、购买心理、购买动机，才能对症下药，做到有的放矢，事半功倍。例如，举世闻名的中国瓷器茶杯等刚出口英、法等国时，并不热销。日本商家分析了其中的原因：欧洲人天生鼻子长，而中国茶杯四周边沿一样高，品茶喝酒都不方便。于是，他们就开发出一种斜口杯。新产品问世后，立即在欧洲市场成为抢手货。这充分表明，企业的营销活动也要"见风使舵""到什么山上唱什么歌"。

（三）有利于提升企业的经营管理水平

"心系群众鱼得水，背离群众树断根"，这句通常被用来告诫领导干部的话，对企业的经营者来说也是颇有教益的。在市场经济条件下，企业生产什么、生产多少，何时何地经营、怎样经营，归根结底要由消费者说了算，要视消费者的需求而定。正如哈佛大学的泰德•李维特（Ted Levitt）在《营销近视病》一书中所说：根本没有所谓的成长行业，只有消费者的需要（NEEDS），而消费者的需要随时可能改变。只有准确把握了消费者的需要，才能增强经营的主动权，取得良好的经营管理效益。

二、消费者需求的一般特征

（一）需求及其相关概念

1. 消费

消费是指人们为维持生存和发展而消耗、使用掉所获得的物质、精神财富。从一定意义上说，整个人类社会的生产过程就是运用一切手段生产产品，用以消费并满足人们生存和发展需要的过程。

2. 需要与欲望

需要是指人们为满足生存和发展而产生对某种目标的渴求和欲望。人们感到缺乏什么东西，有不足之感；期望得到什么东西，有求足之感。需要就是这两种状态形成的心理现象。在社会生产和生活交往中，人们会产生多种多样的需要，并且，当旧的需要满足后，新的需要又会产生，生命就是这样一个周而复始的过程。

欲望是人们对于满足需要的某种事物的期望。相对来说，人的希望是有限的，而欲望是无限的、无止境的。

3. 需求与动机

需求是具有一定购买力的需要。因此，市场营销者不仅要了解有多少消费者欲求其产品，还要了解他们是否有能力购买。

动机是指人们为满足某种需求而引起产生某种活动的欲望和意念。有了动机，就会产生满足需求的行动，所以，需求是动机的原因，动机是行动的先导。

4. 需求的价格弹性

需求的价格弹性简称需求弹性，它表示在一定时期内一种商品的需求量变动对于该商品的价格变动的反应程度。

$$E_d = \frac{(Q_2 - Q_1)/Q_1}{(P_2 - P_1)/P_1}$$

公式中 E_d 代表需求价格弹性，Q_1、P_1 代表原来的需求量和价格，Q_2、P_2 代表新的需求量和价格。如果需求量变化和价格变化方向相反，则 E_d 为负数；反之，则 E_d 为正数。一般可以直接用绝对值表示。

需求价格弹性一般分三类：① 需求弹性不足，$0 < E_d < 1$，需求量变动百分数小于价格变动百分数；② 需求弹性为1，$E_d = 1$，需求量变动百分数等于价格变动百分数；③ 需求弹性充足，$E_d > 1$，需求量变动百分数大于价格变动百分数。另外有两种特殊类型：① 需求完全无弹性，$E_d = 0$，价格变动对需求量没有影响；② 需求弹性无限大，$E_d = \infty$，价格变动会引起购买数量无穷大的变动。

影响需求价格弹性的因素主要有：① 产品的替代品数目和相似程度，替代品越多，相似度越高，弹性越大，反之越小；② 产品在购买者支出中所占比例，比例大则弹性大，比例小则弹性小；③ 产品用途多少，用途多的弹性大，用途少的弹性小；④ 产品性质。生活必需品缺乏弹性，高级耐用消费品或奢侈品弹性大。判断一种商品的需求价格弹性时，必须将以上4个因素结合起来分析，它们可能互相促进，也可能起相反作用。另外，时间因素与需求价格弹性也有很大关系。一般来说，时间越长，弹性越大，因为消费者越容易找到替代品。

（二）需求的分类

消费者的需求有多种分类方法，在此介绍三种基本的分类方法。

1. 刚性需求与弹性需求

刚性需求指商品供求关系中受价格影响较小的需求，这些商品包括房产、人才等。弹性需求是相对于刚性需求而言的，指商品供求关系中受价格影响较大的需求。

2. 天然性需求与社会性需求

天然性需求是人为了维持生命有机体所必需的衣、食、住、行等方面的需求。

社会性需求是人为了维持社会生活，进行社会生产和交往而产生的需求，如人对知识、文化、艺术等的需求。

3. 物质需求与精神需求

物质需求是人类最根本、最重要的需求。物质需求既包括天然性需求，又包括不断发展的社会物质生活的需求。

精神需求是人对其智力、道德、审美等方面发展条件需要的反映，如人都希望获得知识、提高技能、陶冶情操等。

（三）消费者需求的一般特征

人的需求多种多样，但无论哪种需求都具有以下共同特点。

1. 指向性

指向性指消费者的需求总是指向某种具体的事物，总是对某种不足的客观事物产生向往。

2. 层次性

消费者的需求是有层次的，虽然各个层次很难截然分开，但总体上是有一定顺序的。较低层次需求的满足是较高层次需求产生的前提和基础，较高层次需求产生是较低层次需求满足的必然结果。

3. 发展性

消费者的需求不会停在一个水平上，总是由低级到高级、从简单到复杂不断向前、向上发展的，因为消费者需求的产生和发展是与社会生产的发展紧密相连的，社会生产是不断向前发展的，水涨船高，需求必然也会不停地向前发展。"终日奔波只为饥，方才一饱便思衣。衣食两般皆俱足，又思娇容美貌妻。娶得娇妻生下子，恨无田地少根基。买得田园多广阔，出入无轿少马骑。槽头扣了骡和马，叹无官职遭人欺。县令主簿还嫌小，又要朝中挂紫衣。七品五品犹嫌少，三品四品仍嫌低。一品当朝为宰相，又羡称王做帝时。做了皇帝求仙术，更想登天跨鹤飞。要想世人心里足，除非南柯一梦西。"这首流传已久的"人生欲望歌谣"正幽默诙谐地说明了人的需求欲望的发展特性。

4. 替代性

替代性指消费者在某一方面的需求可以由多种商品来满足。例如，现阶段我国大多数制药企业均生产仿制药，技术含量不高，可替代性很明显。正是由于药品需求替代性较强，药品生产经营企业需要细致地体察和深入地调研，才能了解客户的真正需要，当好客户的顾问和参谋。只有通过不断体察客户的需求，把握不断变化的机会，在经过筛选和细分的市场上建立竞争对手难以复制的服务优势，形成自身的经营特色与品牌形象，把对客户需求的理解力转变成对市场的把握力，不断提升客户的认知度和忠诚度，才能在激烈的市场竞争中脱颖而出。

5. 联系性

联系性指消费者对某一商品的需求会引起对相关商品的需求。

6. 可诱导性

可诱导性指消费者的需求是可以引导和调节的。广告等促销工具正是利用了消费者需求的可诱导性来扩大销售的。

三、马斯洛的需求层次理论

马斯洛需求层次理论，亦称"基本需求层次理论"，是由美国著名的社会心理学家、人格理论家和比较心理学家马斯洛（Abraham Maslow，1908—1970）于1954年提出来的，是行为科学的理论之一。在这个理论里，马斯洛把需求分成生理需要、安全需要、社交需要、尊重需要和自我实现需要五大类，依次由较低层次到较高层次。各层次需要的基本含义如下。

1. 生理需要

管子曰："仓廪实而知礼节，衣食足而知荣辱。"生理需要是人类维持自身生存的最基本要求，包括饥、渴、衣、住等方面的需要。如果这些需要得不到满足，人类的生存就成了问题。从这个意义上说，生理需要是推动人们行动的最直接、最基本、最强大的动力。

2. 安全需要

这是人类要求保障自身安全、摆脱事业和丧失财产威胁、避免职业病的侵袭等方面的需要。马斯洛认为，整个有机体是一个追求安全的机制，人的感受器官、效应器官、智能和其他能量主要是寻求安全的工具，甚至可以把科学和人生观都看成满足安全需要的一部分。

3. 社交需要

马克思在《关于费尔巴哈的提纲》一文中曾提出："人的本质并不是单个人所固有的抽象物。在其现实性上，它是一切社会关系的总和。"每一个人都不是绝对孤立存在的，都需要与他人联系和交往。这一层次的需要包括两个方面的内容：一是友爱的需要，即人人都需要伙伴之间、同事之间的关系融洽或保持友谊和忠诚，人人都希望得到爱情，希望爱别人，也渴望接受别人的爱；二是归属的需要，即人都有一种归属于一个群体的感情，希望成为群体中的一员，并相互关心和照顾。

4．尊重需要

人人都希望自己有稳定的社会地位，要求个人的能力和成就得到社会的承认。尊重的需要又可分为内部尊重和外部尊重。内部尊重是指一个人希望在各种不同情境中有实力、能胜任、充满信心、独立自主。总之，内部尊重就是人的自尊。外部尊重是指一个人希望有地位、有威信，得到别人的尊重、信赖和肯定性的评价。

5．自我实现需要

这是最高层次的需要，它是指实现个人理想、抱负，最大程度发挥个人的能力，完成与自己的能力相称的一切事情的需要。也就是说，人必须干称职的工作，这样才会使自己感到最大的快乐。马斯洛认为，为满足自我实现需要所采取的途径是因人而异的。自我实现的需要是在努力发挥自己的智慧和潜力，使自己越来越成为自己所期望的人物。正如马斯洛所言，"一个健康的人总是被要充分发挥自己的才力的需求所鼓舞，别人能干什么，他就要干什么"。

1954年，马斯洛在《激励与个性》一书中探讨了他早期著作中提及的另外两种需要：求知需要和审美需要。这两种需要未被列入他的需求层次排列中，他认为这二者应居于尊重需要与自我实现需要之间。

马斯洛认为，五种需要像阶梯一样从低到高，按层次逐级递升，但这样的次序又不是完全固定的，是可以变化的，也有种种例外情况。一般来说，某一层次的需要相对满足了，就会向高一层次发展，追求更高一层次的需要就成为驱使行为的动力。

五种需要可以分为两级，其中生理上的需要、安全上的需要和感情上的需要都属于低一级的需要，这些需要通过外部条件就可以满足；而尊重的需要和自我实现的需要是高级需要，是通过内部因素才能满足的，而且一个人对尊重和自我实现的需要是无止境的。同一时期，一个人可能有几种需要，但每一时期总有一种需要占支配地位，对行为起决定作用。任何一种需要都不会因为更高层次需要的满足而消失。各层次的需要相互依赖和重叠，高层次的需要满足后，低层次的需要仍然存在，只是对行为影响的程度大大减小罢了。

马斯洛的需求层次理论在一定程度上反映了人类行为和心理活动的共同规律。他从人的需要出发探索人的激励方式和研究人的行为，抓住了问题的关键；同时，马斯洛指出了人的需要是由低级向高级不断发展的，这一趋势基本上符合需要发展规律。但是，马斯洛是离开社会条件、离开人的历史发展以及人的社会实践来考察人的需要及其结构的，其理论基础是存在主义的人本主义学说，即人的本质是超越社会历史的，是抽象的"自然人"，由此得出的一些观点就难以适合其他国家的情况。

人都潜藏着这五种不同层次的需要，但在不同的时期表现出来的各种需要的迫切程度是不同的。人的最迫切的需要才是激励人行动的主要原因和动力。低层次的需要基本得到满足以后，它的激励作用就会降低，其优势地位将不再保持下去，高层次的需要会取代它成为推动行为的主要原因。在特定时期内，人可能受到多种需求的激励。任何人的需求层次都会受到个人差异的影响，并且会随着时间的推移而发生变化。

药品是特殊商品，按上述需求理论分析，购买行为的背后是消费者身体康复欲望的未被满足，因此可以说消费者购买药品行为的根本致因是生了病。然而，从现代市场营销理论来看，生病后需吃药是无疑的，但具体吃什么药、吃多少药、如何吃药等问题就不是仅由"生病"这一点来决定的了。这比"生病"的影响作用更直接，也是市场研究人员最感兴趣的东西。同时，相对于其他可以刺激或诱导的需要而言，服药治病的需要就不是随便可以刺激的，因而医药企业更需要在其他方面做文章。

第二节 药品市场消费者购买心理与购买动机

一、消费者的购买心理

消费者的行为总是受一定的心理活动所左右和支配，不同的消费者，购买心理往往有天壤之别。例如，摩根是美国的大富豪，但他年轻时携妻子闯美国时，还是个穷人。他设法开了一家杂货铺，卖些日用品和鸡蛋。摩根在卖鸡蛋时，发现顾客常常抱怨他卖的鸡蛋小，后来，他进鸡蛋时，有意挑选个儿比较大的鸡蛋，可是，顾客还是不满意。摩根经过一段时间观察总结，发现是自己的形象影响了消费者的感觉。于是，他让妻子来卖鸡蛋，结果，顾客不但不嫌鸡蛋小，反而对摩根的态度和印象也大大改观了。他妻子好奇地问他为什么，他说："我拿鸡蛋卖给顾客时，顾客抱怨我拿的鸡蛋太小是因为我的手又黑又大又粗，相反，你的手又白又细又嫩，因此，同样一个鸡蛋，放在两个不同的手上，效果是不同的，这虽然是视觉上的差异，但反映出顾客的一种购买心理。"摩根正是潜心研究了顾客的消费心理，才获得了经营上的成功。消费者购买鸡蛋如此，购买药品同样受心理感觉影响。因此，消费者的购买心理是消费者研究的重要内容。药品营销人员不一定要成为心理学专家，但一定要想方设法了解客户的心理，这样才便于"对症下药"。

(一) 消费者的一般购买心理

1．求实心理

这是消费者普遍存在的一种心理。他们购买商品时，首先要求商品必须具备实际的使用价值，讲究实用、管用。

2．求新心理

这是以追求商品新颖为主要目的的心理。消费者购买物品重视"时髦"和"奇特"，好赶"潮流"。在经济条件较好的地区和人群中，这种心理较为多见。"此一时彼一时"，"流行"商品之所以能够流行开来，主要是由于求新心理的推动。

3．求美心理

爱美是人的一种本能和普遍要求，喜欢追求商品的欣赏价值和艺术价值在中、青年妇女和文艺界人士中较为多见，在经济发达国家的顾客中较为普遍。具有这种心理的消费者在选择商品时，特别注重商品本身的造型美、色彩美，注重商品对人体的美化作用及对环境的装饰作用，以求达到艺术欣赏和精神享受的目的。

4．求名心理

这是一种以显示自己的身份、地位和威望为主要目的的购买心理。这类消费者讲名牌，用名牌，以此来"炫耀自己"。具有这种心理的人，普遍存在于社会各阶层，尤其是现代社会中，由于名牌效应的影响，吃、穿、住使用名牌，不仅提高了生活质量，更是一个人社会地位的体现，这也是越来越多的"追牌族"涌现的原因。

5．偏好心理

这是一种以满足个人特殊爱好和情趣为目的的购买心理。有偏好心理动机的人，喜欢购买某一类型的商品，如有的人爱养花，有的人爱集邮，有的人爱摄影，有的人爱名人字画，等等。这种偏好性往往同某种专业、知识、生活情趣等有关，因而偏好性购买心理动机也往往比较理智，指向也较稳定，具有经常性和持续性的特点。

6．自尊心理

有这种心理的顾客在购物时既追求商品的使用价值，又追求精神方面的高雅。他们在购买行为完成之前，希望自己受到推销员的欢迎和热情友好的接待。经常有这样的情况，有的顾客满怀希望地走进商店，一见推销员的脸冷若冰霜，就转身而去，到别的商店去了，甚至再也不愿光顾那家"冷若冰霜"的商店，这就是"自尊"的力量。

7．攀比心理

这是一种从众式的购买心理动机，其核心是不甘落后或胜过他人，他们对社会风气和周围环境非常敏感，总想跟着潮流走。有这种心理的顾客，购买某种商品，往往不是由于急需或必要，而是为了赶上他人，超过他人，以求得心理上的满足和平衡。

8. 隐秘性心理

有这种心理的人，购物时不愿为他人所知，常常采取"秘密行动"。他们一旦选中某件商品，而周围无旁人观看时，便迅速成交。女青年购买卫生用品，男青年为异性朋友购买女性用品，常有这种情况。

9. 疑虑心理

这是一种瞻前顾后的购物心理动机，其核心是怕"上当""吃亏"。他们在购买物品的过程中，对商品质量、性能、功效持怀疑态度，怕不好使用，怕上当受骗，满脑子疑虑，因此反复向推销员询问，仔细检查商品，并非常关心售后服务工作，直到心中的疑虑解除后，才肯掏钱购买。

10. 安全心理

有这种心理的人对欲购的物品要求在使用过程中和使用以后必须保障安全，尤其像食品、药品、洗涤用品、卫生用品、电器和交通工具等，不能出任何问题。因此，他们非常重视食品的保鲜期、药品的毒副作用大小、洗涤用品有无化学反应、电器用具有无漏电现象等。在确信没有安全隐患后，他们才肯放心地购买。

（二）药品市场消费者的购买心理

1. 疗效第一

"不看广告看疗效"！药品的基本使用价值是治病救人，是否有效是人们判断和检验药品价值的核心标准之一，所以，在毒副作用许可的范围内，疗效是人们购药时的首要考虑因素。

2. 求廉心理

"没啥别没钱，有啥别有病"这句调侃的话，道出了人们对疾病的恐惧，更是人们对"看病贵"的无奈，也从一个侧面佐证了药品消费中的求廉心理。这类消费者无论购买什么药品，都表现为追求最佳性价比，要求购买的药品经济、实惠，只要少花钱、治好病就行。在广大的农村和经济水平比较低的地区，人们的这种心理较为普遍，占了消费的主导地位。

3. 追求名牌心理

除药品价格、疗效外，药品消费者也同时综合考虑药品的"名气"，包括药品的品牌满意度、药品设计形象乃至生产企业的公共声誉、科技成分以及文化内涵等，这已成为决定药品消费者购买行为的重要影响因素。这类消费者表现为注重药品的名牌，是否进口，是否名贵的新药，而不太在意价格和是否对症。品牌消费成了身份地位的象征。例如，同种功效的药品，进口药比国产药售价高，同仁堂生产的比国内其他制药企业生产的更易被消费者接受。

4．亚健康消费意识提高

在新形势下，传统的"无病不吃药，小病不就医，大病才治病"的消费观念和意识早已成为过去，人们防病治病的意识普遍增强，药品消费支出更多地投入改善亚健康状态之中。例如，出现眼睛疲劳、酸痛、干涩等症状，过去没有人用药，现在购买眼药水进行治疗和保健的人已相当多，且这种关注亚健康状况的消费意识不仅在中国，而且在世界范围内也正逐渐成为主流趋势。亚健康消费现象的出现反映了现代药品消费者更注重身心健康、生活质量和乐趣，人们的药品消费意识正向更深更广的层面发展。

5．药品消费行为的选择性增强

药品消费者消费行为的选择性有所增强，主要表现在以下四个方面。第一，我国医疗体制改革使消费者的医药消费地位得到提高，由原来的完全被动购买转变成主动购买。原来购买什么药品由医师决定，消费者没有选择余地。现在，消费者在医院就诊后，可以在医院买药，也可以到其他零售药店买药。对于非处方药品（OTC），消费者购药的主动选择性则更强。第二，对个体而言，先进的技术交流渠道打破了传统信息来源和地理环境的局限，药品消费者可以选择更符合自己需求的厂商和药品。第三，传统的购买方式使药品消费者往往局限于医院、零售药店预先设计的定价策略之中，而在网络时代，药品消费者将会更理性地考虑进货价格、运输费用、广告费用、优惠折扣、疗效等综合因素。第四，在网络经济时代，药品消费者会主动利用现代通信网络寻找合适的产品，表达对特定产品的欲望和服务要求，使药品消费者从实际上参与并影响制药企业的生产与经营决策。

6．药品的个性消费逐渐萌芽

在大工业时代，标准化的生产方式使消费者的个性消费被淹没在低成本、流水线式的单一化产品的浪潮中，且被动消费的长期存在也使消费者的个性化受到压抑。如片剂，过去一律圆形白脸，而现在出现了色彩丰富的异形体片剂。又如，目前感冒药品种繁多，有些消费者会根据自己的工作、生活特点选择所需要的品种。显然，个性化消费的萌芽将会对药品市场营销提出新的挑战。

7．购药追求方便性与安全性

一方面，高强度、快节奏的现代工作与生活方式促使药品消费者考虑购药的方便性，追求效率和成本的节约，在价格相差不很大的情况下，多数人选择就近购买。另一方面，由于人们健康知识、用药知识的逐渐增加，购买安全性高的药品已成为影响消费者购药的主要因素之一。在有条件的情况下，人们越来越倾向于购买价格略高但疗效显著，且毒副作用小的药品，倾向于购买信誉好的药品。例如，治疗肠道疾病的药品，"治肠又不伤肠"的购药理念开始被人们所重视。又如，消费者购药时也越来越多地注意到药品的有效期，有的有效期尚有几个月消费者就不愿购买。另外，药店和药品的知名度、美誉度、企业规模、经营态度等都成了消费者评价药品安全性的标准，尤其是在药品品质和疗效方面，建立售后服务制度是消费者认为药品有安全保证的象征。

8. 药品消费存在洋药崇拜

虽然我国医药市场国产药总体上占据销售额排行榜首，但这主要是因为进口药和合资企业生产的药品在国内品种还不多，如果考虑单一品种，则进口药和合资企业生产药品的销售量与销售额都明显高于国产药。

二、药品市场消费者的购买动机

对消费者动机的研究，是消费者心理学的一个重要领域。如果不了解消费者的购买动机，就无法解释他的消费行为。

（一）理性动机

理性动机是消费者对所购药品经过认真考虑，在理智的约束和控制下产生的购买动机。在理性动机支配下，消费者比较注重药品的内在质量、疗效、安全性、品牌信誉，讲求对症、疗效可靠、价格便宜、科学合理等。

理性动机包括合理性、安全性、经济性、品质一致性。

（二）感情动机

感情动机是消费者对所购药品并没有经过十分慎重的考虑，一时冲动产生的购买行为。在感情动机支配下，消费者比较注重药品的包装精美、样式新颖、色彩艳丽等。感情动机具有暗示、描写、联想的作用，因此充满情感的广告、新颖别致的陈列等，常常能引起消费者的冲动性购买。

容易引起强烈购买欲望的感情包括自尊心、不服输、追求流行与变化、与众不同、爱与孝心、追求快乐、幻想与联想、从众与归属感。

第三节 药品市场消费者购买行为及其影响因素

一、药品市场消费者购买行为

消费者购买行为是消费者的需求和购买动机在市场购买过程中的具体体现。消费者的需求表明了消费者要购买什么（What），购买动机主要探讨消费者为什么购买（Why），而购买行为主要分析消费者何时购买（When）、何处购买（Where）、如何购买（How）和由谁购买（Who）的问题。

（一）何时购买

药品的购买时间一般没有什么疑问，消费者吃药一般情况下都是在患病之后，除了一些家庭常备药外，消费者购买药品的时间通常是在患病之后。但从药品消费市场整体情况来看，药品销售也是有一定规律的，季节性比较明显。例如，冬春季节是感冒、咳嗽、呼吸道疾病的高发期，因此，感冒药、咳嗽药和治疗上呼吸道感染的药物就比夏季销路好、销量大。掌握消费者在购药时间上的规律性，据以适时适量生产或投放药品，既可以满足患者的需求，又利于扩大企业的经济效益，所以需要掌握消费者在购买时间上的规律性。

药品的易获得性是营销管理的责任。当消费者对药品有需求的时候，要有恰当的药品在恰当的时间满足他们。比如一个生命垂危的患者在医院的急诊室里，那么就需要立即给他注射急救复苏的药品。确保药品在急需时候的可获得性不仅是医疗机构的责任，也是医药企业的责任。对于单个消费者来说，生病的时间是不确定的，因此，医药企业要对需求进行有效的管理。对于处方药，不仅需要对药品进行管理，而且需要对医生开出的每一个处方进行管理，只有及时准确地了解消费者用药时间、结构和药量，才能给消费者提供便利性，对于那些常备药、急救药更是如此。

（二）何处购买

我国药品消费者的购买地点主要在医疗机构和药店。把握消费者的购买地点，有利于企业制定有针对性的营销策略，提高营销效果。

医疗机构一般以销售处方药为主，消费者多属服从型购买。企业一方面要力争使自己生产或经营的药品进入当地的医疗保险目录,另一方面要做好对医生的推广宣传和营销工作。

零售药店销售的是非处方药,不需医生的处方便可以自主购买。企业应做好广告宣传和公关活动,扩大企业及品牌的知名度、美誉度;精心设计药品包装,提高视觉冲击力;激励零售药店做好药品陈列展示,更好地吸引顾客的眼球;提供周到细致的服务,刺激顾客的购买欲望。

(三)如何购买

由于消费者的经济条件不同,在购买药品时对价格的敏感程度也不同。有的特别重视疗效,有的非常关注毒副作用,有的特别在意药品的品牌信誉等,有的大病小病都选择大医院,有的尽可能不到大医院看病。

(四)由谁购买

这是指谁是购买药品的主体。在药品购买决策中,可能有发起者、影响者、决定者、购买者、使用者之分。发起者是首先提出购买或使用药品的人,影响者是对购买行为起直接或间接影响作用的人,决定者是最终决定购买行为的人,购买者是实施购买行为的人,使用者是指患者。

一般来说,处方药的发起者、影响者、决定者都是医生,购买者是患者或其直系亲属,使用者是患者;非处方药的购买决策者似乎是患者本人,但实际上可能是家庭成员中的某一位在起决定性作用,也有可能是医生。生产经营企业的宣传促销活动应针对所生产经营药品的购买决策者,才能实现最佳的经济效益。

二、影响药品消费者购买行为的相关因素

(一)经济因素

在当前的社会收入结构和收入水平下,治疗某些疾病的费用远远超过普通居民的收入水平,所以,"省钱才是硬道理!"。经济因素决定购买能力,健康产品市场容量的大小,很大程度上取决于社会消费水平的高低。随着收入的增加、生活水平的提高、健康意识的增强,人们才会有除衣食住行以外的健康意识以及相应的费用支出。

我国药品消费的地域性差异明显,主要是由经济因素或与经济因素相关的其他因素造成的。药品消费的地域性差异首先表现在城乡差别。城市居民因为文化素质较高,经济承受能力较强,对知名品牌的选择度要高于一般品牌,除了必要的治疗用药之外,健康保健类产品的支出比例逐年增加。星罗棋布的零售药店为消费者的购买行为提供

了极大的便利，一些平价大药房因为薄利多销、附赠促销礼品，成为市民购买的主要场所。相比城市市场，农村市场的消费有其明显的特征。农村人口整体消费水平较低，自我保健意识也较差，医药支出大部分在疾病的治疗上面，购买保健产品的支出比例相对有限。价格成为消费的最重要制约因素。药品消费的地域性差异还表现在地区差别上。经济相对发达的东部省区药品消费量普遍高于经济欠发达的中西部地区。

在同一地域，经济因素对药品购买行为的影响主要是指消费者欲以尽可能少的支出（包括货币或信用）获取最大的药品效用。这主要包括两个方面。一是追求物美价廉的药品。消费者在购买药品时，主要考虑的是自己的收入、药品的功能和药品的价格，在个人收入、药品功能一定的条件下，药品价格低廉是推动消费者购买行为的动力。因此，当价格较高时，无论收入高低者，其购买行为都会受到不同程度的抑制；当价格较低时，就会不同程度地激发起消费者的购买行为。二是追求药品的最大效用。作为购买者，通常情况下，他们不可能将其所有的收入花费在同一种药品上，因为这不仅不必要，而且从西方经济学界所十分强调的边际效益对消费者购买行为的影响因素来看，消费者对同种产品的需要程度会随着数量的增多而降低。

（二）社会因素

任何人都不是孤立存在的，都生活在一定的社会环境中，其行为必然要受到社会环境的影响。消费者的参照群体、家庭、社会角色和地位及社会风俗等都会影响其消费行为，如朋友、邻居、同事在消费购买行为和消费观念上相互影响。因为人们的消费行为不可避免地受趋众心理的影响，所以消费者购买行为与其所属的社会阶层有着密切的关系。一些消费者会因为角色和地位的因素，在选择非处方药时考虑品牌和药品的档次。

（三）文化因素

文化是决定和影响消费者需求和购买行为的最基本因素。随着消费者文化水平的提高和保健意识的增强，人们对疾病的预防和自身保健更加重视，特别是高收入阶层和中老年人对增强免疫力、防病强身、改善生活质量的OTC药品的消费支出更是逐年增加。例如，在我国消费者的认识中，受传统中医药文化的影响，人们普遍认为中药的毒副作用小，许多中药在预防和保健方面作用显著，比西药更安全；中药在一些慢性病的治疗方面可能比西药更有效；中药的作用也全面，可以从根本上治疗疾病。一般的家庭中都会备有三七伤药片、红花油、健胃消食片等一些中成药。在起效速度方面，人们普遍认为西药比中药见效快。这是典型的历史文化对药品消费行为的影响。再例如，中国人对中草药功效的熟悉与信服已经影响到了牙膏生产企业的营销活动，含有中药成分的牙膏在市场上大受欢迎。

(四) 消费习惯

消费习惯是指人们在消费过程中，长期、稳定地保持重复性的消费行为。消费习惯是消费者心理行为中积极重要的特征，也是人们日常行为的反映。消费者对于习惯的品牌或药品，购买决策简单，购买行为可以重复。在处方药的推广中有一个"医生处方习惯"的概念，就是医生通过各种途径不断地接受某个药品的信息，或者通过多次的使用经验，形成了一种习惯，凡是这一类病情就使用这一类产品。对于医药营销人员来说，培养医生的习惯性处方行为，自然可以实现稳定的收益。

(五) 个人因素

药品消费者的消费行为很大程度上也受其个人特征的影响。

(1) 消费者对自己的病情变化有感知，根据自己已有的医药保健知识和自身的症状，会自主地去选购药物。

(2) 消费者对品牌特征的感知及对其他备选品牌的态度也会影响其消费行为。消费者通过各个渠道获得对产品和品牌的认识，根据自己的经济承受能力或者消费习惯，在购买之前就已经有了心理的选择和定位。例如，对于维生素类产品，每个成熟的消费者都有自己的理想品牌。市场上同类药品琳琅满目，可以迎合不同消费者的心理需求，各有各的消费群体。

(3) 药品消费者的消费行为受其所处的生命周期阶段、职业、生活方式、个性和自我概念及经济环境的影响。成年人及对病情判断力强的人，购买OTC药的可能性更大些。

(4) 自我保健和自我药疗意识强的人、工作节奏快的人、不享受医疗费用报销的人，去药店购药的次数更多。

(5) 许多慢性病患者，如高血压、慢性胃炎、糖尿病病人等需要长期服药。这些患者在经过几次医生诊治和开具处方后，知道了自己的病情，知道该用什么药，"久病成医"，可能会直接去零售药店买药。

(六) 心理因素

消费者的购买行为是在一定的心理支配下完成的，受其个人动机、知觉、学习以及信念和态度等主要心理因素的影响。个人的药品消费心理对药品尤其是OTC药品消费行为有较大影响。

（七）一些突发性的因素

一些突发性的因素也会影响消费的趋势。比如战争、自然灾害、流行疾病等，都会推动一些相关的药物的消费。例如，2019年底爆发的新型冠状病毒性肺炎，曾使金花清感颗粒、疏风解毒颗粒、连花清瘟颗粒等清热解毒、祛湿扶正类的药物一夜之间变得供不应求。

第三章 药品市场调研

医药企业的生产经营活动总是在一定的外部环境下实施的,为了顺利实现企业的预期生产经营目标,医药生产经营企业必须走进市场,调查市场,认真研究、客观分析药品市场的营销环境,制定有针对性的市场营销策略。同时,医药产品涉及人的生命,所以市场调研专业性要求高,问卷设计、现场访谈、统计处理、分析研究等过程中往往涉及许多医学、药学、临床治疗等方面的专业知识,因此要求研究人员不但要有扎实的统计学和营销管理学基础,而且要具有良好的医学、药学背景。

第一节 药品市场调研的概念和意义

一、药品市场调研的概念

市场调研是与近代商品生产的发展相伴随而出现的,商品经济的发展是市场调研产生和发展的根本动力。在市场经济条件下,生产与消费必须相互配合,产品的效用必须符合顾客的需求,两者才能互相协调,促进经济的发展。为此,生产厂家必须了解消费者的需求、偏好、购买动机、购买行为等,生产的产品才能适销对路,市场调研正是迎合了这一要求而出现的。后来,市场调研进一步应用到提供服务的企业,甚至所有管理和决策的事务中。

药品市场调研行业在中国的发展历程大概有10年的时间。所谓药品市场调研,就是药品生产经营企业运用一定的方法和手段,有目的、有计划地搜集、记录、分析及理解市场信息,以运用于管理人员决策的过程。

市场调研是为企业的决策服务的,那么企业的管理人员到底要做出哪些决策呢?他们必须决定开发的新产品是否推向市场、是什么样的产品、为哪些患者服务、在什么地区销售、产品的特点是什么、价格怎样定、如何促销、花多少钱做广告、利用什么媒体做广告、通过什么渠道分销、安排什么终端促销活动、如何与对手竞争，等等。我们要做的就是用科学的方法，有计划地收集并分析与企业管理决策或药品营销决策相关的市场信息及数据，以此作为企业各级经营管理决策的参考依据。

在调研数据基础上进行决策是一种常规的决策方法，在西方企业运用得非常普遍，已经成为决策的必需流程和重要依据。但是在我国，尽管调查的概念已经普及，但是调查的运用能力还远远不够，甚至连很多专家都存在着对于调查的错误理解，如何有效地进行市场调研是很多企业面临的问题。

二、药品市场调研的意义

（一）市场调研是把握消费者需求的前提和基础

不断满足药品市场消费者的需求是药品生产经营企业生存的基点，也是药品生产经营企业营销活动的基本切入点。俗话说得好，"此一时，彼一时"，消费者的需求总是随时随地不断变化的，要想及时、准确地把握消费者的需求，药品生产经营企业就必须走进市场，调查市场，研究目标消费者的用药需求变化情况，这样才能更有效地传送市场所需要的药品。

（二）市场调研是企业制定营销策略的重要依据

"到什么山上砍什么柴，到什么火候使什么锤。"不同的市场有不同的特点，有效的市场调研不仅能够帮助药品生产经营企业正确认识市场需求，挖掘潜在的市场，而且能够帮助企业根据药品消费者的心理诉求、自我形象和生活关注点制定不同的营销战略，提高营销活动的实效性，收到事半功倍的效果。例如，王老吉在广东沿海一带是抢手货，但在北方却表现一般；捷达轿车在东北地区独占鳌头，但在华北、华南并不比其他车型走俏。究其原因，就在于不同区域的人们有不同的消费需求、消费习惯，企业若采取一刀切的手法，就难免事与愿违。

（三）市场调研是应对市场竞争的有效手段

常言道："打蛇要打七寸。"任何一个企业，特别是中小企业要想在日趋激烈的市场竞争中取得、保持主动权和优势地位，不仅要能够扬己之长、避己之短，更需要善于识别竞争对手"之短"，打击对手的"软肋"，而市场调研则是实现这一目的的有效手段。例如，海尔在市场调研中发现，竞争对手遗忘了一些特殊群体对自动化空调的需求，这些群体包括老人、小孩、忙碌的上班族以及高品质生活的追求者。对老人、小孩而言，由于他们不会使用空调，无须手动控制的空调最能打动他们；对工作匆忙经常忘记关空调的上班族而言，为避免能源的浪费，能自动开关机的空调最合适；而对目前越来越多追求高质量生活的人来说，能够带来健康、舒适和人性关怀的空调最理想。根据这三种人群的潜在需求，海尔开发了"智慧眼"空调。这种空调的独特之处在于三个"看得见"：看得见人，当人进入房间时，空调会自动运行，当人离开房间30分钟后，空调会自动停止运转，当人在室内移动时，空调会精确控制气流方向，并根据室内人员的多少和活动范围自动调节送风宽度；看得见温度，室内温度的高低，它能自动感知，自动控制运转情况，调节压缩机的频率大小；看得见光，它能自动感知光线强弱，将室内温度始终调节在舒适状态，当夜晚关掉灯光时，空调会自动转入健康睡眠运行模式。由于弥补了竞争对手"之短"，占据了被竞争对手遗忘的独特市场，"智慧眼"取得了很大成功，问世之初曾引起不小的市场震动：在北京，平均一天就能卖出500套；在广州，大工程接连不断；台湾某企业一次就订购了1000套。

第二节　药品市场调研的内容和类型

一、药品市场调研的内容

药品市场调研的内容十分广泛，归纳起来主要包括四大方面，即药品市场环境调研、市场需求调研、竞争对手情况调研、客户（患者）情况调研。

（一）药品市场环境调研

药品市场环境调研主要是调查政治环境、经济环境、文化环境、地理环境。市场环境调研主要用于开拓新市场。

1. 政治环境

政治环境包括与药品生产经营活动有关的部门及其负责人、关键人物的情况。公司开辟新市场要打交道的部门和单位一般有工商局商标处、广告处卫生局、药检所、医药技术监督局、税务局、环卫城管大队、党报、晚报、电视报、公共汽车公司、电车公司、出租车公司、有线电视台、无线电视台、各专业电视台。通过调研找出各部门各单位的关键人员，正确地实施"两头握手，中间拥抱"的策略。

政治环境还包括当地医药政策、药品广告政策、城管政策执行情况。调查这些政策主要是为做广告和开发医院做准备。

2. 经济环境

经济环境主要指经济发展水平。可用国民生产总值来衡量当地的经济水平，通过调查，分出调查区域不同地区的经济发展水平，以便优先在较富裕的局部地区打开市场突破口。

经济环境还包括当地物价水平。可分别找批发商和零售商调查相关药品的批发价和零售价，价格可反映购买力水平，调查价格可为制定营销价格策略做准备。

经济环境还包括调查产业结构。通过调查产业结构，了解当地发展情况，了解高利润、高效益产业集中区域，并可通过产业结构分析当地居民的素质结构、职业特点，以利于在营销策略中确定重点，在营销活动中应考虑被调查区域主要产业人员的特点。

3. 文化环境

文化环境包括文化水平、民族特点和风俗习惯等。通过文化水平调查了解，可以针对不同文化层次的消费群体，制定不同的营销策略。对于少数民族居住地区，摸清民族特点，尤其是节日情况，有利于抓住特点和节日时机开展营销企划，进行义诊、义卖活动宣传。在药品营销工作中要尊重当地的风俗习惯，入乡随俗。

4. 地理环境

地理环境包括地理气候与药品的联系情况，还包括旅游景区分布情况。通过了解地理气候及旅游景区分布情况，可为制定营销方案提供依据。

（二）市场需求调研

（1）市场状况（规模、供需等），包括市场对现有药品的需求量和药品的销售量是供不应求还是供大于求，还要研究药品的市场寿命周期阶段等。

（2）不同的细分市场对某种药品的需求情况，以及每一细分市场的饱和点和潜在容量。

（3）本企业的药品在市场上的占有率、哪些细分市场对企业最有利。

（4）竞争评估（直接竞争、间接竞争），包括同行竞争者的地位和作用、优势和劣势，本企业如何扬长避短、发挥优势。

（5）治疗发展方向。

（6）市场营销组合的研究，包括产品、价格、广告和销售渠道的综合分析比较。

（7）分析市场的进入策略和时间策略，选择和掌握最有利的市场机会。

（8）分析研究国内外市场的变化动态和趋势，制定企业开拓市场的规划。

（9）SWOT（优势、劣势、机会、威胁）分析。

(三) 竞争对手情况调研

"知己知彼,百战不殆。"在药品市场竞争日趋激烈的市场背景下,竞争对手调研尤为重要。

1. 竞争对手基本情况调研

在各级市场中,都要在本区域内调查竞争对手的基本情况。调研内容主要包括:
(1) 有没有直接或间接的竞争对手,如果有,有哪些;
(2) 竞争对手的所在地和活动范围;
(3) 竞争对手的生产经营规模和资金状况;
(4) 竞争对手生产经营的药品品种、质量、价格、服务方式及在客户中的声誉和形象;
(5) 竞争对手的新药品开发及经营情况;
(6) 竞争对手的销售渠道;
(7) 竞争对手的竞争手段和策略;
(8) 现有竞争程度:市场占有率、市场覆盖率等;
(9) 潜在的竞争对手状况。

2. 竞争对手分类

对竞争对手进行分类,按不同标准,有不同的分类方法。

按照力量对比,竞争对手可分为强力竞争者和弱力竞争者。前者具有强大的竞争力量,对企业构成较大威胁;后者是指力量弱小的竞争者,暂不会对企业构成威胁,但也可能做大做强,变成强力竞争者。

按照竞争者出现情况,竞争对手可分为现实竞争者和潜在竞争者。前者是已经同企业以不同形式,在不同区域展开竞争的其他企业或个人,这类竞争者还可进一步划分为显形竞争者(即公开竞争者)和隐形竞争者(即或因力量悬殊,或因策略需要没有公开却实实在在存在的竞争者);后者为企业的非竞争者,但会随环境和条件的变化逐渐加入竞争者行列的其他企业或个人。当企业营利性越强,行业限制越少,结构调整越方便,潜在竞争者转化为现实竞争者的机会就越多。药品属于现实竞争者和潜在竞争者都多的产品。

按照竞争面,竞争对手可分为全面竞争者和局部竞争者,前者是指在企业主要区域与企业展开全方位的竞争的其他企业或个人,后者是指在企业某一个或几个区域同企业展开局部竞争的其他企业或个人。

3. 竞争对手策略分类调研

竞争者的竞争策略常有五种类型:第一,正面攻击策略,指当竞争者力量扩展到一定程度，与行业统治企业势均力敌时，为争夺统治地位而展开一决雌雄的正面进攻战；第二，包围攻击策略，正面进攻策略会招致对手的反击，但是如果竞争者在对手的各个薄弱环节围攻出击，迫使对手四处防御，形成一个流动前线或市场，便可找到更多的突破点；第三，侧面攻击策略，竞争者选择对手最薄弱处作为立足点，逐渐推出自己的战略计划，建立经营基地和确定市场地域，待到储蓄足够力量之时再向对手发起正面攻击；第四，游击策略，竞争者在竞争对手所在的不同区域或部位采取小规模、时断时续的袭击，以此削弱和瓦解对手，并争得一些实利；第五，回避策略，竞争者在进攻伊始，无须在某特定地区市场与竞争对手直接对抗，这意味着它要回避竞争，寻找目前无人进入的市场。

4．调查竞争对手的动态

（1）竞争者会采用什么策略？采用策略的条件是否充分？竞争力如何？

（2）竞争者优势在哪里？不足在哪里？致命点又在哪里？

（3）竞争者意志坚定与否？是试探虚实，还是势在必得？

（4）竞争者在竞争过程中，其策略变化的影响因素是什么？会有多大变化？

（5）防守企业有无必要采取相应措施？

（6）防守企业应该在何时、何地、如何还击？收效将如何？

（四）客户（患者）情况调研

药品市场由客户（患者）所构成，只有对客户（患者）状况进行调查研究，对客户（患者）各种不同的消费动机和行为进行把握，才能更好地为客户（患者）服务，开拓市场新领域。

1．客户（患者）区域人口状况调研

总人口的多少是影响药品市场需求的一个重要因素，也是药品市场总容量的一个重要标志。一般来说，总人口与药品市场需求的关系如表3-1所示：

表3-1　人口、购买力与药品市场规模关系

人口总量	购买力高低	市场规模
人口多	购买力低	小
人口少	购买力高	小
人口少	购买力低	更小
人口多	购买力高	大

在对总人口进行调研时，应注意流动人口的变化情况，人口流动会引起购买力的流动，从而引起药品市场的需求变化。

2. 客户（患者）区域收入状况调研

由于居民的购买力来源于收入，所以居民收入的多少是决定居民购买力大小的主要因素。城镇职工、城镇个体经营者和农民由于劳动单位和劳动性质不同，其收入来源和影响因素也不同，应对此进行调研。

3. 客户（患者）购买动机调研

对客户（患者）购买动机进行调研，目的主要是弄清购买动机产生的各种原因。

4. 客户（患者）购买行为调研

客户（患者）购买行为是客户购买动机在实际购买过程中的具体表现。客户（患者）购买行为调研，就是对客户（患者）购买模式和习惯进行调研，也就是了解客户（患者）在何时购买、何处购买、由谁购买和如何购买等问题。

5. 客户（患者）偏好调研

对客户（患者）偏好进行调研，主要是弄清患者对特定的品牌或特定的终端（如药店、医院）产生偏好的因素、条件和原因。

6. 客户（患者）对新药品接受情况调研

客户（患者）对新药品接受情况调研，主要是了解新药品进入市场后哪些患者最先购买，其原因和反应是什么。

二、药品市场调研的类型

市场调研有各种各样的分类方法，每种调研形式都有其独特功能和局限性，要做好市场调研，就需要根据调研目的、任务、被调研对象的特点选择合适的调研方式。

（一）全面调研和非全面调研

这是按调研对象包括的范围不同来分类的。全面调研是对调查对象中的所有单位全部进行调研；非全面调研是对调研对象中的一部分单位进行调研，但所调研的单位应具有较充分的代表性。

（二）报表制度和专门调研

这是按调研的组织形式不同来分类的。报表制度是统计部门搜集市场统计资料的主要组织形式，专门调研是为了某一特定目的专门组织的一种搜集市场资料的调研形式。

（三）经常性调研和一次性调研

这是按调研登记时间的连续性来分类的。经常性调研是指随着事物在时间上的发展变化，连续不断地进行登记调研。一次性调研是指对那些短期内变动不大的研究对象一般不做连续性调研，而是为了某特定目的组织定期或不定期的一次性调研。

（四）探测性调研、描述性调研、因果性调研和预测性调研

这是按照调研深度不同来分类的。探测性调研是指药品生产经营企业对所需要调研的问题不太清楚，无法确定需要调研哪些具体内容时的试探性调研，又称非正式调研；描述性调研是指比较深入具体地反映调研对象全貌的调研，它比较注重对与问题有关的各参数的精确描述；因果性调研是指为了了解市场出现的现象之间的因果关系而进行的调研，侧重于对解决方法的探寻；预测性调研是指对未来可能出现的市场商情变动趋势进行的调研，属于市场预测的范围。

第三节 药品市场调研的步骤和方法

一、药品市场调研的步骤

（一）调研前的准备工作

"工欲善其事，必先利其器""磨刀不误砍柴工"，调研前做好准备工作尤为重要。要对预期调研的地理区域、人文环境、经济条件等提前了解，做到事前控制。

调研前的准备工作主要包括以下几个方面。

1．确定调研主题及重点

每个阶段的调研主题和重点是不相同的。围绕市场营销进行调研分析，为最大限度地实现药品销售目标献计献策，这是调研工作的永恒主题。但是，针对一个时期的市场工作，调研应有所侧重，应随市场某个时期的重点工作进行重点调研。因此，调研前必须首先明确目的，确定调研主题及重点。

2．选择调研路线

在要调研地区的地图上标明调查的路线、医院、药店终端等，这样就形成了一个调研网络。根据交通情况，确定一个合理、不重复的调研路线。

3．调研作业准备

依据调研目的，除确定调研路线外，还要选定调研对象、调研时间，准备有关资料，

全盘性地设计、预算调研作业准备工作，如准备市场通讯录、相关文件、终端、经销商调研表格、每日调研小结等。对要调研的内容进一步细分，酝酿后制作表格，以便于数据处理和资料分析。要做到任务有数量，完成有时间，描述出更全面、更具体的调研结果。

4. 后勤工作

以上工作就绪后，还要准备好调研所需经费。根据预算，按规定的财务制度及有关程序领取经费、派遣单等。在确定好出发时间后，应预订好车（船）票，并及时提醒自己做好出发前的各项准备工作。

（二）调研过程

调研过程主要有制定调研方案、设计调研问卷、选择资料收集方法、整理与分析资料、编写调研报告等五个部分。

1. 制定调研方案

编制调研方案的目的，主要是理清调研要干什么、怎样干、在什么时间完成、结果是以什么形式出现等，它是保证调研质量的必要条件。调研方案一般应包括调研目的、调研主题、重点内容、调研对象、调研方式、调研步骤及进度、质量要求、经费、资料、物资保证和调研前的其他准备工作，它是调研工作的计划书。

2. 设计调研问卷

调研问卷是一套设计严密的问题答卷，是市场信息的载体，主要针对医院终端、OTC终端、经销商等的情况而设计。问卷设计应注意主题明确、便于访问交谈、符合实际情况等。

问卷设计要点包括：

（1）准确客观，针对性强，围绕目的发问；

（2）言简意赅，答案简洁、确定；

（3）问题全面，答案有可选性，一问多答；

（4）提问方式客观，不能主观性太强，诱导被调研者；

（5）问卷内容应通俗易懂，符合地方风俗习惯。

3. 选择资料收集方法

资料收集方法是指调研过程采用何种方法取得调研的第一手资料。资料收集方法主要有访谈调研法、专家调研法、观察调研法、文献调研法、实验调研法等，各种方法可以独立实行，也可以相互配合。目前，药品生产经营企业使用最多的，也是市场调研最常用的调查方法，就是访谈调研法。访谈调研分当面访谈记录与填写问卷访谈两种，如终端调研表是由调查员与经销商、店员当面访谈并记录下来，而店员访问表则是由调研员将问卷给店员，由店员直接填写，调研员当面收回。

4．资料整理与分析

如果说资料收集工作是调研的基础工作，那么资料的整理与分析工作则是整个调研工作的关键环节。在取得第一手调研资料后，就要对调研资料进行整理、分类，按照问卷中的指标进行统计和分析，计算各种百分比、比率等相对数，也可以用演绎法、推算法、假设法及统计预测方法进行定量分析，得出调研的数据结果。

5．编写调研报告

调研报告是一种特殊的应用文，其格式总的特点是开门见山、准确简练。概括地评价调研过程、总结成果、提出对策思路与建议以及需要进一步调查研究的问题，是撰写市场调研报告的核心内容。

从市场调研报告的一般结构来看，一篇完整的调研报告应由标题、目标、摘要、正文和附件等几部分组成。一篇高质量的调研报告，除了要符合调研报告的一般格式以及具有很强的逻辑性外，写作手法是多样的，但其中必须注意的问题有两点：一是调研报告不是流水账或数据的堆积，二是必须真实、准确。

二、药品市场调研的方法

药品市场调研的基本方法可分为文案调研法和实地调研法。文案调研是对现有资料进行搜集的一种调研方法，实地调研法包括访谈法、观察法和实验法。

（一）访谈调研法

访谈调研法是通过直接或间接的问答方式搜集药品市场信息，这是药品生产经营企业常采用的一种调研方法。这种方法，调研访谈人员可以灵活地提出各种设计好的问题，使收集资料过程富有弹性，还可以通过倾听回答的全过程，不但听其言，而且观其行，看到被调研对象的表情或环境状况，有利于及时辨别回答的真伪，甚至还可以发现意想不到的信息。访谈调研法包括的方式有个别访谈调研、电话访问调研、留置问卷调研。

1．个别访谈调研

个别访谈调研是调研者与单个被调研者面对面进行交谈的一种收集资料的方式，可以是"标准化访谈"形式，也可以采用松散提纲的自由交谈方式。

个别访谈调研的优点：

（1）调研有深度。调研员可以提出许多不宜在人多的场合讨论的问题，也可沟通感情，深入了解被调研者的状况、意愿或行为。

（2）调研的真实性高。记录的真实性可以得到当场检验，减少调研误差。在征得被访者的同意后，还可使用录音机等辅助手段帮助提高记录的可靠性。

（3）调研的灵活性高。与其他方式相比较，个别访谈容易得到较高的回答率，且调研员可以根据情况灵活掌握提问顺序，随时解释被访问者的疑问，这些都有利于完成收集资料的任务。

（4）兼做广告。以入户调研为例，当调研人员敲开被抽样取中的住户房门时，首先要说："您好，我是某企业市场调研人员，现在我们有一种治疗×××病的新产品×××，您可以接受我们的访问，谈谈对它的看法吗？"这开门见山的第一句话就给被调研人员传递了一个最新的药品信息：现在又有一种治疗×××病的药物×××。无论接下来调研进行得怎么样，调研者已经达到了让消费者"闻"知其新药品的目的。

个别访谈调研的缺点：

（1）调研周期较长。访问需要较多的时间，这不利于提高市场调研的时效性。

（2）调研费用较高。

（3）对调研员的素质要求较高。如果调研人员的素质不高，其态度、语气不当等，都会影响调研资料的质量。

（4）调研的匿名保证较差，调研的项目范围受到一定的限制。

（5）调研的质量容易受到气候、调研时间、被访问者情绪等其他因素的干扰。

2．电话访问调研

电话访问调研是指调研者通过查找电话号码簿，打电话向被调研者进行询问，以达到搜集调研资料目的的一种资料收集形式。

电话访问调研的优点：

（1）搜集资料速度快、费用低，可节省大量的调研时间和调研经费。

（2）搜集的资料覆盖面广，可以对任何有电话的地区、单位和个人直接进行电话询问调研。

电话访问调研的缺点：

（1）每次的调研时间不能过长，因而谈话内容深度有限，不能提过于复杂的问题。

（2）对挂断电话拒绝回答者很难做工作。

3．留置问卷调研

留置问卷调研是指调研员将调研表当面交给被调研者，经说明和解释后，留给调研对象自行填写答案，然后按约定的时间收回的一种收集资料形式。

留置问卷调研的优点：

（1）回收率较高。

（2）被调研者的回答不受调研人员的影响。

（3）被调研者有时间详细思考，避免因误解而答非所问。

留置问卷调研的缺点：

（1）由于受地域、交通等因素限制，不宜广泛进行。

（2）时间较长，调研费用相对较高。

（二）观察调研法

观察调研法是调研者在现场对被调研者的情况直接观察、记录，以取得市场信息资料的一种调研方法。它不是直接向被调研者提出问题要求回答，而是凭调研人员的直观感觉或利用录音机、照相机、录像机和其他器材，记录和考察被调研者的活动。

观察调研法最明显的优点是能直接取得某些数据，特别是那些销售对象不能或不愿意告知的有关销售行为的数据。

观察调研法最大的缺点是不能获得销售对象态度、意见和信念等方面的信息。

观察调研法由于其自身的缺点，会在调研中造成一些偏差，这个偏差会影响到销售计划。比如观察人员在销售现场的出现会使顾客觉察到并产生不自然的行为，也许此时观察到的是顾客意识到自己被注视时处于表演状态下所产生的比较做作的购买行为。

（三）实验调研法

实验调研法也称试验调研法，是指调研者有目的、有意识地通过改变或控制一个或几个市场影响因素的实践活动，来观察市场现象在这些因素影响下的变动情况，认识市场现象的本质和发展变化规律。

实验调研法的主要特点有三个。第一，主动变革性。观察与调研都是在不干预研究对象的前提下去认识研究对象，发现其中的问题，而实验则要求主动操纵实验条件，人为地改变对象的存在方式、变化过程，使它服从于科学认识的需要。第二，控制性。科学实验要求根据研究的需要，借助各种方法技术，减少或消除各种可能影响科学性的无关因素的干扰，在简化、纯化的状态下认识研究对象。第三，因果性。实验是发现、确认事物之间的因果联系的有效工具和必要途径。

实验调研的基本要素：

实验者，即实验调研的有目的、有意识的活动主体，他们都以一定的实验假设来指导自己的实验活动。

实验对象，即实验调研者所要认识的客体，他们往往被分成实验组和对照组这两类对象。

实验环境，即实验对象所处的各种社会条件的总和，它们可以分为人工实验环境和自然实验环境。

实验活动，即改变实验对象所处社会条件的各种实验活动，它们在实验调研中被称为"实验激发"。

实验检测，即在实验过程中对实验对象所做的检查或测定，它可以分为实验激发前的检测和实验激发后的检测。

实验调研法的优点：

（1）能够在市场现象的发展变化过程中直接掌握大量的第一手实际资料。

（2）能够揭示或确立市场现象之间的相关关系。

（3）由于实验调研具有可重复性，因而实验结论具有较高的准确性和较大的说服力。

（4）有利于探索解决市场问题的具体途径和方法。

实验调研法的局限性：

（1）实验对象和实验环境的选择难以具有充分的代表性。

（2）实验调研的结论总带有一定的特殊性，其应用范围是很有限的。

（3）实验调研中，人们很难对实验过程进行充分有效的控制。

（4）对调研者的要求比较高，花费的时间也比较长。

（四）网络调查法

网络调查是通过互联网平台发布问卷，由上网的消费者自行选择填写的调查方法。网络调查是互联网日益普及的背景下经常采用的调查方法，其主要优势是访问者与被访者可以互动，即访问者可以即时浏览调查结果。从样本来源角度看，网络调查可以在更为广泛的范围内对更多的人进行数据收集。

网络市场调查的实施可以充分利用互联网作为信息沟通渠道的开放性、自由性、平等性、广泛性和直接性的特性，使得网络市场调查具有传统的一些市场调查手段和方法所不具备的独特的特点和优势。

1. 网络调查的及时性

网络调查是开放的，任何网民都可以进行投票和查看结果，而且在投票信息经过统计分析软件初步自动处理后，可以马上查看到阶段性的调查结果。

2. 网络调查的低费用

实施网络调查节省了传统调查中耗费的大量人力和物力。

3. 网络调查的交互性

网络的最大好处是交互性，因此在网络调查时，被调查对象可以及时就问卷相关问题提出自己的更多看法和建议，可减少因问卷设计不合理导致的调查结论偏差。

4. 网络调查的客观性

实施网络调查，被调查者是在完全自愿的原则下参与调查，调查的针对性更强，因此问卷填写信息可靠、调查结论客观。

5．网络调查的突破时空性

网络市场调查是24小时全天候的调查，这就与受区域制约和时间制约的传统调研方式有很大不同。

6．网络调查的可控制性

利用互联网进行网络调查收集信息，可以有效地对采集信息的质量实施系统的检验和控制。

第四章 药品目标市场选择

药品营销学研究的主要对象是药品生产经营企业的营销策略，而药品目标市场的选择是制定药品生产经营企业营销策略的前提和基础。药品目标市场选择正确与否直接关系着药品生产经营企业的经营成败，这就如同作战一样，选错了主攻方向，冲锋越英勇，损失就越大。而药品市场细分是准确选择药品目标市场的前提，对于任何一个药品生产经营企业来说，都不可能全面出击，去满足所有消费者的需求，必须根据自身的优势、资源状况等，选取一部分市场或市场中的一部分作为自己的主攻方向，这样才能获得更大的经济效益。

第一节 药品市场细分

一、药品市场细分的概念

市场细分是美国著名市场学家温德尔·史密斯在20世纪50年代首先提出来的。所谓药品市场细分，就是药品生产经营企业根据消费者（患者）需求的差异性，把需求相同的消费者（患者）划分为一个群体，从而把整个市场化分为若干个"分市场"或"子市场"的过程。细分后的任何一个分市场或子市场都是一个具有相同或类似需求的消费者群。在同一细分市场内部，消费者（患者）的需求大体相同；在不同细分市场之间，消费者（患者）的需求则存在明显的差异性。药品生产经营企业可以根据自身的条件选择适当的细分市场作为自己的目标市场。

二、药品市场细分的作用与细分原则

(一)药品市场细分的作用

药品市场细分是药品生产发展和消费者需求日益多样化的产物,也是药品生产经营企业经营战略不断调整的结果,对企业的生产经营活动具有十分重要的意义。

1．有利于药品生产经营企业发现和开拓新市场

通过市场细分,企业可以把消费者或患者的需求与药品市场上现有的药品相比较,找到尚未得到满足或充分满足的消费需求,获取市场机会。市场如"布",总有缝隙,"天衣无缝"不适用于市场;企业是"针",只要善于对市场进行细分,就一定能够"见缝插针""拾遗补阙"。例如,在治疗咽喉病的药品市场上,金嗓子作为市场领导者,已取得了40%的市场份额,如果竞争对手以同样的产品与其竞争,肯定会一败涂地。但是,亿利甘草良咽以"烟民"为细分市场切入,令金嗓子难以做出针对性的反击,取得了较好的市场发展业绩。

2．有利于中小医药企业开发市场

一般来说,中小医药企业技术力量较弱,资金和资源有限,与大企业相比往往缺乏竞争实力,更应该把拳头握紧,而不应该四面开花。任何一个企业在激烈的市场竞争中都不可能占据全部优势,竞争力不足的企业也总有自己的长处。因此,市场细分有利于中小医药企业依据自己的长处,有针对性地选择目标市场,扬长避短,满足某一部分用户的特定需要,增强企业竞争力。例如,山东青岛金王集团在市场细分的基础上,经过两年摸索,研制出与传统蜡烛截然不同的新产品——果冻蜡。这种蜡高度透明,无味,无毒,因此无污染,并且耐燃,燃烧时间是普通蜡烛的20倍,而成本与传统的石蜡相同,推向国际市场后一炮走红。这一空白的填补,使金王在短短几年内从一个名不见经传的小厂发展成为拥有3.3亿元总资产的大集团公司。

3．有利于医药企业调整营销目标,提高应变能力

企业通过细分市场,可以深入了解每一个细分市场的需求情况和购买潜力,以及同行者的情况。这样,企业可以把各个细分市场的外部环境与自己的生产技术条件结合起来,反复权衡比较,选择对自己最有利的市场,以便集中力量,有效地利用人力、物力、财力等各项资源,从而取得最好的经济效益。特别是一些竞争能力弱的小企业,由于竞争实力差,资源有限,无力在整体市场上与大企业竞争,但是,如果选择了有利的细分市场,集中使用有限的人力、物力、财力资源,就可能在局部市场上扬长避短,取得相对优势。经过市场细分后,企业对市场上的需求有了更具体、深入的认识,能更迅速准确地进行市场信息反馈，一旦市场变化，也能及时调整营销战略，提高企业的应变能力。

4. 有利于药品生产经营企业制定最佳的营销策略

"南甜北咸，东辣西酸"，在不同的细分市场上，消费者（患者）的需求具有明显的差异性，药品生产经营企业必须采取不同的营销策略，才能"对症下药"，提高营销效果。例如，日本的资生堂公司为了更好地推销化妆品，从1987年开始，组织专门机构对17—40岁的女性进行市场调查，将被调查者按年龄分成四种类型。第一类是十七八岁的女大学生，她们正处于"青春好时机"，注重打扮，追求时髦，但由于财力有限，常常购买单一的化妆品；第二类是20多岁的女青年，她们正处于"谈情说爱时期"，对化妆品的需求很强烈，且由于自己有收入，只要商品中意，价格高些也无妨，喜欢购买整套化妆品；第三类是30岁左右的妇女，已处于"美满小家庭时期"，化妆已成为她们的日常生活习惯，但由于开始当家，对价格很敏感；第四类是40岁左右的中年妇女，她们对化妆品的需求心理差异很大，但一般都购买单一化妆品以"填平补齐"，不大再去买成套化妆品。根据这一年龄分类的心理研究，资生堂公司分别采取了不同的销售策略，力求使化妆品的式样、包装、价格、数量和质量都能适应不同类型的消费者的特点和需要，还专门设立了各种年龄的化妆品专柜，积极推销宣传，受到了消费者的欢迎。

5. 有利于企业更好地满足消费需要

市场细分可以增强药品生产经营企业对市场调查的迫切性，准确地预测各类消费者的需求变化情况，挖掘潜在需要。这样企业不仅可以针对消费者（患者）现实的需要，以需定产，还可以根据潜在需要发展新药品，开拓新市场，满足消费者（患者）不断变化的新需要。

（二）药品市场细分的原则

为了使市场细分能够更好地为选择目标市场提供有价值的依据，市场细分必须遵循以下基本原则。

1. 实用原则

从药品市场营销的观点来看，市场细分标准选择得是否恰当、细分市场是否实用有效是药品生产经营企业能否正确选择目标市场的关键。因此，市场细分的实用性要求避免两种倾向：一是市场细分化标准过细，过细的标准会使市场容量有限，致使营销成本过大，导致利润降低，甚至会赔本；二是市场细分范围过大，范围过大，往往细分后的市场仍然不具体、不准确，不利于企业选择目标市场。究竟选择什么样的细分标准，要因地、因时、因市场、因企业而制宜，做到"针对需求，切实可行"。

2. 动态原则

不同时间、不同企业、不同市场、不同药品，市场细分的标准是不同的。随着时间的推移或市场的变化，消费者购买药品所追求的利益也会发生变化，如果仍采用相同的标准，就不可能真正地区分消费需求，也不能正确地区分市场。因此，市场细分时，绝不能静止地、孤立地，用一成不变的细分标准，年复一年地去"套"，而应经常加以研究与调整，使市场细分建立在动态观念上，注意灵活性，使细分化标准有新意。只有这样，才能使细分后的市场符合客观实际，为企业选择目标市场提供可靠的依据。

3. 组合原则

对药品生产经营企业来说，一个理想的目标市场是用一系列的组合因素来确定的，因为消费者的需求往往不是由一个因素所影响的，而是多因素综合影响的结果。若单独使用任何一种，很难为企业找到理想的目标市场。这就需要把各种标准、各种因素组合起来统筹考虑。一般来说，考虑的因素越多，市场划分就越细，也就越容易找到本企业的目标市场。但这绝不是说采用的标准越多越好，而是既能找到目标市场，又能使目标市场具有相当潜力的恰当组合。

4. 营利原则

药品生产经营企业选定的细分市场规模要足以使企业有利可图，而且要有相当的发展潜力。企业所选定的细分市场就是一个适合设计一套独立的市场营销组合的最小单位。但是，如果这个细分市场的规模过小，潜在消费者的人数和购买力都很小，企业要在这样的细分市场上开展营销活动就会收不抵支，这样的细分市场对企业而言是没有意义的。

三、药品市场细分的标准与细分程序

（一）药品市场细分的标准

药品市场细分是根据一定的标准来进行的。药品市场细分的标准是指构成药品消费者需求差异的各种因素。这些因素的变动会引起药品市场细分的变动，因而，这些因素也就成为药品市场细分的变数。药品市场细分的标准或变数是药品市场细分的依据。然而，药品市场细分是没有严格统一标准的，不同的药品生产经营企业、不同的环境、不同的药品，可以用不同的细分标准，一般常用的药品市场细分标准如表4-1所示。

表 4-1 药品市场的细分标准

细分标准	具体因素
人口因素	人口、年龄、性别、职业、收入
地理因素	国界、地区、政区、城市、农村
经济因素	高收入、中收入、低收入
心理因素	购买习惯、生活方式、个人性格
行为因素	购买动机、购买频率、营销反应

1. 按人口因素细分药品市场

人口是构成药品市场的最主要因素，不仅是因为人口因素与药品销售有着必然的因果关系，还因为人口变数比其他变数更具有可衡量性，所以，人口标准一直是药品细分市场的重要依据。

按照人口因素细分药品市场，就是从人口数、年龄、性别、职业、收入、教育、民族等方面来细分药品市场，如表4-2所示。

表 4-2 按人口因素细分药品市场

人口因素	细分变数
人口数	数个国家或地区的人口数量
年龄	儿童、青少年、成年、老年
性别	男、女
职业	学生、干部、工人、农民等
文化程度	小学、中学、大学等
宗教信仰	佛教、基督教、天主教等
家庭生命周期	未婚期、新婚期、满巢期、空巢期、孤独期

2. 按经济因素细分药品市场

经济因素主要指消费者的家庭与个人经济收入水平。市场上的消费需求是以消费者的货币支付能力为前提的。人们的消费需求会随收入的高低呈等级型差异，经济收入不同，人们的消费结构和购买习惯也不同。

3. 按地理因素细分药品市场

处在不同地理位置上的消费者，在消费习惯、购买行为上有明显的差别，因此地理因素常被人们作为一条细分药品市场的标准。应用地理因素划分药品市场比较简单明了，容易掌握，但由于同一地理位置的药品消费者消费需求的差异仍然很大，所以在细分药品市场时，还要考虑其他因素。

按照地理因素细分药品市场，一般可从国界、地区、政区、城市、农村、地形、气候等因素来划分，如表4-3所示。

表 4-3　按地理因素细分药品市场

地理因素	细分变数
国界	国内、国际（具体分不同国家）
地区	东部、西部、南部、北部
政区	省、市、地、县等所属地区
城市	大城市、中等城市、小城市
农村	近郊、远郊、边远地区
地形	平原、高原、山地、盆地、丘陵等
气候	热带、亚热带、温带、寒带等

4．按心理因素细分药品市场

有很多消费者在收入水平以及所处地理环境相同的条件下却有着截然不同的药品消费习惯与特点，这就是消费者的心理因素在起作用。因而，心理因素也是细分药品市场的一个重要标准。心理因素包括消费者购买动机、购买习惯、生活方式、性格、追求利益等。例如，按照购买动机，可以将消费者划分为不同的类型，有的消费者属于经济实惠型，这种类型的消费者对药品的要求是疗效好而且价格便宜；有的消费者属于显示型，购买药品是为了炫耀；还有的消费者属于时髦型，购买药品主要考虑剂型、包装是否新颖时髦等，如表4-4所示。

表 4-4　按心理因素细分药品市场

心理因素	细分变数
追求利益	经济、便利、声望、新颖
购买类型	保守型、自主型、依赖型、时髦型
购买习惯	经常购买、偶尔购买
生活方式	时尚新奇、艰苦朴素
个人性格	内向型、外向型
营销因素敏感性	质量、价格、广告、推广、服务

5．按行为因素细分药品市场

按行为因素细分药品市场就是把消费者购买或使用某种药品的动机、购买频率、购买状态、营销敏感性等作为细分药品市场的依据。购买频率是指消费者对某种药品的购买和使用次数；购买状态是指消费者对药品的购买现状和态度；营销敏感性是指消费者对药品的价格、品牌、广告和服务等的信赖和敏感程度。能否用这些因素细分药品市场是药品生产经营企业能否选准目标市场的关键，如表4-5所示。

表4-5 按行为因素细分药品市场

行为因素	细分变数
购买动机	治疗、滋补、馈赠
购买频率	经常购买、按期购买、偶尔购买
购买状态	大量购买、批量购买、零星购买
营销敏感性	不受影响、轻微影响、反应强烈

总之，药品市场细分的标准是多种多样的，究竟按哪些标志进行细分，没有固定不变的模式，要根据具体情况灵活运用，以求得最佳营销机会，获得最大的经济效益。

(二) 药品市场细分的程序

药品市场细分的程序，因药品市场的类型不同而有所差异，但通常采用以下几个程序。

1. 确定经营目标

药品生产经营企业经营目标的确定是在企业进行了大量深入细致的市场调查研究，分析了药品消费者的现实需求状况及其发展变化趋势的基础上做出的决策。确定经营目标，就是明确企业从事何种药品的生产经营。

2. 确定细分标准

细分标准既是影响消费者群需求的因素，又是进行市场细分的依据。所以，细分标准的确定既要尽可能详尽地列出消费者的需求情况，又要根据药品生产经营企业实际需要而定。

3. 进行市场细分

根据确定的药品市场细分标准和客户需求的具体内容，将整个市场划分为若干不同类型的子市场。

4. 优化筛选市场

根据药品市场细分的要求，对所有细分的子市场进行分析研究，剔除不符合细分要求的细分市场。

5. 命名细分市场

对细分市场的命名应采用形象化的方法，使细分市场的名称既简单又富有艺术性。

6. 进行检查分析

检查各个细分市场是否科学合理，根据抓住重点、求同存异的原则，对某些细分市场进一步合并或分解，以求进一步完善化。

7. 选定目标市场

根据各细分市场的现实效益和发展前景,选择使企业获得有利机会的目标市场。

总之,药品市场细分的程序是动态的,没有一成不变的模式,医药企业在具体应用时应从实际出发,在科学分析市场各种因素的基础上选用最恰当的步骤,细分出适合企业需要的目标市场。

第二节 药品目标市场的选择

一、药品目标市场的概念与选择条件

药品目标市场选择与药品市场细分是两个既有区别又有联系的概念。药品市场细分是按客户不同的购买欲望和需求划分消费者群的过程,而药品目标市场的选择则是药品生产经营者根据自身条件和特点确定某一个或几个细分市场作为营销对象的过程。由此可见,药品市场细分是药品目标市场选择的前提和条件,而药品目标市场选择则是药品市场细分的目的和归宿。

(一)药品目标市场的概念

药品目标市场是医药企业为满足现实或潜在的药品消费需求而开拓的特定市场。药品目标市场是在药品市场细分和确定企业机会的基础上形成的。企业通过市场细分,可以发现不同需求的消费者群,发现市场上未得到满足或满足尚不充分的需求。在任何市场上都会存在一些"未满足的需求",这些"未满足的需求"就是市场机会。但是,并不是所有的市场机会都能够为企业所利用,成为企业开发的机会。一种市场机会能否成为企业机会,不仅取决于这种市场机会是否与该企业的任务和目标相一致,还取决于该企业是否具备利用这种市场机会的条件,取决于该企业在利用这种市场机会时能否具有比其他竞争者更大的优势。一般来说,只有与企业的任务、目标、资源条件相一致,并且比竞争者有更大优势的市场机会才能成为企业机会。企业机会事实上是对满足市场上某一类消费者药品需求所做的选择,确定了企业机会,企业的目标市场也就基本上确定了。

（二）选择目标市场的条件

目标市场的选择是否得当，直接关系着企业的营销效果。经过细分后的市场可供企业选择的子市场较多，但并不是每一个子市场都能成为企业的目标市场。

那么怎么来确定产品的目标市场？对于一个处方药来说，这个问题可以这样认为：这个产品的销售应该在哪些城市？应该覆盖多少家医院？覆盖什么级别的医院？应该去抓哪些科室的医生？

选择目标市场，必须明确目标市场应具备的条件。

1. 是否有一定的规模和发展前景

获利是企业的天性。企业所选的目标市场一定要有足够的现实需求和充分的潜在需求，能够给企业带来利益，足以使企业有利可图。如果市场狭小，没有发展潜力，没有足够的购买力，便会影响企业的销售额，难以保证有合理的盈利空间，就不值得选为目标市场。

2. 是否有足够的吸引力

有一定的规模和发展前景，有时也未必就是理想的目标市场。因为从经济效益或盈利的角度来看，该市场或许企业难以进入，或许企业无法占有预期的市场份额，因而缺乏内在的吸引力。

市场有无足够的吸引力，首先要看能否建立预期的企业需求。企业需求通过一定的市场占有率来体现，受到该企业市场营销效果的影响。市场营销有力、有效，所得市场份额就大，市场占有率就高；反之，市场占有率就低。它反映企业对市场的控制程度。

市场有无足够的吸引力，还要看企业需求与企业成本。企业需求显示企业的收入潜力，企业成本是实现企业需求的支出。企业需求必须大于企业成本，市场才有吸引力。企业需求可通过市场营销努力加以刺激，但竞争的存在会导致营销费用的增加，削弱企业的盈利能力。

3. 是否符合企业的目标和实力

理想的目标市场还必须结合企业的目标和能力来考虑。某些子市场可能有较大的吸引力，但不符合企业的长远目标，也只能放弃。

同时，企业还必须考虑自身是否具备进入该市场所需的能力和条件，比如人力、物力、财力、技术等。即使有了必要的实力，还要考虑能否压倒竞争对手，取得竞争优势。如果无法在该市场创造某种形式的相对优势地位，就不宜贸然进入。

二、药品目标市场策略

药品生产经营企业目标市场选定后,就要通过一定的策略进入市场。一般来说,可供企业选用的目标市场策略有如下三种。

(一)无差异性目标市场策略

所谓无差异性目标市场策略,就是指药品生产经营企业只向市场推出一种药品,运用一套市场营销组合,试图以此满足尽可能多的消费者的需求。采取这种策略,企业把整个市场作为一个大的目标市场,不进行细分。

采用这种策略有两种情况:一种是某种药品的需求本来就不存在差异,无须采取差异性营销策略;二是消费需求存在差异,但企业舍弃这些差异,只抓住各个子市场中的共同需求,为之生产经营单一的品种。

这种策略的优点:

(1) 在每一个子市场中所占的份额可能较小,但在各个子市场的总份额可能较大;

(2) 品种线单一,生产批量大,可以不断提高工人的生产熟练程度,并宜于采用机械化、自动化生产,便于生产过程的管理和控制,可降低成本;

(3) 由于分销渠道简单、固定,可以简化企业药品的销售过程,节约流通费用;

(4) 可以相应地减少调研、开发和促销等费用支出。

这种策略的缺点:

(1) 企业忽视消费需求上的差异,产品和营销策略的针对性不强,可能会失去一些很好的市场机会和企业机会,不易发挥竞争优势;

(2) 在无差别市场需求尚未得到满足的情况下,会引来众多的竞争者,以致竞争过度,不同程度地损害所有同类企业的利益;

(3) 企业过分依赖单一品种,会降低企业对市场的应变能力,增加市场经营风险。

(二)差异性目标市场策略

差异性目标市场策略,是指药品生产经营企业以两个或两个以上的细分市场为目标市场,并根据各目标市场的需求差异分别生产经营不同的品种和采用不同的营销组合,以满足不同的目标市场需求的策略。

这种策略的优点:

(1) 小批量、多品种生产,机动灵活,能更好地满足消费者或患者的不同需求;

(2) 生产经营针对性较强,风险分散,有利于提高市场占有率。

这种策略的缺点:

（1）由于品种和市场营销策略的多样化，广告宣传也要多样化，会造成企业成本的增加以及营销费用的大量增加；

（2）生产经营过程的多样化增加了管理控制的难度。

因此，采取差异性目标市场策略以前，要对细分出的市场认真进行评估，以确保每一个子市场有一定容量。

（三）集中性目标市场策略

集中性目标市场策略，是指医药生产经营企业以一个或少数几个细分市场为目标市场，针对一部分特定的消费者群的需求，实行专业化生产和专门化经营的策略。

采用集中性目标市场策略的企业，追求的不是在较大的市场上占有较小的市场份额，而是在较小的市场上占有较大的市场份额，也就是"宁当鸡头，不做凤尾"。企业面对若干细分市场，无不希望尽量网罗市场的全部或大部，但企业的资源条件毕竟有限，过高的希望将成为不切实际的幻想，应该将有限的资源集中在特定的市场上，以"集中力量办大事"。这种策略比较适用于资源能力有限的中小型医药企业。在实际操作中，有些企业把目标集中在特定的药品细分市场上，取得了很好的经营业绩。比如，东阿阿胶专注于补血市场，正大天晴药业专注于肝药市场，贵州益佰专注于止咳市场，修正药业专注于胃药市场，九鑫集团专注于除螨市场，傅山药业专注于心脑血管及肝病用药市场，等等。

这种策略的优点：

（1）专业化生产，利于企业充分发挥优势，降低成本，提高投资报酬率；

（2）专门化经营，营销对象集中，易于取得比较优势。

这种策略的缺点：风险较大，一旦市场发生突然变化，如出现强有力的竞争对手，或消费者的兴趣转移等，企业可能陷入困境。

所以，采取这种目标市场策略，企业应未雨绸缪，留有回旋余地。

三、药品生产经营企业选择目标市场策略应考虑的因素

各种目标市场策略，各有优点和缺点。药品生产经营企业应全面考虑主客观条件和因素，进行全面衡量后做出选择。影响目标市场策略选择的因素主要有以下几个方面。

（一）企业实力

若企业规模较大，技术力量和设备能力较强，资金雄厚，供应条件较好，可较多地采用差异性目标市场策略或无差异性目标市场策略；反之，则应采用集中性目标市

场策略。

（二）药品特点

要根据不同药品的特点与消费者对药品挑选程度的不同，选择不同的策略。对于品质差别小的药品，消费需求差异往往不大，这类药品比较适用于无差异性目标市场策略；对于品种规格复杂、挑选性强的药品，则适合采用差异性目标市场策略或集中性目标市场策略。

（三）药品市场寿命周期

药品所处的寿命周期不同，采用的目标市场策略则不同。当药品处于导入期或成长期，通常采用无差异性目标市场策略，去探测市场需求和潜在顾客，也有利于节约市场开发费用；当药品处于成熟期，则应采用差异性目标市场策略，以便开拓新市场，扩大销售，延长成熟期；当药品进入衰退期，应采取集中性目标市场策略，以集中力量于少数尚有利可图的目标市场。

（四）市场竞争状况

企业采用哪种目标市场策略，常常视竞争者的策略而定。一般来说，当竞争者已先采用无差异性目标市场策略时，本企业应采用差异性目标市场策略或集中性目标市场策略，否则难以占有一席之位。当竞争对手已先采用差异性目标市场策略或集中性目标市场策略，那么，情况就更复杂，首先，不能再采用无差异性目标市场策略，这会无济于事；其次，如果其本身有极强的实力，倒可以采用对手的策略与对手竞争，如果本身实力不足，应当通过更为有效的市场细分选择竞争强手忽视的目标市场，以获得理想的目标市场。

第三节　药品市场定位

一、药品市场定位的概念

所谓药品市场定位，就是指药品生产经营企业在目标市场上为自己的药品找到一个与其他竞争产品相比具有明确、独特而又恰当特点的位置。简单地说，就是给用户或患者找一个理由，使其能够相信本企业的药品比其他的同类药品更好、更突出。换句话说，药品市场定位就是告诉客户或患者本企业的药品在同类药品中、在目标消费者心中处于什么样的位置。市场定位的实质，就是想办法找出本企业的药品与竞争对手的药品之间的差异，这些差异应是客户或患者需要的，且对他们来说是重要而又较少或没有得到满足的，并将这些差异有效告知客户或患者。由于市场定位研究的是以怎样的姿态进入目标市场，所以又叫产品定位。同时，由于市场定位是要谋求建立一种竞争优势，因此又叫竞争定位。

明确的市场定位是产品进入市场能否取得成功的关键。消费者面对太多的药品信息，能记住的只有其中一小部分。心理学分析的结果也认为，一个顾客最多可以记忆一种产品的七个品牌，并在心理上形成品牌阶梯；记住上一名次的人数一般要比记住下一名次的人数多一倍。所以，药品生产经营企业要想让自己的产品在浩如烟海的产品中脱颖而出，就必须突出特色，拿出绝招，使自己的产品与同类产品有所不同，避免"千人一面"。市场定位正是要实现这样一个目的。

二、药品市场定位的意义

（一）有利于增强药品生产经营企业营销活动的实效性

整体的消费者是由一个个各具特性的个体消费者组成的，他们处在不同的地区和环境，具有不同的性别和年龄，身体状况和生活水平参差不齐，思想观念和兴趣爱好更是千差万别，因此需求也就不同。任何企业的产品都不可能满足所有消费者的需求，而只能满足一部分消费者的需求。既然如此，与其为全体消费者生产"万应灵丹"，不如为一部分消费者生产治病良药；促销与其面向全体消费者下"倾盆大雨"，不如面向部分消费者播撒人心，通过准确的市场定位，提高宣传促销活动的针对性，增强营销活动的实效。

例如，盘龙云海集团曾将新产品灵丹草定位为"治疗感冒、祛除喉疼"，为强调这一定位，盘龙云海拍摄了极其唯美的影视广告：两个苗族青年男女在对歌，女的突然哑声，男的飞箭传药，送去灵丹草，女的重新恢复圆润歌喉，男的一时高兴不小心坠流而下。单单从广告的表现手法上来说，这则广告品质和画面质感非常好。可是，就是这则广告，耗资巨大，但效果很一般，最终悄无声息了。以广州市场为例，仅上市前4个月就花了400万元，只收回100余万元。继续投放，依然反应平平，企业不得不叫停。之所以出现这样尴尬的结果，产品市场定位不明是主要原因。"治疗感冒"与"祛除喉疼"相互干扰，影响了整体促销效果。

再如，三鸣养生王原来的广告词是"保健强身之王"，后经人指点，改为现在的"寻找'高'人"。将前后作一比较不难发现，前者较后者外延大而内涵小，无法从中看出该产品与同类产品有什么区别，有什么特殊效用；后者较前者外延小而内涵丰富，突出了该产品的优势和特点，介绍了该产品的特殊效用。前者把产品定位在营养保健品的全体消费者身上，打的是无差别市场；后者把产品定位在营养保健品消费者中的一部分，即有高血压、高血脂、高血糖的消费者，打的是目标市场。经过这一改，该产品销路立即看好，效果可谓立竿见影。

（二）有利于突出药品生产经营企业的竞争优势

如今，我国的药品市场正处在从未有过的激烈的"战国时代"，众多品牌不断涌现，特别是药品间的差异性越来越小，同质性越来越高，令市场争夺日益困难。与此同时，消费者在药品的"汪洋大海"之中选择愈来愈不容易，在越来越多的品牌面前显得无所适从，从而使不少药品生产经营企业更因无法博得"上帝"的欢心而焦头烂额。面对这千人一面的药品，消费者没有时间和常识去识别，而往往只能选择那些在他们心目中占据一定位置的品牌。从战略上看，高明的竞争战略是"攻心为上，攻城为下"。要脱颖而出，就是要打动消费者的心，把话说到消费者的心坎上，一举击中目标消费者内心最需要的那个"点"，在其心中占据阵地，说到底，就是要有准确的药品市场定位。例如，"白加黑"的定位是"白天吃了不瞌睡，晚上吃了睡得香"；"消渴丸"的定位就是"中西药结合治糖尿病"；"清泻丸"就是"清除体内垃圾"；"朵而"定位于"由内而外的美"；"太太口服液"的定位是"消除黄褐斑由内做起"。实践证明，这些定位都比较成功，起到了"四两拨千斤"的作用，有效地突出了产品的特色和核心竞争力。

三、药品市场定位的分类

（一）初次定位与重新定位

初次定位是在新成立的医药企业初入市场，医药企业新药品投入市场，或药品进入新市场时，企业面向缺乏认识的目标顾客进行的市场定位。

重新定位是药品生产经营企业改变市场对其原有的印象，使目标顾客对其建立新的认识的过程。在以下三种情况下，医药企业往往需要对自己的药品重新定位：原有药品在市场上遇到新药品的强大竞争，已无力抵抗；因多种原因，产品市场萎缩；原有市场饱和，需要开拓新市场。

重新定位意味着产品形象和带给消费者的利益在消费者心目中发生转移，恰当的重新定位可以使原产品摇身一变，适应市场的需要重获新生。例如，纸尿布刚刚上市时，企业对它的定位是：方便、一次性。这样的定位使得当时许多年轻的母亲觉得这种东西会让婆婆认为自己是一个懒惰的媳妇,因而并不愿意购买。后来,企业经过调查研究,将其特色定位在:纸尿布舒适、干爽,能很好地保护婴儿的屁股。这样的定位大家都可以接受,从此纸尿布销路大开。

(二)针对式定位与创新式定位

针对式定位是医药企业选择靠近于现有的竞争者或与其重合的市场位置,争夺同样的目标顾客。

创新式定位是医药企业避开与竞争者直接对抗,将其位置定于某处市场"空隙",发展目前市场上没有的某种特色的药品,开拓新的市场领域。

四、药品市场定位战略

药品生产经营企业可遵循以下几个定位战略。

(一)根据具体药品的特点对产品进行定位

例如,感冒虽是一种常见的普通疾病,然而人们对它的看法和态度却相去甚远,基本上可分成两类:有些人非常重视,积极、及时地服药,并尽量待在家里休息,直到自己觉得好转;另外一些人,不管自己觉得如何,仍会拖着身子上班工作。考虑到有这两类消费者的不同情况,同一家公司就生产了两种感冒药。"康泰克"广告说"当你打第一个喷嚏时……",而"康得"则定位成"可使你勇往直前的感冒药"。

(二)根据药品所满足的需要以及药品所提供的利益对产品进行定位

例如,经过24年的协商谈判,日本政府终于从1995年1月开始准许美国苹果在日本限量销售,然而日本人吃苹果的方式和美国人大不一样。美国人把苹果当作午餐或零食,咬着吃,不削皮。但在日本,苹果大多用作饭后甜食,削了皮切成小块再吃。针对这些市场特点,美国苹果种植主协会将美国苹果定位成"有益于健康的方便零食",把美国苹果的定价降为日本苹果的一半,每个75美分,为的是与"方便零食"的定位概念一致。加上美国种植主协会的一系列促销宣传,结果,日本政府允许进口的70万箱美国苹果到4月份就销售完毕。

(三)根据使用场合对药品进行定位

例如,维克制药公司的研究人员发现一种能够治疗感冒的糖浆不但能清除喉咙的痰,也能止泪水,不过它的副作用是服用后昏昏欲睡,假如服用后必须工作或驾车,那就是问题产品了。维克制药公司的人不但没有将这个结果废弃不用,倒想出一个绝妙的方法，他们认为，假如糖浆会让你昏昏欲睡，那么何不将这种感冒药定位为夜间使用的感冒药？广告只要强调它是"第一种夜间使用的感冒药"就可以了。因为在市场上，这种糖浆是史无前例的新产品。公司为这种产品取了一个能使人们对其传达定位有特别联想的名字"夜宁"。果然不出所料，夜宁成为维克公司最成功的产品。

（四）直接针对竞争者或避开竞争者进行定位

例如，在"白加黑"问世之前，我国市场的感冒药已不下几十种，在市场上站稳脚跟的著名品牌也有十余种，在这种情况下开发感冒药，竞争压力相当大。盖天力就是用一种全新的定位："白天服白片，不瞌睡；晚上服黑片，睡得香。"在短短180天的时间内，就在拥挤的感冒药市场上赢得了15%的份额，销量达4万箱，创造产值1.6亿元。

（五）对不同的药品种类进行定位

对于感冒药来说，可以考虑产品的使用对象、主要益处，等等，形成许多产品定位。例如，美国强生公司的泰诺（Tylenol）产品，根据它可能的使用者，形成幼儿、儿童、成人等专用的产品；也根据它的功能，形成退热治疗感冒、祛除疼痛等特定的产品。泰诺的一系列产品，其实它们的主要成分是相同的（当然附加成分与添加剂不同），却形成了如此丰富多样而又特色彰显的定位。

五、选择和实施市场定位战略

市场定位包括三个步骤：识别可能的竞争优势，选择正确的竞争优势，传播和送达选定的市场定位。

（一）识别可能的竞争优势

消费者一般都选择那些给他们带来最大价值的产品和服务，因此，赢得和保持顾客的关键是比竞争者更好地理解客户的需要和购买过程，以及向他们提供更多的价值。通过提供比竞争者较低的价格，或者是提供更多的价值，以使较高的价格显得合理。企业可以把自己的市场定位为向目标市场提供优越的价值，从而赢得竞争优势。

产品差异：企业可以使自己的产品区别于其他产品。

服务差异：除了靠实际产品区别外，企业还可以使其与产品有关的服务不同于其他企业。

人员差异：企业可通过雇用和训练比竞争对手更优秀的人员取得较强的竞争优势。

形象差异：即使竞争产品看起来很相似，购买者也会根据企业或品牌形象观察出不同来。因此，企业可通过树立形象使自己不同于竞争对手。

（二）选择正确的竞争优势

假定企业已很幸运地发现了若干个潜在的竞争优势，现在必须选择其中几个竞争优势，据以建立起市场定位战略。企业必须决定促销多少种或者使用哪一种优势。

总的来说，企业需要避免三种主要的市场定位错误。第一种是定位过低，即根本没有真正为企业定好位。第二种是定位过高，即传递给购买者的公司形象太窄。最后一种是定位混乱，给购买者一个混乱的企业形象。

（三）传播和送达选定的市场定位

一旦选择好市场定位，企业就必须采取切实步骤把理想的市场定位传达给目标消费者。企业所有的市场营销组合必须支持这一市场定位战略。给企业定位要求有具体的行动，而不是空谈。

第五章 药品策略

药品是医药生产经营企业营销的立足点,没有适销对路的药品,医药生产经营企业的营销策略只能成为一纸空文,因此,医药生产经营企业必须解决好产品问题。所谓药品策略,就是指企业制定经营战略时,首先要明确企业能提供什么样的药品去满足患者的要求,也就是要解决产品策略问题。产品策略是企业市场营销组合策略的基础,从一定意义上讲,企业能否成功关键在于产品满足消费者需求的程度以及产品策略正确与否。

第一节 药品的概念与分类

一、药品的整体概念与特殊性

(一)药品的整体概念

药品不仅仅是由物质构成的,还包括药品消费所产生的全部效用和满足的集合体。人们的需求是多方面的,既有物质方面的需求,也有心理和情感方面的需求。从某种角度而言,药品营销学从满足消费者或患者的需求出发研究药品,不仅仅指药品的实体,还包括为消费者或患者提供的便利和服务。所以,药品的整体概念包括实质的药品、形式的药品和延伸的药品三个层次的含义。

1. 实质的药品

实质的药品可称为药品的实质,是指药品能够为消费者或患者提供某种实际效用和利益,从而达到防病、治病、健身的目的。实质的药品是消费者或患者需求的基本内容,是药品的基本要素。消费者或患者购买某种药品,不是为了获得它的化学成分,而是为了消除病痛、强身健体。

2. 形式的药品

形式的药品指药品的外观、形态，主要包括药品的剂型、包装、商标、形态等。药品的实质很重要，但随着药品市场竞争的日益加剧，药品的形式也变得越来越重要了。如在同一家药店的同一类药品中，包装精美的药品更容易吸引购买者的注意，销量也更大。

3. 延伸的药品

延伸的药品指消费者或患者购买药品所获得的利益总和，包括店员提供用药指导与咨询、服务热忱、态度和蔼、衣着整洁等。在药品市场竞争日趋激烈的新形势下，只有为药品提供更多的附加价值，才能赢得竞争的主动权。

（二）药品的特殊性

药品是一种商品，人们需要时可付钱购买，但万万不可忽视它是一种特殊的商品，其特殊性表现如下。

1. 药品的两重性

药品具有双重作用，它在预防、治疗、调节某项病理生理机能的过程中也会影响其他功能，可能产生不同程度的毒副作用或不良反应。管理有方、用之得当可以治病救人；失之管理、用之不当可造成严重的后果，甚至可危及生命。国内外每年因用药不当而导致死亡的事例并不鲜见。所以我们在宣传某一个药品时，不能只介绍该药品的功效，还应该强调使用中可能产生的不良反应及注意事项。

2. 药品的专属性

药品的专属性表现在生产及经营企业必须经有关部门认可，药品的质量是否合格只能由药学专业技术人员利用其具备的药学及相关法律知识来判断，对于药品内在质量是否合格的判断还必须借助专门的检验方法和检验仪器，药品的正确合理使用一般都必须依靠具备专门医学、药学理论知识的执业医师、执业药师指导。药品不像一般商品，彼此之间不可以互相代替。药品也不能当作补品长期食用。药品滥用很可能造成中毒或产生"药源性疾病"。

3. 药品质量的重要性

药品是治病救人的物品，其质量的优劣与公众的生命健康密切相关。质量好的药品正确合理使用可以挽救人的生命、增进人的健康，质量差的药品或使用不合理的药品可能会因延误治疗或毒副作用损害人的健康甚至危及人的生命。

药品的纯度、稳定性、均一性与药品的使用价值有密切关系，杂质、异物混入药品可使人出现异常生理现象，产生毒副作用，甚至中毒。药品的物理、化学、生物药剂学、安全性、有效性、稳定性、均一性等质量指标必须符合规定的标准。低于或高于规定的质量标准都可能降低甚至失去药品的疗效或者加剧药品的毒副作用。因此，低于规定标准的药品就是质量不合格的药品，就绝对不允许降价处理或使用；某些高于规定标准的药品也绝不等于是高质量的药品。

法定的国家药品质量标准是判断和保证药品质量的标准，是划分合格与不合格的唯一依据，药品等级只有合格与不合格之分。

4．药品的时限性

人们只有在防病、治病时才需用药，一旦需要必须及时保证供应，尤其在解毒、急救、灾情、疫情、战争等紧急情况需要药品时，能否及时提供足够的药品关系到一个人甚至成千上万人的生死存亡。药品生产经营部门平时就应有适量的储备，特别是急救药品；有些药品虽然需要量少、无利润可言，也必须适量储备，保证供应。药品都有有效期，即在规定的时间内药品的质量可以保证，超过效期的即为劣药。所以药品一旦效期到达，即行报废销毁；否则一经查到，就要受到法律的惩处。

5．消费者的低选择性

在药品的销售和使用过程中，消费者、销售者和指导用药者三者的关系很特殊。由于诊断疾病、治疗用药需要专业的医学和药学理论知识，公众一般都不可能自行诊断疾病、选择使用药品，选择权集中在执业医师和执业药师手中。为了保证公众用药安全、有效，《中华人民共和国药品管理法实施条例》严格规定处方药必须凭医师处方购买和使用。所以，对于处方药来说，消费者无选择权。对于非处方药来说，《中华人民共和国药品管理法实施条例》虽规定非处方药可不凭医师处方，由消费者自行选择购买和使用，但大部分消费者仍需在咨询医生或药师以后才可购买，特别是甲类非处方药。

总的来说，药品属于消费者选择性较低的商品，所以在进行药品宣传时，所设计的宣传用语和采取的宣传方式，应优先针对执业医师和执业药师。

6．缺乏需求价格弹性

对于患病人群来说，药品属于必需品。为了治疗疾病、恢复健康、维持生命，患病人群不会因为药品价格的上升而减少或停止购买、使用药品，而对于健康人群来说药品是无用之物，他们不会因为药品价格下降而购买、使用药品，也就是说，一般情况下，药品价格的变化不会明显地影响公众对药品的需求。

二、药品的分类

这里讨论药品分类，目的在于研究药品的不同特性及其对需求行为的影响。

(一)根据药品的使用频率分类

1. 常用药品

常用药品指临床或患者使用频率较高的药品,如抗生素中的青霉素。

这类药品一般具有使用频率高、消费量大、功效肯定、安全性好、价格适中等特点,因而市场需求量大,消费者也信任该类药品,并乐于使用。

2. 非常用药品

非常用药品指使用频率相对较小的药品,如抗生素中的一些高档品种、用于专科病的药品、受到严格管理的麻醉药品等都属该类。

这类药品相对常用药品来说市场需求量较小,其原因主要在于:药价较高,消费者经济上难以承受,或受到公费医疗制度和医疗保险制度的限制;产品上市时间短,消费者不了解其特性;治疗范围小,患者较少;管理过严,消费者不能自主择药。但在本类药品中,有许多品种的市场潜力较大,如一些新药,一旦消费者了解其特性后,需求量会迅速上升;再如某些高档药品,如果其疗效、质量等特点十分突出,即使一些经济收入较低的消费者也愿意花费较多的资金使用该药,以获取可靠的疗效。

(二)根据药品的功效分类

1. 治疗类药品

治疗类药品指用于治疗各类疾病的药品。本类药品占药品总量的绝大多数,因而是药品市场的主角。本类药品,只要营销策略适宜,往往会获得丰厚的回报。

2. 预防类药品

预防类药品指用于预防疾病发生的药物,如板蓝根冲剂、抗病毒口服液、维生素C等。本类药品品种较少,市场需求量相对较小,但是由于我国人口众多,疾病的种类也不断增多,如果品种对路,质量、功效可靠,其市场需求量也十分惊人。

3. 保健类药品

保健类药品指用于滋养身体、祛病延年的药物。本类药物主要集中于中药。其消费特点是:需求量随季节变化较大,季节性规律较强,如冬季进补的习惯导致滋补品的需求量在夏季小而在冬季大;需求量与人文因素密切相关,如"少不服参"的传统观点导致儿童消费者对参及其制剂需求量极低,东南亚地区如新加坡一带经济比较发达,比较信任各种中药滋补保健品,市场需求较大。随着人民生活水平的提高,我国滋补保健品市场需求量将日趋增大。

（三）按药品的管理分类

国家从药品的管理角度出发，将药品分为现代药和传统药、新药、处方药和非处方药、特殊管理药品、国家基本药物、基本医疗保险药品。

三、影响药品质量的主要因素

药品质量易受光照、空气、湿度、温度、时间的影响，随之产生相应的变化。

（一）光照

日光中的紫外线对药品变化常起着催化作用，能加速药品的氧化、分解等。

（二）空气

空气是各种气体的混合物，其中对药品质量影响比较大的有氧气和二氧化碳。氧气约占空气五分之一的体积，由于其性质活泼，易使某些药物发生氧化作用而变质。空气中的二氧化碳被药品吸收也会发生碳酸化而使药品变质。

（三）湿度

水蒸气在空气中的含量叫湿度，它随地区及温度高低而变化。湿度对药品的质量影响很大。湿度太大能使药品潮解、液化、变质或发霉；湿度太小，也容易使某些药品风化。风化后的药品，其化学性质一般并未改变，但在使用时剂量难以掌握。特别是剧毒药品，可能因超过用量而造成事故。易风化的药品有硫酸阿托品、硫酸可待因、硫酸镁、硫酸钠及明矾等。大多数药品在湿度较高的情况下能吸收空气中的水蒸气而引湿，其结果就是使药品产生稀释、潮解、变形、发霉等现象。

（四）温度

温度过高或过低都能使药品变质。特别是温度过高与药品的挥发程度、形态及引起氧化、水解等理化和微生物的寄生有很大关系。因此，药品在贮存时要根据其不同性质选择适宜的温度。例如，青霉素加水溶解后，在25℃的温度下放置24小时，大部分即失效。又如脊髓灰质炎疫苗、牛痘苗，温度过高就很快失效，温度过低又易引起冻结或析出沉淀。

（五）时间

有些药品因其性质或效价不稳定，尽管贮存条件适宜，时间过久也会逐渐变质、失效。因此药典对某些药品特别是抗生素制剂，根据它们性质不稳定的程度，均规定了不同的有效期。有效期系药品在规定的贮存条件下，能够保持质量合格的期限，要求使用单位在规定的期限内使用。

第二节 药品市场寿命周期理论

一、药品市场寿命周期的概念

药品在市场上的销售状况及获利能力随时间的推移而不同。这种变化规律正像人和其他生命体一样，从诞生、成长到成熟，最终走向衰亡。

药品市场寿命周期，是指药品从投放市场开始，直到最后被市场淘汰为止所经历的全部时间。药品市场寿命周期指的是药品的市场寿命，而不是药品的使用寿命或有效期。一个完整的药品寿命周期一般包括四个阶段，即导入期、成长期、成熟期、衰退期。任何药品都不是久盛不衰的，都有一个或长或短的寿命周期，总要被新产品所替代。在某一个医药市场上，药品市场寿命周期越短，品种更新换代越快，市场竞争就越激烈。

二、药品市场寿命周期不同阶段的营销策略

（一）药品市场寿命周期各阶段的特点

1. 导入期

导入期是指新药品刚刚投放市场的时期。这个时期药品的主要特点是：医生、消费者（患者）不了解，只有少数顾客试用性购买，销售量少；药品尚未定型，需根据顾客要求不断改进，只能小批量生产，产量小；试剂、宣传费用高，成本高，往往发生亏损，药品前途莫测。这一时期又称为前途未卜期。

2. 成长期

在这个时期，药品被广大消费者接受，大量新顾客开始购买，销售量迅速增加；批量生产成本和销售费用下降，利润迅速增长。因此，成长期又称为发展期。

3. 成熟期

在这个时期，药品被广大潜在消费者接受，销售量达到顶峰，市场达到饱和，致使销售增长缓慢；利润在成熟期升至最高点，而后开始下降，而且，为了应付竞争，市场营销费用相应增加。这个时期又称为稳定期。

4. 衰退期

这个时期药品已老化，销售量和利润额迅速下降，由于市场期待新药品上市，促销所起的作用已微乎其微。

上述是典型的药品市场寿命周期，呈"S"形。实际上，市场上的药品并非完全遵循上述规律。如有的药品投放市场后并没有经过成长期和成熟期，很快就被市场淘汰了，称为短命药品；有些药品一投放市场就被目标消费者所接受，几乎没有导入期；也有的药品，企业为了防止药品衰退期带来的损失，在刚刚步入成熟期时就用新产品代替了，这类药品几乎没有衰退期；还有的药品虽已进入衰退期，但企业采取有效的营销策略，或转移市场，或改进剂型，或增加产品特色，又使销售量、利润增加，使药品的市场寿命周期出现二次循环、多次循环等。

（二）药品市场寿命周期各阶段的营销策略

药品市场寿命周期理论反映药品从投放市场到退出市场的全过程，以及在这一过程中各阶段的特点。分析药品市场寿命周期，是为了正确判断药品的发展趋势，并根据药品在其生命周期各阶段的特点采取适当的市场营销策略，以实现企业利润的最大化。

1. 药品导入期的营销策略

导入期的市场营销策略对医药企业和新药品市场的拓展极为重要，选择和运用得好坏决定着药品的前途。这个阶段一般有四种营销策略可供选择。

（1）高价高促销策略，也称"双高"策略，是指医药企业以高价格、高促销费用的手段迅速占领市场。这种策略适用于消费者愿出高价购买的药品，并且企业面临潜在竞争者的威胁，急需大造声势，先声夺人，尽快培养"品牌偏好"。

（2）高价低促销策略，是指医药企业以高价格、低促销费用来推销某种新药品，以便取得更多的利润。这种策略适用于市场规模较小、消费者相对稳定、药品知名度高、消费者愿出高价购买、潜在竞争威胁小的市场环境。

（3）低价高促销策略，是指医药企业用较低的价格和较高的促销费用推出新药品，以求迅速打入市场，提高市场占有率。这种策略适用于市场规模大、多数消费者对药品价格十分敏感、潜在竞争威胁大、企业通过大批量销售可以降低单位药品成本的情况。

（4）低价低促销策略，也称"双低"策略，是指医药企业以低价格、低促销费用推销药品，以促使消费者迅速接受该药品。这种策略适用于市场规模大、需求弹性大、药品知名度高、潜在消费者熟悉该药品、竞争对手多的情况。

2．药品成长期的营销策略

成长期是药品发展的关键时期，这个时期，由于药品被广大消费者接受，销售、利润迅速增长，新的竞争者开始加入。为保持销售持续增长的好势头，企业可选择的营销策略有以下几种。

（1）进一步提高药品质量。孔子说："不患莫己知，求为可知也。"意思是说不愁别人不知道自己，只求自己有值得别人知道的地方。新药品上市，想办法让消费者知道是应该的，但首要的还是新药品值得消费者知道。所以，药品生产企业要继续改进药品包装，完善药品性能，增强药品的竞争力。

（2）保持原价或略有降低，以保持药品声誉和吸引更多的购买者。

（3）进一步开拓新市场。在巩固现有市场的基础上开辟新天地，扩大势力范围，赢得更广阔的市场空间。例如，广州奇星药业有限公司"奇星"牌治疗脑中风的独家产品华佗再造丸进入市场站稳脚跟后，公司积极拓展国外市场，他们选取了心脑血管病的大国俄罗斯作为突破口，多次派人前往考察，获得了第一手资料。出资邀请俄方政府有关部门的官员以及该国颇有声誉的大经销商前来公司参观考察，进行学术交流。经过一番艰苦的准备工作和磨合，打通了从政府部门到大医药公司的主渠道。从此，"奇星"牌华佗再造丸源源不断出口到俄国，占领了俄罗斯市场，还开拓了乌克兰、白俄罗斯、保加利亚等周边几个国家的市场。与此同时，"奇星"挥师南下，向越南、柬埔寨等东南亚国家的市场进军，蜚声国内外。

（4）开辟新的分销途径。在成长期，高效的销售网络是至关重要的，企业的当务之急是要把大部分心思花在创建和整合销售网络上，构建符合产品线实际的销售网络，并及时总结和提炼销售终端的营销与销售经验，形成新的营销模式。比如在代理商关系上，可以与代理商共同研究，达成共同的市场开发协议，制定合理和详细的市场执行手册，追求市场区域内的细化和深化，与代理商一起完善网络，使销售终端到达每一个可能的消费者等。特别是对于缺少品牌影响力的中小医药企业而言，渠道网络建设的重要性甚至是压倒一切的，4P中的"Place"甚至应该被提升到企业的战略性地位，形成一个其他3P围绕1P的格局，让产品能在"润物无声"的情况下顺畅走货。

（5）广告的重点应从介绍药品转向宣传药品的特色，以树立药品的形象，争取创立名牌，使消费者产生偏爱。

3．药品成熟期的营销策略

成熟期是企业获取利润的黄金阶段。这一阶段销量增多，投入相对减少。企业营销策略的目的是努力延长成熟期，延缓衰退期。这一时期可供选择的营销策略有以下几种。

（1）更新换代药品。药品生产企业可以对老产品进行二次开发，通过改进工艺、剂型和包装，使疗效好的老产品升级换代，重新焕发活力。当然，药品更新换代不宜过快，否则会加剧基层群众看病难、看病贵的问题。在药品市场营销中，利润导向尤为突出。目前，一些利润微薄的普药逐渐失去了生存空间，一些企业把目光瞄准了高利润产品，不屑于生产利润低的普药。据了解，国家社保部门曾经作过一份普药市场调查，其结果触目惊心：120种疗效确切、安全经济的普药退出市场，替代品不仅价格高昂，而且达不到那些退市药品的疗效。

（2）转换市场。经济学家阿曼·哈默提出过一个市场法则：不同的国家和地区之间生活方式差异越大，潜在的市场就越大。由于地区之间、城乡之间经济发展不平衡，生产力水平和生活水平存在较大差距，许多在经济发达地区、在城市已经饱和的药品，在经济较落后地区、在农村却还有广阔的市场。制药企业不但要巩固已有市场，还要转换、开拓新市场，从而使企业获得更多的利润。例如，普药厂家可以避开在城市与新、特药争夺市场，本着长远发展、薄利多销的原则，拓展三级市场，即将三四线城市和农村市场做深做透。有营销专家表示，"目前市场上流通的普药有一万多种，北京、上海、广州由于用药水平高，一直以来都是被外资及合资企业占领市场；而在二线省会及经济发达城市，主要是国内知名企业占领市场。因此，三线、四线城市无疑就是普药的天下了"。

（3）优化营销组合，适应不同消费者的需要，恢复销售增长率。

4．药品衰退期的营销策略

处于衰退期的药品，销售量和利润额下降很快，可选择的营销策略主要有以下几种。

（1）继续生产经营老龄化药品。

（2）集中在最有利的细分市场销售，以取得尽可能大的经济效益。

（3）收割策略，把营销费用降至零，目标对象是"忠诚者"。

（4）放弃策略，对原有药品实行"关、停、并、转"，重打鼓，另开张。

第三节 药品注册

一、药品注册的含义与分类管理

（一）药品注册的概念

药品注册是指药品注册申请人依照法定程序和相关要求提出药物临床试验、药品上市许可、再注册等申请以及补充申请，药品监督管理部门基于法律法规和现有科学认知进行安全性、有效性和质量可控性等审查，决定是否同意其申请的活动。

《中华人民共和国药品管理法》第二十四条规定，"在中国境内上市的药品，应当经国务院药品监督管理部门批准，取得药品注册证书；但是，未实施审批管理的中药材和中药饮片除外""申请药品注册，应当提供真实、充分、可靠的数据、资料和样品，证明药品的安全性、有效性和质量可控性"。

申请人取得药品注册证书后，为药品上市许可持有人。

（二）注册管理

根据我国《药品注册管理办法》第四条规定，药品注册按照中药、化学药和生物制品等进行分类注册管理。

中药注册按照中药创新药、中药改良型新药、古代经典名方中药复方制剂、同名同方药等进行分类。

化学药注册按照化学药创新药、化学药改良型新药、仿制药等进行分类。

生物制品注册按照生物制品创新药、生物制品改良型新药、已上市生物制品（含生物类似药）等进行分类。

中药、化学药和生物制品等药品的细化分类和相应的申报资料要求，由国家药品监督管理局根据注册药品的产品特性、创新程度和审评管理需要组织制定，并向社会公布。

境外生产药品的注册申请，按照药品的细化分类和相应的申报资料要求执行。

二、药品注册的基本要求

从事药物研制和药品注册活动,应当遵守有关法律、法规、规章、标准和规范;参照相关技术指导原则,采用其他评价方法和技术的,应当证明其科学性、适用性;应当保证全过程信息真实、准确、完整和可追溯。

药品注册申请人在申请药品上市注册前,应当完成药学、药理毒理学和药物临床试验等相关研究工作。药物非临床安全性评价研究应当在经过药物非临床研究质量管理规范认证的机构开展,并遵守药物非临床研究质量管理规范。药物临床试验应当经批准,其中生物等效性试验应当备案;药物临床试验应当在符合相关规定的药物临床试验机构开展,并遵守《药物临床试验质量管理规范》。

申请药品注册,应当提供真实、充分、可靠的数据、资料和样品,证明药品的安全性、有效性和质量可控性。

使用境外研究资料和数据支持药品注册的,其来源、研究机构或者实验室条件、质量体系要求及其他管理条件等应当符合国际人用药品注册技术要求协调会通行原则,并符合我国药品注册管理的相关要求。

药品注册证书有效期为五年,药品注册证书有效期内持有人应当持续保证上市药品的安全性、有效性和质量可控性,并在有效期届满前六个月申请药品再注册。

三、药品上市注册

(一)药物临床试验

1. 药物临床试验的含义

药物临床试验是指以药品上市注册为目的,为确定药物安全性与有效性在人体开展的药物研究。

药物临床试验应当在具备相应条件并按规定备案的药物临床试验机构开展。其中,疫苗临床试验应当由符合国家药品监督管理局和国家卫生健康委员会规定条件的三级医疗机构或者省级以上疾病预防控制机构实施或者组织实施。

2. 药物临床试验的分期

药物临床试验分为Ⅰ期临床试验、Ⅱ期临床试验、Ⅲ期临床试验、Ⅳ期临床试验以及生物等效性试验。根据药物特点和研究目的,研究内容包括临床药理学研究、探索性临床试验、确证性临床试验和上市后研究。

开展药物临床试验,应当经伦理委员会审查同意。

药物临床试验用药品的管理应当符合《药物临床试验质量管理规范》的有关要求。

3. 药物临床试验的过程管理

有下列情形之一的，可以要求药物临床试验申办者调整药物临床试验方案，暂停或者终止药物临床试验：

（1）伦理委员会未履行职责的；

（2）不能有效保证受试者安全的；

（3）申办者未按照要求提交研发期间安全性更新报告的；

（4）申办者未及时处置并报告可疑且非预期严重不良反应的；

（5）有证据证明研究药物无效的；

（6）临床试验用药品出现质量问题的；

（7）药物临床试验过程中弄虚作假的；

（8）其他违反《药物临床试验质量管理规范》的情形。

药物临床试验中出现大范围、非预期的严重不良反应，或者有证据证明临床试验用药品存在严重质量问题时，申办者和药物临床试验机构应当立即停止药物临床试验。药品监督管理部门依职责可以责令调整临床试验方案，暂停或者终止药物临床试验。

（二）药品上市许可

药品注册申请人在完成支持药品上市注册的药学、药理毒理学和药物临床试验等研究，确定质量标准，完成商业规模生产工艺验证，并做好接受药品注册核查检验的准备后，提出药品上市许可申请，按照申报资料要求提交相关研究资料。经对申报资料进行形式审查，符合要求的，予以受理。

仿制药、按照药品管理的体外诊断试剂以及其他符合条件的情形，经药品注册申请人评估，认为无须或者不能开展药物临床试验，符合豁免药物临床试验条件的，可以直接提出药品上市许可申请。豁免药物临床试验的技术指导原则和有关具体要求，由药品审评中心制定公布。

仿制药应当与参比制剂质量和疗效一致。药品注册申请人应当参照相关技术指导原则选择合理的参比制剂。

（三）关联审评审批

国家药品监督管理局药品审评中心在审评药品制剂注册申请时，对药品制剂选用的化学原料药、辅料及直接接触药品的包装材料和容器进行关联审评。

化学原料药、辅料及直接接触药品的包装材料和容器生产企业应当按照关联审评审批制度要求，在化学原料药、辅料及直接接触药品的包装材料和容器登记平台登记产品信息和研究资料。国家药品监督管理局药品审评中心向社会公示登记号、产品名称、企业名称、生产地址等基本信息,供药品制剂注册申请人选择。

(四)药品注册核查

药品注册核查,是指为核实申报资料的真实性、一致性以及药品上市商业化生产条件,检查药品研制的合规性、数据可靠性等,对研制现场和生产现场开展的核查活动,以及必要时对药品注册申请所涉及的化学原料药、辅料及直接接触药品的包装材料和容器生产企业、供应商或者其他受托机构开展的延伸检查活动。

药品注册核查启动的原则、程序、时限和要求,由国家药品监督管理局药品审评中心制定公布;药品注册核查实施的原则、程序、时限和要求,由药品核查中心制定公布。

(五)药品注册检验

药品注册检验包括标准复核和样品检验。标准复核,是指对申请人申报药品标准中设定项目的科学性、检验方法的可行性、质控指标的合理性等进行的实验室评估。样品检验,是指按照申请人申报或者药品审评中心核定的药品质量标准对样品进行的实验室检验。

药品注册检验启动的原则、程序、时限等要求,由药品审评中心组织制定公布。药品注册申请受理前提出药品注册检验的具体工作程序和要求以及药品注册检验技术要求和规范,由中国食品药品检定研究院制定公布。

与国家药品标准收载的同品种药品使用的检验项目和检验方法一致的,可以不进行标准复核,只进行样品检验。其他情形应当进行标准复核和样品检验。

第六章 药品商标策略、品牌策略与包装策略

现代营销理论认为，只有当品牌获得可持续的差异优势时，才构成一个特定产品的价值。从消费者心理与行为学的角度讲，一个成功的品牌除了要能满足消费者对产品的功能性需求，还要能更多地满足他们对产品某种心理需求的附加价值，人们只愿意为自己满意的品牌付出更多。药品的商标、品牌与包装都是药品整体概念的有机组成部分，既代表着企业的形象，又体现着企业的精神、经营思想，都是药品的重要卖点。

第一节 药品商标策略

一、商标与商标权的含义

（一）商标的概念与特征

1. 商标

商标是生产经营者在其生产、制造、加工、拣选或者经销的商品或者服务上采用的，区别商品或者服务来源的，由文字、图形或者其组合构成的，具有显著特征的标志。这是商标最基本的含义，也是从商标最初产生的原因出发对它下的一个定义，但是，任何东西都不是一成不变的，在现代社会，随着经济迅猛发展，商标作为一种知识产权，其性质已经从区别商品或者服务来源的一种显著标志，发展成为企业在市场上与对手竞争的一种有力工具之一。

早在公元前，我国就有了商标的雏形。例如，长沙马王堆一号汉墓出土的"封泥"（将货物捆好，然后系上绳子，在绳子打结的地方用泥封上，然后捺上印章），正如现代的火漆印固封手续一样，上面刻有"×侯家丞"字样。

战国前，我国的许多陶器上都有类似的印章，其主要功能就是区分产品的来源，

后来，随着商品经济的发展，同一个行业的生产者越来越多，同一类的商品也越来越多，这就需要有一种标记，能够把同一类但是由各个不同生产者生产的商品区分开来，同时，这个标记又要有一定的显著性，有其独有的特征，最好它能够给购买者留下深刻印象，因此，商标随着社会经济发展的需要，逐步地从单纯区别性标记发展为由文字、图形或者其组合构成的，具有一定广告含义的商标。例如，北宋时期的一个商标，上面既有文字，又有图形，在其上部刻有"济南刘加功夫针铺"的字样，中间是一个白兔捣药的图形，其下部则刻有广告词"收买上等钢条，造功夫细针，不误宅院使用，客转与贩，有加饶，请认白"，中间的两边则刻有"认门前白兔儿为记"的字样。这枚商标其实和现代意义上的商标也有所不同，现代意义上的商标是不能有广告词语的，但是和以前的印章、印记相比，这枚商标属于我国早期设计比较完整的一枚商标。

不过，这些早期商标其基本的作用主要在于将该商品和其他同类商品区分开来，还不具备作为生产经营者之间的竞争工具的职能，其竞争职能是随着社会经济的发展而逐步被挖掘和利用起来的。

随着经济的发展和高度发达，生产经营者之间的竞争越来越激烈，竞争手段也越来越多样化，商品竞争的内容从质量的竞争发展到包装、服务以及原材料的产地等方面的竞争，而商标作为生产者用在商品包装上，用以与其他同类商品进行区分的显著标志，也必然成为竞争的内容和手段之一。因此，一个易读易识易记又能给消费者带来良好印象的商标，必然很容易吸引消费者的注意，进而引起其好感而促使其购买。例如，"飘柔"洗发水，"飘柔"这个商标由两个常见而又易记，读来朗朗上口的汉字组成，该商标并没有直接去说明或者宣传使用该洗发水的效果，依照《中华人民共和国商标法》第11条的规定，注册商标也不能作这种说明，但是，"飘""柔"这两个字的组合很巧妙，既没有直接说出使用这个品牌的洗发水有什么效果，又暗示了消费者它的使用效果非常好。"飘柔"两个字给人飘逸、轻柔的感觉，而只有洁净、顺滑的头发才可能飘逸和轻柔，因此，这种心理上的巧妙暗示很容易引导消费者把这种对商标的良好感觉转移到其商品上去，进而选择其商品。所以，商标作为一种知识产权，在现在社会，其功能早已不是单一的区别商品的显著性标志，它已经成为企业提升核心竞争力的有效手段。

经商标局核准注册的商标为注册商标，包括商品商标、服务商标和集体商标、证明商标。

2. 药品商标的含义

药品商标是指文字、图形、字母、数字、三维标志或颜色组合，和声音以及上述要素的组合，是能够将医药生产者、经营者和他人生产经营的药品或药学服务进行区分的可视性标记。

3. 商标的特征

（1）商标是用在商品或服务上的标记。在社会政治、经济、军事、文化、科学等各个领域，人们为不同的目的而使用不同的标志，如国徽、路标等。它们的共同特点都在于具有区别、代表和象征某种事物的作用。在各种标志中，商标是使用在商品或服务上的标记。使用商标的商品是能够通过市场进行流通的动产物，主要包括生活消费品和生产消费品，而诸如房屋及其他地上附着物等不动产则不使用商标。

（2）商标是区别商品或服务来源的标记。商标的基本功用在于将不同企业生产或经销的相同商品或类似商品区别开来。所谓相同商品，是指商品普通名称相同，或者名称虽不相同但所指对象相同的商品。所谓类似商品，是指商品名称不同，但在原料、用途或者功能等方面具有共同之处的商品。有了商标这种标志，就容易判明商品的不同来源以及其质量、性能或特点。

（3）商标是具有显著特征的人为标记。由于商标具有显著特征，一般消费者能够通过商标来识别商品，选择购买商品。商标是经过人的设计，被人们有意识地附置于商品或商品包装上的标记。它必须使用在特定的对象之上才具有显示区别其来源的意义。附置商标的方式主要有使用商标标签、将商标印在商品上等。

（二）商标专用权

1. 商标专用权的概念

商标专用权指的是商标注册人对其注册商标所享有的权利。根据《中华人民共和国商标法》规定，商标注册人享有商标专用权，受法律保护。自然人、法人或者其他组织在生产经营活动中，对其商品或者服务需要取得商标专用权的，应当向商标局申请商标注册。不以使用为目的的恶意商标注册申请，应当予以驳回。

2. 商标专用权的特征

商标专用权作为一种知识财产权，是商标所有人的财富。商标专用权既具有知识产权的共有特征，又与其他知识产权在内容上有所不同。其法律特征主要有以下几个方面。

（1）专有性。专有性指的是商标所有人对其注册商标享有专有使用的权利。该权利一经取得就具有独占性，他人不得加以干涉，未经商标权人许可，他人不得擅自使用该注册商标。

《中华人民共和国商标法》第五十七条规定，有下列行为之一的，均属侵犯注册商标专用权：未经商标注册人的许可，在同一种商品上使用与其注册商标相同的商标的；未经商标注册人的许可，在同一种商品上使用与其注册商标近似的商标，或者在类似商品上使用与其注册商标相同或者近似的商标，容易导致混淆的；销售侵犯注册商标专用权的商品的；伪造、擅自制造他人注册商标标识或者销售伪造、擅自制造的注册商标标识的；未经商标注册人同意，更换其注册商标并将该更换商标的商品又投入市场的；故意为侵犯他人商标专用权行为提供便利条件，帮助他人实施侵犯商标专用权行为的；给他人的注册商标专用权造成其他损害的。

（2）时间性。时间性指商标权的有效期限。在其有效期内，商标权受到法律保护，超过有效期限，则商标权不再受法律保护。我国规定注册商标的有效期为十年，自核准注册之日起计算。注册商标有效期满，需要继续使用的，商标注册人应当在期满前十二个月内按照规定办理续展手续；在此期间未能办理的，可以给予六个月的宽展期。每次续展注册的有效期为十年，自该商标上一届有效期满次日起计算。期满未办理续展手续的，注销其注册商标。

（3）地域性。商标权具有严格的地域性，就是说商标权只能在授予该项权利的国家领域内受到法律保护，在其他国家不发生法律效力。如果需要得到其他国家的法律保护，则必须按照他国的法律规定另行申请商标注册。

（4）财产性。商标专用权是一种无形财产权。商标专用权的整体是智力成果，他凝聚了权利人的心血和劳动。智力成果不同于有形的物质财富，它虽然需要借助一定的载体表现，但载体本身并无太大的经济价值，体现巨大经济价值的只能是载体所蕴含的智力成果。比如"可口可乐"商标、"全聚德"商标等，其商标的载体可乐、烤鸭等不是具有昂贵价值的东西，但其商标本身却具有极高的经济价值。

二、商标的作用

商标是企业市场竞争的利器，是金字招牌，是产品进入市场的"身份证"和"通行证"，也是人类社会不断进步而创造的无形资产和智力成果。随着科学技术的突飞猛进和市场竞争的日趋激烈，市场竞争已经从单一依靠资源的竞争演变为以自主创新能力为核心的品牌竞争。为此，大力实施商标战略已成为促进地方经济发展方式转变的重要切入点和有效手段，也是企业纵身市场常胜不败的首要选择和治本之策，是维系企业生存和发展的根本活力与动力所在。所以说，商标是企业的无形资产。具体说来，企业的药品采用商标具有如下作用。

（一）商标有利于提高药品质量

我国《商标管理条例》规定：注册商标要报送质量标准，凡不按注册商标质量标准生产药品，粗制滥造的，可由商标管理部门撤销商标或处以罚款。通过对商标的管理，可以起到保证药品质量的作用。由于消费者按商标认货，使生产者注重商标声誉，关心药品质量，从而有利于药品质量的提高。

（二）商标有利于卖主推销药品

生产企业在保证药品质量的前提下，选用一个好的商标，并极力宣传它，目的是树立一个好的药品形象，使消费者印象牢固，产生兴趣，从而有力地扩大销售。所以现代企业家认为创立并发展名牌药品，使之驰名世界，是企业营销的重要目标。例如，考虑到老人的心理，老年保健品有百年乐中成药、老来福口服液，等等。

（三）商标有利于消费者选购药品

消费者可以根据商标迅速地认出他所需要的药品，因为商标代表着药品的质量和特色，消费者凭着他们对商标的信任选择他们信得过的药品。药品是密封包装，消费者不可能启封查看、检验，因为商标在消费者心中已建立了良好的信誉，他们可以凭着商标的商业信誉大胆购买。从这个意义上说，药品商标起到了有利于消费者选购药品的作用。

三、商标的设计要求

商标的设计不仅是适用物的体现，也是一种图形艺术设计，因而，对其的要求十分苛刻，要简练、概括、完美。具体来说，商标的设计要符合以下要求。

（一）造型美

商标设计要美观大方，构思新颖、独特、深刻、巧妙。商标设计是一种艺术，应当给人以美的享受，造型美观、别具匠心、寓意深刻的商标能给人留下深刻的印象，引起顾客兴趣，从而引发购买欲望。

（二）有特色

商标不仅要有艺术美，还应是企业形象的典型概括，能反映药品的特色，使消费者通过商标认识企业的形象、风格，了解药品的特性和特色。同时，商标还应符合消费者心理，这样能够增强药品的吸引力，例如，"咳嗽灵"直接点名了该药品的特征与产品类型。

（三）简练醒目

商标的文字应当简练、概括，使人易读易记，并容易产生联想。商标往往是在电视、广播、杂志、橱窗和药品包装上显示的。成功的商标应能迅速地捕捉人们的视线，使人过目不忘，留下深刻而美好的印象。

（四）符合商标法的规定

《中华人民共和国商标法》规定，下列标志不得作为商标使用。

（1）同中华人民共和国的国家名称、国旗、国徽、国歌、军旗、军徽、军歌、勋章等相同或者近似的，以及同中央国家机关的名称、标志、所在地特定地点的名称或者标志性建筑物的名称、图形相同的；

（2）同外国的国家名称、国旗、国徽、军旗等相同或者近似的，但经该国政府同意的除外；

（3）同政府间国际组织的名称、旗帜、徽记等相同或者近似的，但经该组织同意或者不易误导公众的除外；

（4）与表明实施控制、予以保证的官方标志、检验印记相同或者近似的，但经授权的除外；

（5）同"红十字""红新月"的名称、标志相同或者近似的；

（6）带有民族歧视性的；

（7）带有欺骗性，容易使公众对商品的质量等特点或者产地产生误认的；

（8）有害于社会主义道德风尚或者有其他不良影响的；

（9）县级以上行政区划的地名或者公众知晓的外国地名，不得作为商标。但是，地名具有其他含义或者作为集体商标、证明商标组成部分的除外；已经注册的使用地名的商标继续有效。

下列标志不得作为商标注册：仅有本商品的通用名称、图形、型号的；仅直接表示商品的质量、主要原料、功能、用途、重量、数量及其他特点的；其他缺乏显著特征的。

四、商标策略

正确地运用商标策略，可以取得出奇制胜的效果。商标策略主要有以下几个方面。

（一）统一商标策略

统一商标策略又称同一商标策略，是指企业把生产的不同药品及品种均使用统一商标进入市场。这种策略的优点是：可以节省大量的广告费用；可以利用原有商标知名度来推销新药品；各种药品互相声援，扩大销售。其缺点是：若有某一种药品出现质量问题，会影响到整个商标的声誉，威胁企业的整体形象。

(二)区别商标策略

区别商标策略是指企业对生产的不同药品分别使用不同商标的策略。这种策略的优点是：个别药品出现质量问题不会影响其他药品；可以用不同的商标满足消费者的不同偏好，适应不同的市场；有明显的价格差异，满足消费者质价相符的心理。其缺点是：多种商标并存不利于管理，设计、印制、宣传费用支出较高。

第二节 药品品牌策略

一、品牌的概念

品牌是用以识别某个销售者或某群销售者的产品或服务，并使之与竞争对手的产品或服务区别开来的商业名称及其标志，通常由文字、标记、符号、图案和颜色等要素或这些要素的组合构成。

品牌包括品牌名称和品牌标志两部分。品牌名称是品牌中可以用语言称谓的部分，又称"品名"；品牌标志是指品牌中可以被认出、易于记忆但不能用言语称谓的部分，又称"品标"。

品牌是抽象的，是消费者对产品一切感受的总和。它贯注了消费者的情绪、认知、态度及行为，如产品是否有个性，是否足以信赖，是否产生满意度与价值感，是否代表某种特殊意义或情感寄托，是否生活中不可缺少。

世界著名市场营销学权威菲利普·科特勒教授在其《营销管理——分析、计划和控制》一书中强调，品牌能使人想到某种属性是品牌的重要含义。这说明不同的品牌能使人们识别出它所标定下的产品有别于其他品牌产品的质量、特色和设计等最本质的特征。例如，奔驰轿车意味着工艺精湛、制造品质精良、安全、耐用、信誉好、附加价值高、行驶速度快，等等，这些属性是奔驰生产经营者广为宣传的重要内容。正是因为奔驰轿车有如此令人称赞的属性（质量、特色和设计等），才成为被广泛赞誉的有口皆碑的品牌。

品牌不仅代表着一系列产品属性，还体现着某种特定的利益，如功能性或情感性利益等。而品牌的这种使人感知的利益是由产品属性转化而来的，或者说，品牌利益相当程度地受制于品牌属性。就奔驰而言，"工艺精湛、制造优良"的属性可转化为"安全"这种功能性和情感性利益;"昂贵"的属性可转化为"这车令人羡慕,让我感觉到自己很重要并受人尊重"这样的情感性利益;"耐用"属性的功能性利益则是"可以使用多年或多年内不需要买新车";等等。

二、商标与品牌

商标与品牌是极易混淆的一对概念,一部分企业错误地认为产品进行商标注册后就成了品牌。事实上,两者既有联系又有区别。有时两个概念可等同替代,而有时却不能混淆使用两个概念。品牌并不完全等同于商标。

当消费者不再重视你的品牌,品牌就一文不值了。品牌价值不同于银行的存款,它只是存在于消费者的头脑中,假若品牌出现危机,消费者对品牌的信心下降,那么品牌价值就会减少。

(一)商标是品牌的一部分

商标是品牌的一部分,这已基本成为共识。但对于商标是品牌的哪一部分人们却有不同的看法。一种观点认为,商标不是品牌的全部,而仅仅是品牌的一种标志或记号。依此看来,商标仅是品牌中的标志部分,或者说,商标就是指品牌标志,是便于消费者识别的部分。因此,商标的主要功能是传播的基本元素。当然,此种观点还认为商标的主要功能中应包括法律保护。另一种观点认为,商标是向政府注册的受法律保障其专用权的品牌。我们赞同后一种观点。品牌(Brand)与商标(Trade Mark)都是用以识别不同生产经营者的不同种类、不同品质产品的商业名称及其标志。商标不仅只是一种标志或标记,它也包括名称或称谓部分,在品牌注册形成商标的过程中,这两部分常常是一起注册,共同受到法律的保护。在企业的营销实践中,品牌与商标也都是为了区别商品来源,便于消费者识别商品,以利竞争。可见,品牌与商标都是传播的基本元素。品牌与商标的不同之处主要在于商标能够得到法律保护,而未经过注册获得商标权的品牌不受法律保护。所以说,商标是经过注册获得商标专用权从而受到法律保护的品牌。

(二)商标是法律概念,品牌是市场概念

商标是法律概念,它强调对生产经营者合法权益的保护;品牌是市场概念,它强调企业(生产经营者)与顾客之间关系的建立、维系与发展。

商标的法律作用主要表现在通过商标专用权的确立、续展、转让、争议仲裁等法律程序,保护商标权所有者的合法权益,同时促使生产经营者保证商品质量,维护商标信誉。在与商标有关的利益受到或可能受到侵犯的时候,商标显现出法律的庄严与

不可侵犯。

品牌的市场作用表现在：品牌有利于促进销售，增加品牌效益；有利于强化顾客品牌认知，引导顾客选购商品，并建立顾客品牌忠诚。例如，台湾的"香港脚"治疗药品市场多年来一直是足爽和悠悠乐膏的天下，别的产品很难取得一席之地。然而，一种名叫"喷脚好"的"香港脚"治疗药上市后，却能在短时间内被消费者接受，打破了足爽和悠悠乐膏的一统天下局面。原来，足爽和悠悠乐膏用的是浸泡和涂抹的方法，而"喷脚好"的谐音"喷较好"，是说它提供了一种新的治疗方法——喷，较浸泡和涂抹为好。"喷脚好"向老牌子挑战成功，除了产品本身的原因，还在于它的名称较好地突出了产品的优势。

品牌与商标在我国基本是混用的，或者说，"商标"与"品牌"这两个术语几乎是通用的，没有什么区别，因为中国的商标有"注册商标"与"未注册商标"之分。另外，品牌与商标是可以转化的。如品牌经注册获得专用权就转化成商标，也就具有了法律意义。正是商标的法律作用使得品牌所产生的超过产品本身价值的利益受到保护。

三、药品品牌的价值

现代市场经济发展表明，如今市场已进入品牌竞争时代，品牌在现代市场营销和竞争中发挥着越来越重要的作用。可以说，"没有品牌的企业是危险的企业，没有品牌的市场是脆弱的市场，没有品牌的竞争是无力的竞争"。这一点正如美国著名品牌策略专家莱瑞·莱特所言："拥有市场比拥有工厂更重要，而拥有市场的唯一办法是拥有占市场主导地位的品牌。"这也恰恰像老子《道德经》所强调的：无形的比有形的更重要，"天下万物生于无，有生于无"。无形就是灵魂，就像"道生一，一生二，二生三，三生万物"。万物的根源是"道"，而"道"恰恰是非常重要但看不见的东西。据英国著名品牌咨询公司 Brand Finance 评估资料显示，2020年全球最有价值制药品牌分别是美国强生108.79亿美元、瑞士罗氏75.92亿美元、德国拜耳51.49亿美元、美国雅培45.72亿美元、美国默沙东42.96亿美元、美国辉瑞38.14亿美元、美国新基36.65亿美元、英国葛兰素史克35.19亿美元、法国赛诺菲34.75亿美元、美国艾伯维34.2亿美元。

具体说来，品牌的作用体现在以下几个方面。

（一）品牌便于企业进行经营管理

如在签订药品销售合同或作广告宣传时，有品牌将会简化交易手续，便于药品进入市场。例如"痰咳净""感冒清""冷酸灵牙膏"等，能使消费者望名知意，便于消费者联想与记忆，迅速理解药品功效，于是打开了市场。

（二）有助于企业进行市场细分

企业可以设计不同品牌的药品，满足不同细分市场的消费者的需要。很多公司都采用多品牌战略，根据产品的特性、品质、功能等多种因素给每项或每种产品分别命名，使每个品牌在消费者心里占据独特的、适当的位置。例如，宝洁公司的洗发水就有四种品牌，而且每种品牌都满足特定的需求，比如海飞丝定位在"去头屑"，潘婷定位在"维生素 B_5，拥有健康，当然亮泽"，飘柔定位在"柔顺"，沙宣定位在"保湿"。

（三）有助于树立良好的企业形象

企业拥有自己的品牌后通过努力打造品牌形象，有助于树立良好的企业形象。如北京他加她饮品公司为其功能性饮料取名"他＋她－"。"他＋她－"在国内首创用人称代词作为产品名称，赋予产品以人格属性。产品上市后，"饮料分男女"的概念迅速成为市场亮点，彰显了企业的人文关怀理念。

（四）有利于培养消费者的品牌偏好

产品力的时代已经过去，如今是品牌力的时代，在不同企业的药品趋向同质化的今天，单纯依靠药品本身的特征来赢得竞争已很难，只有依靠品牌来"点金"。好品牌不仅仅意味着质量、疗效的优秀，事实上，心理消费才是真正的重点。调查显示，在很多"半被动消费"中，物的享受反而是其次的，品牌带给消费者的意义远远大于产品本身。

（五）著名的品牌是企业巨大的无形资产

品牌的价值是巨大的。可口可乐总裁伍德拉夫曾说："即使可口可乐公司在全球的工厂一夜之间化为灰烬，但凭借可口可乐这块牌子，就能在短时期内很快地恢复原样。"伍德拉夫绝不是夸夸其谈。市场在经历了价格竞争、质量竞争和服务竞争等阶段之后进入了一个新阶段——品牌竞争阶段。一个市场没有品牌，那是萧条；一个地区没有品牌，那是落后。从某种意义上来说，"以质取胜"已成为历史，品牌形象的差异正在取代产品本身的差异，企业卖的不再是差异化的产品，而是差异化的品牌理念。在产品的销售过程中，起决定作用的已不再是产品本身，而是一个独特鲜明的品牌形象。根据2020年8月发布的"2020中国药品品牌榜·价值排行榜"，TOP50品牌价值再创新高，其中东阿阿胶凭借155.98亿元的品牌价值位居榜首；云南白药排在第二位，拥有139.50亿元价值；波立维居第三位，品牌价值101.16亿元。上榜药品品牌价值最低门槛超20亿元。

四、药品品牌策略

（一）统一品牌

统一品牌，即企业所有产品统一使用一个品牌。例如，自999胃泰风靡神州后，999皮炎平、999小儿感冒药、999双黄连等一大批同品牌产品相继涌现，而且都取得了较好的市场业绩。

使用单一品牌的好处在于企业可以节省传播费用，利于推出新品、彰显品牌形象。以现状而言，国内大多数医药企业都比较适合采取单一品牌战略。但单一品牌战略也有它的劣势——只要其中一个产品出现问题，就会殃及池鱼，产生恶性连锁反应。此外，使用同一品牌时，产品之间的属性也不宜出现太大反差。如一家企业既制药又生产农药的话，如果使用同一品牌，恐怕没人敢用它生产的药。

（二）品牌延伸策略

品牌延伸策略是企业利用其成功的品牌声誉来推出改良产品或新产品的策略。可以采用两种不同的延伸方法：一种是纵向延伸，表示对产品的不断改良，如计算机从"286"、"386"到"586"、奔腾2、奔腾3、奔腾4。另一种是横向延伸，即将成功的品牌延伸到新开发的产品上，如乐百氏果奶营销成功后，又推出了矿泉水等产品；美国桂格麦片公司成功地推出桂格超脆麦片后，又利用这个品牌及其图样特征推出雪糕、运动衫等新产品。

采用这种策略可以节省促销费用，有利于新产品市场的开拓，但是，如果新产品促销失败，或品牌延伸不当，则会影响该品牌的形象，进而影响企业的市场声誉。

（三）多品牌策略

多品牌是指同一企业在同一产品上设立两个或多个相互竞争的品牌。这种策略由宝洁公司首创，医药企业也有很多成功的例子。例如健康元堪称是多品牌战略的典范，其旗下拥有多个强势品牌，如太太、丽珠、鹰牌、喜悦等，这些品牌针对不同的目标市场在经营上也是相对独立的。

多品牌策略的优点有：可以最大限度地占有市场，实现对消费者的交叉覆盖，并且还能降低企业的经营风险——即使一个品牌失败，对其他品牌也没多大影响。但是，多品牌策略是地道的强者游戏，如果不是强势企业，不要轻易尝试。

(四)副品牌策略

副品牌是以企业中一个成功品牌作为主品牌来涵盖企业的系列产品，同时又给不同产品起一个生动活泼、富有魅力的名字作为副品牌，以突出产品的个性形象。如果说企业的品牌就像人的姓名一样，从某种意义上说，"正品牌"就是企业产品的"姓"，而"副品牌"就像是产品的"名"。有姓有名才更容易把产品区分开来。例如海尔集团，其家电品种繁多，所有家电都称"海尔"，不便于消费者区分，令人印象模糊。海尔把电视机叫"海尔——探路者"，把热水器叫"海尔——小海象"，使消费者对海尔的产品种类一目了然。不仅如此，企业还可以用"副品牌"把同种商品区别开来。比如，海尔冰箱中功能先进、外形俊俏的冰箱叫"帅王子"，高雅华丽、彩画门体的冰箱叫"画王子"，单门体积小的冰箱则叫"小小王子"。

(五)企业与产品同名策略

企业与产品同名策略是指企业下属产品所使用的品牌与企业名称相同的情形。海王、三九等企业实施的就是企业与产品同名的策略。这一策略可以减少传播费用，因为在宣传企业品牌的同时也在宣传产品品牌，宣传产品品牌时又可以宣传企业品牌。

(六)担保品牌策略

达克宁、多潘立酮、氟桂利嗪等都是各自领域里比较成功的品牌，探究它们成功的背后，人们会发现它们都是由西安杨森出品的。在传播品牌时，西安杨森有意将这一信息传达给了消费者。与其他品牌关系相比，达克宁、多潘立酮、氟桂利嗪等品牌与西安杨森之间的关系比较松散：包装上，"西安杨森"的位置并不突出，它只起到一定的担保作用。但人们提起这些产品，一般都会马上想到这是西安杨森出品的，这就是担保品牌策略的效果。

采用担保品牌策略主要是想向消费者保证这些产品一定会具备所承诺的优点，因为这个品牌的背后是一个成功的企业，它有条件、有能力生产出优质的产品。担保品牌策略尤其适合推广新品。不过，一旦有一天被担保者违背了承诺，那么担保人的信誉也将受到损害。

(七)品牌虚拟经营策略

普通消费者也许并不知道耐克鞋、七匹狼香烟、浏阳河酒等并非真正由这些企业所生产，而是这些企业委托他人加工而成。当然，加工费是相对低廉的，但贴上品牌的标签后，立即身价倍增。

品牌虚拟经营实现了品牌与生产的分离，它使生产者更专注于生产，而使品牌持有者从烦琐的生产事务中解脱出来，专注于技术、服务与品牌推广。

耐克是品牌虚拟经营策略最为成功的企业之一。由于运动鞋市场需求的类型繁多，许多品种型号特殊而需求量较小，如果均由自己生产，必然会大大增加公司的生产成本。从20世纪70年代初开始，耐克决定把精力主要放在设计与营销上，具体生产则承包给劳动力成本低廉的国家和地区的厂家——大多数是远东地区的工厂，以此降低生产成本，清除一般企业都可能遇到的经济障碍。因此，现在美国市场上出售的耐克运动鞋基本上都是在海外加工厂生产，然后返销回美国的。正是这种虚拟经营使耐克在国际市场上获得了强大的成本竞争优势。

第三节 药品包装策略

一、包装的概念和作用

（一）包装的概念

药品包装，是指包装器材和包装方法的总和。包装器材是指包装药品的容器及材料，包装方法是指对药品进行包装的操作过程。

大多数物质产品在从生产领域到消费领域的过程中都需要适当的包装。药品包装是药品实体的一个重要组成部分，它的功能是由药品的运输、销售和使用的需要而决定的。现代市场营销观念对包装的概念赋予了新的内容，成为刺激消费者购买的一个重要因素。因此，企业对药品的包装必须给予高度的重视。

《中华人民共和国药品管理法》规定，药品包装应当适合药品质量的要求，方便储存、运输和医疗使用。发运中药材应当有包装。在每件包装上，应当注明品名、产地、日期、供货单位，并附有质量合格的标志。

（二）包装的作用

1. 保护药品

这是药品包装的基本作用。药品从生产领域向消费领域转移的过程中，要经过运输、装卸、贮存、销售等环节，良好的包装可以使药品在空间转移和时间转移过程中避免因震动碰撞、风吹日晒而受损，保证药品完好。

2. 美化药品

"人靠衣装，佛靠金装"，消费者在选购药品时首先看到的就是药品的包装，精美的包装会对消费者产生极大的吸引力。药品经过"包装打扮"能给人以美的享受，因此精美的包装能够起到美化药品的作用。

3. 促进销售

"货卖一张皮。"美国最大的化学工业公司——杜邦公司的调查表明，有63％的消费者是根据商品的包装做出购买决定的。美观的包装本身就是一幅宣传广告，可以对消费者的视觉形成冲击，使其产生对药品质量的信赖感，提高其购买欲。人们往往是根据包装来选购药品，尤其在药品超市更是如此。因此，包装被誉为"无声的推销员"，它默默地起着宣传药品、介绍药品、激发消费者购买欲望的作用。

4. 增加利润

包装是药品质量的组成部分，优良精美的包装能提高药品的身价，满足消费者的某种心理需求，使消费者愿意付出较高的价格来购买，超出的价格往往远高于包装的附加成本。同时，由于包装完善，药品损耗减少，从而使企业的盈利增加。

5. 传递信息，指导消费

包装把药品信息传递给消费者，如药品的产品批号、生产日期等。包装既传递了信息，又起到了培训顾客、指导消费的作用。《中华人民共和国药品管理法》规定，药品包装应当按照规定印有或者贴有标签并附有说明书。标签或者说明书应当注明药品的通用名称、成分、规格、上市许可持有人及其地址、生产企业及其地址、批准文号、产品批号、生产日期、有效期、适应证或者功能主治、用法、用量、禁忌、不良反应和注意事项。

如今，药品包装的种类不断增加，批量则越来越小，个性化需求越来越多。此外，如何为老年患者提供更加便捷的服药体验至关重要。在这样的大背景下，药品包装如何创新发展，是摆在所有药品包装设计者面前的重要课题。

二、药品包装的种类

药品包装根据其在流通中的作用，可分为运输包装和销售包装两类。

（一）运输包装

运输包装又称为大包装、外包装，它是以保护药品品质安全和数量完整为目的的包装。运输包装要根据药品的不同性质和特点选用不同的包装材料和包装技术，以保证药品运输的安全。同时要注意应用现代包装方法以保证药品质量，不断提高包装质量。另外，在选用包装材料时要考虑采用体积小、重量轻、成本低、包装效果好的材料，以降低包装费用，提高包装质量。总之，运输包装要牢固。

（二）销售包装

销售包装又称为内包装、小包装，它是以促进药品销售为主要目的的包装。由于销售包装是要与消费者见面的，所以我们对它的要求就更高，具体如下。

1. 安全第一

药品包装的根本要求就是必须在各种条件下长时间地保证药品的安全性、有效性和稳定性。

2. 注意适用性和规范化

药品包装要便于识别、使用。包装应与药品的价值或质量水平相配合。我国医药包装设计水平距发达国家还存在一定差距，如药品名称和批号使用得不规范，药品标注的用途和质量标准不相符，术语使用不规范，药品过分包装，在设计上与民族文化及大众审美需求不相符，等等。这些都理应成为我国药品包装企业努力改进的方向。

3. 讲究人性化、简单实用、易操作

顾客所关注的药品包装不仅仅是包装上的图画，而是看包装是否尊重患者的感情，是否具有亲和力，是否使设计符合目标群体的品位和生活方式。那些令人赏心悦目且又有较高品位的包装自然备受青睐。但目前国内的医药包装设计很大一部分并没有考虑这些细节，这些都在某种程度上制约了医药包装行业的快速发展，这也是我国医药包装企业自身必须关注和解决的现实问题。

4. 设计新颖，美观大方

包装不仅要保护好药品，还要充当促销工具，促进销售，因此必须符合消费者的审美要求，力求设计新颖、造型美观大方、图案生动形象、不落俗套、避免模仿、雷同。在图案、造型、色彩上，必须考虑药品特定的目标消费者年龄、性别、文化等特征，使包装给目标消费者以美感享受，让人赏心悦目。

5. 药品包装的形象设计要体现观念的转变

长期以来，我国的药品包装设计已经形成了比较单一、平淡的设计框框，同类药物的包装除了文字外，仅以颜色变化来区别，加上品名不醒目，很容易混淆。这与进口及合资企业的药品包装相比，无论是在外观设计上还是在为消费者考虑方面都相形见绌。市场需要个性化的包装设计。个性化的包装既可体现产品档次，又可间接体现产品的安全卫生性。例如，千金药业生产的"妇科千金片"外包装纸盒选用芬兰林业的320克白卡纸，成型后的"妇科千金片"纸盒挺度高、成型好、货架展示效果良好，

无形中提高了产品的档次，为产品带来了较高的附加值。

6．为消费者提供使用价值

可以重复使用的包装能给消费者提供附加价值，如有的可以作为日用品，有的可以作为工艺品，有的可以作为储存用具等。

三、药品包装策略

药品生产企业为了发挥包装的促销作用，在包装设计上采取各种各样的措施，形成了不同的包装策略。包装策略主要有以下几种。

（一）类似包装策略

类似包装策略又称产品种类包装策略，是指药品生产企业将其所生产的各种不同产品在包装上采用相同的图案、近似的色彩及其他共有的特征。类似包装策略的优点是：节省包装设计费用、增加企业声势、有利于介绍新产品。类似包装策略适用于同样质量、定位类似的产品，如果质量、定位相差悬殊，则可能影响优质产品的信誉。

（二）配套包装策略

配套包装策略指药品生产企业将多种有关联的药品组合在一起，置于一个包装容器内，同时出售，如电子治疗仪、家用药箱等。这样做既便于消费者使用，也扩大了企业产品的销售量。

（三）再用包装策略

再用包装策略亦称为双重用途包装策略，即原包装的药品用完后，其包装容器可以再用。如杯形包装，空的包装瓶可以做旅行杯等。这种包装策略能激发起消费者的购买兴趣，重复使用的包装容器还可发挥广告作用。

（四）附赠包装策略

附赠包装策略指在药品包装物外面或包装物内赠送奖券、实物等，如粉状 OTC 药品附赠汤匙、杯子，感冒药附赠体温计等。这是目前市场上比较流行的包装策略，它给消费者以意外的惊喜，起到了促销的作用。

（五）改变包装策略

药品包装的改进如同药品本身改进一样对销售有着重大意义。如果与同类药品内在质量近似但销路不畅，就应注意改进包装设计；一种药品的包装已使用较长时间也应考虑推出新包装，达到扩大销售的目的。这就是改变包装策略。采用这种策略的条件是药品的内在质量达到了使用要求，否则包装再改也无济于事。

第七章 药品定价

药品定价，事关医保、患者支付能力和药企研发的积极性。药品价格作为市场营销组合的一个重要变数，也是最复杂、最敏感的一个市场因素，它的高低直接决定着药品生产经营企业的盈利水平，也决定着消费者的选择方向。定价不仅强烈影响着药品在市场上被接受的程度，影响药品能否顺利地销售，也影响着企业形象的树立，同时，价格还影响着竞争者行为。因此，在市场经济中，定价策略是企业最重要的策略。如何给自己的药品制定适当的价格，同时确定最合适的、具有足够灵活性的价格策略，就成了每一个药品上市许可持有人、药品生产企业、药品经营企业和医疗机构必须十分关心的大事。

随着国家医药招标政策的改革，带量采购、药品价格谈判等相继实施，国内企业是否有足够的利润空间和积极性持续进行研发投入，促进行业繁荣，药品监管部门值得权衡。《中华人民共和国药品管理法》第八十五条规定，依法实行市场调节价的药品，药品上市许可持有人、药品生产企业、药品经营企业和医疗机构应当按照公平、合理和诚实信用、质价相符的原则制定价格，为用药者提供价格合理的药品。药品上市许可持有人、药品生产企业、药品经营企业和医疗机构应当遵守国务院药品价格主管部门关于药品价格管理的规定，制定和标明药品零售价格，禁止暴利、价格垄断和价格欺诈等行为。

第一节 药品定价目标

一、影响药品价格的相关因素

药品价格受多种因素的影响和制约，概括起来，主要有以下几个主要方面。

（一）药品本身的价值

药品价格是药品价值的货币表现。药品价格作为价值的货币表现，主要取决于药品本身的价值。药品包含的价值量大，价格就高；包含的价值量小，价格就低。当然，价格并不完全同价值相一致，往往是在价值附近上下波动。在制定药品价格时，不能脱离药品的价值，而应以药品的价值为依据，以确保药品在交换过程中能够基本上体现等量劳动与等量劳动相交换，也就是符合等价交换的原则。

（二）药品供求关系

市场上的药品供求关系反映着药品可供量与社会购买力之间的供求状况，在药品本身的价值不变的情况下，如果供求基本平衡，药品的价格就能基本稳定；如果供不应求，价格就必然呈上涨的趋势。这就要求企业在给药品制定价格时，必须测定药品的供求状况，并以此作为药品定价的依据。只有这样，企业的药品价格才会符合供求规律的要求，才能被市场和消费者认可。

（三）需求的价格弹性

需求的价格弹性，是指需求变动对价格变动的反映程度。不同药品的需求变动受价格变动影响的程度不同。如果需求与价格以同一比例增加或减少，则需求没有弹性；如果需求变动的幅度大于价格变动的幅度，则需求富有弹性；如果需求变动的幅度小于价格变动的幅度，则需求缺乏弹性。因为价格直接影响到了市场需求，所以企业在给自己的药品定价时，必须考虑药品需求的价格弹性。

一般来说，市场没有代用药品或竞争性产品，产品享有很高的品牌威信时，需求缺乏弹性；反之，则需求弹性较大。

如果企业的药品需求弹性较大，则可以适当降低药品价格，以刺激需求，扩大销售，增加企业盈利。如果企业的药品需求弹性较小，则降价促销的作用就不明显。

（四）竞争因素

在市场经济条件下，几乎每种药品都有或多或少的竞争对手。在质量相近的同类药品中，企业的药品定价过高，就会失去消费者。如果是没有其他参与市场竞争的新药品，定价高带来的高利润会吸引大量的竞争者涌入市场，形成过度竞争状态。企业如果定价过低，一方面会减少单位药品的利润，另一方面则会引起同行不满而遭到反击，引起价格战。因此，企业定价时必须认真分析来自各方面的竞争，做到知己知彼。

企业可将竞争者的药品价格及药品情况作为自己定价的参照对象。如果自己的药品与竞争者的药品相似，那么价格也应相近；如果自己的药品比竞争者的药品好，则定价可以比竞争者略高一些；如果自己的药品比竞争者的药品差，则价格应比竞争者的药品价格低一些。

（五）消费心理

消费者在选购自己所需要的药品时，往往具有不同的心理，有的追求经济实惠，有的追求名牌药品，有的追求药品时尚和新颖等。企业定价要想使消费者接受，就必须分析这些消费者的不同心理类型，使药品价格符合其特点和变化。例如，在经济欠发达地区，人们的消费心理偏重于对物美价廉、经济实惠药品的追求，对价格十分敏感；而在经济发达地区，人们的消费心理则偏重于追求药品的疗效、品牌、档次、时尚、新颖，而对价格并不太在意。只有认识到消费者心理对价格的重要影响作用，研究和掌握了消费者的心理特征，才能制定出适当的药品价格。

二、药品的定价目标

所谓药品的定价目标，就是药品的价格实现以后药品生产企业应达到的目的。定价目标的确定必须服从于企业营销总目标，并且与其他营销目标相协调。由于各个制药企业内部条件和外部所处的经营环境不同，企业定价目标也是多种多样的。定价目标主要有以下几种。

（一）以利润达到投资额的一定比例为目标

以利润达到投资额的一定比例为目标，即以实现预期的投资收益率为定价目标。投资收益率反映着企业的投资效益，它是根据企业投资额期望得到的一定比例（毛利润或税后净利润）计算的，因此在实际工作中常常称之为资本利润率。投资收益目标是一种企业注重长期利润的定价决策目标，它所追求的是长期而稳定的企业收益。这种定价目标常被同行业中较大的或处于龙头地位的企业所采用。因为大企业投资大，如何尽快收回投资是企业经营决策者优先考虑的问题。如果按投资额的一定比例计算利润，既能保证投资如期收回，又能使其价格得到同业和消费者的认可，那么这种定价目标对企业来说是非常适宜的。因为这种定价目标不仅能保证企业的预期效益得到实现，又有助于树立企业和产品的良好声誉和形象。在美国，许多公司把达到投资收益目标作为企业定价的主要目标之一。

（二）以追求最高利润为目标

以追求最高利润为定价目标在许多企业中是经常采用的，但是能否获得最大利润不是由企业主观臆断的，而是由企业是否具备获得最大利润的条件决定的。因此，采用以最大利润为目标的企业必须具备以下两个条件：一是企业在市场竞争中具有相当优势并在长期内优势不易丧失；二是同业竞争对手还不能迅速做出有力的挑战。以最高利润为目标的定价决策，实际上是通过制定产品高价来提高产品单位利润率，追求经营期内的最高利润。当企业在市场上处于领先地位或垄断地位，或企业具有极大的竞争优势时，常常采用这种定价目标。

（三）以保持或提高市场占有率为目标

保持或提高市场占有率，是许多企业都采用的定价目标，因为市场占有率是企业经营状况和产品竞争力状况的综合反映。较高的市场占有率可以保证企业产品的销路，可以巩固企业的市场地位，从而使企业的利润稳步增长。从市场营销实际情况看，凡是以维持或扩大市场份额作为定价目标的企业，其产品价格一般要略低于同类产品。因为当定价成为市场营销和市场竞争的主要因素时，较低的价格可以吸引用户，只有略低于同类产品，才能有较强的竞争能力，才能在消费者心目中树立起物美价廉的形象，最终实现扩大市场份额的目的。

（四）以稳定价格、适应和避免竞争为目标

以稳定价格、适应和避免竞争作为企业的定价目标通常有三种情况。一是在价格下跌的情况下，企业希望保持价格水平的稳定。例如，在较大范围、较长时期的供大于求的条件下，激烈的市场竞争常常使各个企业竞相削减各自的价格，这时市场价格对消费者十分有利，而企业的利润则难以实现甚至亏本。为了避免这种情况的出现，一些企业尤其是大企业希望自己经营药品的市场价格保持稳定，以利于目标利润的实现。在这种情况下，稳定价格的目标常常被行业中能够左右市场价格的领袖企业所采用。由于领袖企业保持价格的稳定，经营同类药品的其他企业必须与之看齐，这样有利于整个行业产品价格的稳定。二是在市场竞争和供求关系比较正常的情况下，经营者为了稳定地占领市场，避免不必要的市场价格竞争，往往以稳定价格为定价目标。这是一种从长远利益考虑的做法，其优点是减少风险，取得合理利润。三是在药品供不应求的情况下，其他企业药品价格纷纷上涨，企业为了扩大市场份额和树立良好的企业形象，从价格策略考虑而采取稳定价格的定价目标。在这种情况下，企业之所以采取这种目标，是为了牺牲短期的收益，而通过垄断目标市场后获取长期的更大的利益。

（五）以提高企业及药品品牌形象为目标

实现这种目标的途径有两种。一是高价策略。某些品牌由于品质或工艺上乘，为

某一层次的特定消费群体所接受，可以不拘泥于实际成本而制定一个较高的价格，以维持和扩大药品声誉。例如，名牌有较高的身价，除因为它本身所具有的经济价值外，还因为其具有品牌的精神价值、增值价值等无形资产价值。它能满足某类消费者的生理需要，更能以高贵的名牌形象满足他们的心理需要和精神需要，因此，高价是认知价值的体现，能为该类消费者所接受。二是平价或大众化价格。就广大消费者而言，物美价廉、经济实惠永远是他们消费追求的目标。正如曾在葛兰素史克供职的比尔·盖茨和梅琳达·盖茨基金会全球健康项目总裁山田太一（Tachi Yamada）所说："制药企业必须认识到，它们必须承担起对穷人所应承担的责任，才有可能存活下来。"通过这种价格定位树立企业价格形象，从而吸引消费者。这种形象的无形资产并不转移到价格内，而是通过扩大销售量来获得比同行更多的额外利润，也就是我们所说的"名牌＝民牌"。各地的廉价药房、平价药品超市就是这种定价目标的体现。

（六）以生存为定价目标

如果企业遇上生产力过剩或激烈竞争或者要改变消费者的需求时，它们必须把维持生存作为其主要目标。为了使企业继续生存或使存货能出手，它们必须定一个低价，并希望市场是敏感型的。利润比起生存来要次要得多。只要它们的价格能够弥补可变成本和一些固定成本，它们就能够维持企业生存。但从长远来看，企业必须学会怎样增加价值，否则将面临破产。

第二节 药品定价策略

一、药品定价策略分类

所谓药品定价策略，是指药品生产经营企业根据医药市场中不同变化因素对药品价格的影响程度采用不同的定价方法，制定出适合市场变化的药品价格，进而实现定价目标的企业营销战术。由于药品生产经营企业所处的市场状况和产品渠道等条件不同，定价策略也不同。企业可选择的定价策略主要有以下几种。

(一)新药品定价策略

1. 取脂定价策略

取脂定价策略又称撇油定价策略，其名称来自于从鲜奶中撇取乳脂，含有提取精华之意，是针对新药品的定价策略，指药品生产企业在药品寿命周期的导入期或成长期，利用消费者的求新、求奇心理，抓住激烈竞争尚未出现的有利时机，有目的地将价格定得很高，以便在短期内获取尽可能多的利润，尽快收回投资的一种定价策略。采用这种策略应具备以下条件：

（1）新药品有足够的购买者而且购买者愿意接受较高的价格；

（2）新药品仿制困难，使得竞争者难以迅速进入市场；

（3）新药品与同类药品、替代药品相比具有较大的优势和不可替代的功能。

（4）新药品采取高价策略获得的利润足以补偿因高价造成需求减少所带来的损失。

2. 渗透定价策略

渗透定价策略又称低价策略，它和取脂定价策略相反，是将投入市场的药品价格定得尽可能低，使药品迅速被顾客接受，迅速打开和扩大市场，在价格上取得竞争优势。这种策略的优点是：企业能够利用药品价格优势迅速打开市场销路，占领市场，同时，较低的价格还能排斥竞争者的介入，可以较长时间地占领市场。这种策略的缺点是：企业由于是低价策略，实行"薄利多销"，所以需要较长时间才能收回投资，造成投资报酬率低；另外，由于药品价格较低，容易在消费者心目中造成低档药品的印象。

(二)心理定价策略

心理定价策略，是指药品生产企业定价时运用心理学的原理，利用消费者不同的心理需要和对不同价格的感受来制定价格。心理定价策略的具体形式有以下几种。

1. 尾数定价

尾数定价又称零头定价，是指企业针对的是消费者的求廉心理，在商品定价时有意定一个与整数有一定差额的价格。这是一种利用消费者的直观错觉、具有强烈刺激作用的心理定价策略，这种定价方法多适用于中低档药品。

心理学家的研究表明，非整数定价与整数定价给消费者的心理信息是不同的。价格尾数的微小差别能够明显影响消费者的购买行为。一般认为，五元以下的商品，尾数为9最受欢迎；五元以上的商品，尾数为9、5效果最佳；百元以上的商品，尾数为98、99最为畅销。尾数定价法会给消费者一种经过精确计算的最低价格的心理感觉，有时也可以给消费者一种原价打了折扣、商品便宜的感觉，同时，顾客在等候找零期间，也可能会发现和选购其他商品。如某品牌的54 cm彩电标价998元，给人以便宜的感觉。认为只要几百元就能买一台彩电，其实它比1000元只少了2元。尾数定价还给人一种定价精确、值得信赖的感觉。

尾数定价在欧美国家及我国常以奇数为尾数，如0.99、9.95等，这主要是因为消费者对奇数有好感，容易产生一种价格低廉、价格向下的感觉。

2．弧形数字定价

"8"与"发"虽毫不相干，但宁可信其有，不可信其无，满足消费者的心理需求总是对的。据国外市场调查发现，在生意兴隆的商场、超级市场中商品定价时所用的数字，按其使用的频率排序，先后依次是5、8、0、3、6、9、2、4、7、1。这种现象不是偶然出现的，究其根源是顾客消费心理的作用。带有弧形线条的数字，如5、8、0、3、6等似乎不带有刺激感，易为顾客接受；而不带有弧形线条的数字，如1、7、4等比较而言就不大受欢迎。所以，在商场、超级市场商品销售价格中，8、5等数字最常出现，而1、4、7则出现次数少得多。在价格的数字应用上，应结合我国国情。很多人喜欢8这个数字，并认为它会给自己带来发财的好运；4字因为与"死"同音，被人忌讳；7字，人们一般感觉不舒心；6字，因中国老百姓有六六大顺的说法，因此比较受欢迎。

3．整数定价

"疾风知劲草，好马配好鞍。"有些高档药品的购买者，一般都有显示其身份、地位的心理欲求，整数定价正迎合了购买者的这种心理。对于高档药品、稀缺药品等宜采用整数定价方法，给顾客一种"一分价钱一分货"的感觉，借以树立药品的形象。

4．声望定价

消费者一般都有求名望的心理，声望定价就是利用药店或药品在消费者中的良好声望，为药品制定比市场同类药品价高的价格，这种策略即为声望定价策略。它能有效地消除购买心理障碍，使顾客对药品或零售商产生信任感，顾客也从中得到荣誉感。

声望定价往往采用整数定价方式，其高昂的价格能使顾客产生质价相符的感觉，从而在购买过程中得到精神上的享受，达到良好效果。

用声望定价策略必须慎重，一般药店、一般药品若滥用此法，弄不好便会失去市场。有良好声望的药店用此方法，利润会来得更快、更高。

5．招徕定价

招徕定价又称特价药品定价，是一种有意将少数药品降价以招徕吸引顾客，增加对其他药品的连带性销售的定价方式。药品的价格定得低于市价，一般都能引起消费者的注意，这是适合消费者"求廉"心理的。采用这种策略要注意用来招徕顾客的特价药必须是大多数家庭都需要的，而且市场价格为大多数顾客所熟悉。

6. 习惯定价

市场上的很多药品，消费者经常购买，对它非常熟悉，对其价格也形成了认知习惯，这就是习惯价格。企业对形成习惯价格的药品，不能随意调价，如果随意抬高价格，会引起消费者的不满，造成购买力转移；如果随意降低价格，则会引起消费者对药品品质的怀疑，也会影响到药品销售。因此，企业对药品的习惯价格要承认其合理性，尊重消费者的习惯心理，在较长时间内保持其稳定状态。如企业因不可抗拒因素影响（如生产要素的大幅度涨价等），习惯价格必须调整，企业也要做好宣传解释工作，求得消费者谅解，以期形成新的习惯价格。

（三）折扣定价策略

折扣定价策略，就是通过降低一部分价格以争取顾客的策略。在现代商业竞争中，谁留住了顾客谁就是赢家，对药品经营企业来说更是这样。为了留住回头客，药店可考虑给顾客提供折扣，这样就可以凝聚人气，提高药店的销售额。当然，根据我国《企业会计制度》等法规规定，正常销售"折让"和"现金折扣"只有通过规范开票、如实入账才是合法的；如果药品经营者给付或收受的"折让""现金折扣"等销售奖励不依法如实记载，就是违法的。折扣主要有以下几种。

1. 现金折扣

现金折扣是指药品生产经营企业对按约定日期以现金付款或提前以现金付款的购买者，按原定价格给予一定折扣的方法出售药品。它的目的是鼓励购买者早日以现金付款。采取这种方法可以使企业及早收回货款，加速资金周转，减少企业呆账，有利于企业扩大经营。

2. 数量折扣

数量折扣，就是企业根据购买者购买药品数量的多少或者金额的大小，分别给予大小不同的折扣。企业采取数量折扣定价，目的在于鼓励购买者大量购买本企业的药品。

数量折扣主要有以下两种形式。

（1）累计折扣，就是在一定时期内，按照购货累计达到的数量的多少或金额的大小给予不同的折扣。累计数量折扣可以鼓励购买者长期购买，使之成为企业的老客户。购买者为了获得较高的折扣，往往在一定时间内尽可能多地购买同一企业的药品。这样，企业就培养了"老客户"。

（2）非累计折扣，又称为一次性购买折扣，就是指药品生产经营企业根据购买者每次购买药品数量的多少定折扣，当购买者每次购买的药品数量达到企业规定的水平时，就给予一定的折扣优惠。企业采用非累计数量折扣定价，旨在鼓励购买者大量购买本企业药品，培养"大客户"。

3. 功能折扣

功能折扣，是药品生产经营企业根据中间商在药品流通中所承担的不同功能而给予不同的折扣。企业之所以给中间商不同的折扣，是因为批发商和零售商在药品流通中的作用和功能不同。

4. 季节折扣

生产经营季节性药品的企业，对销售淡季前来购货的买主给予价格上的折扣，以鼓励他们提前大量采购，减轻了企业的仓储压力。企业也可以用季节折扣来吸引消费者淡季购买，保证企业的生产和销售始终能够保持较稳定状态。

（四）差别定价策略

差别定价策略，也叫"价格歧视"，就是药品生产经营企业按照两种或两种以上不反映成本费用上的比例差异的价格销售某种药品。随着药品市场竞争的发展，差别定价有较大发展空间。国外一些公司已经在采用依据人均收入区别定价的方法，向贫穷国家提供价格较低的药品。例如默沙东公司治疗2型糖尿病的重磅炸弹药物二肽基肽酶-4（DDP-4）抑制剂，在印度的销售价格只是美国的零头。正如麻省理工学院供应链管理学教授帕山·亚达夫（Prashant Yadav）所言："将来药品价格的差异不仅应当体现在发达国家与发展中国家之间，还应体现在发展中国家内部。"换言之，印度中产阶级病人应当比乡村里的穷人花更多的钱。诺华和葛兰素史克也在考虑差别定价的问题。

差别定价策略主要有以下几种形式。

1. 按不同顾客差别定价

这种定价形式就是企业将同一种药品以不同的价格出售给不同的消费者。有些制药企业和药店对新老顾客实行不同的价格等，就属于差别定价。

2. 按药品的不同式样差别定价

这种定价形式就是对同一质量和成本而包装不同的药品制定不同的价格。如国内药品市场中，某些药品成分、疗效基本相同，只是包装稍有差异，其价格却相差较大。这种差别价格主要由市场对该药品的需求状况而定，它对某些流行性药品效果尤其显著。

3. 按不同的销售时间差别定价

这种定价形式就是对同一药品在不同季节、不同日期制定不同的价格，如药品在销售淡、旺季的价格差别。

4. 按不同地区差别定价

这种定价形式就是根据不同地区对某种药品的不同需求弹性，制定该药品在不同地区的销售价格。如对那些经济较发达、收入水平较高，并且需求价格弹性小的地区实行高价；反之，则实行低价。

二、药品定价方法

药品定价方法是指在一定的定价目标指导下，运用定价策略，对药品价格进行具体计算的方法。定价方法的选择正确与否，关系着企业定价目标能否实现。药品价格受到诸多因素影响，企业制定价格的时候往往不能面面俱到，只能侧重于某一个方面的因素。定价方法大体有以下几种。

（一）成本加成定价法

成本加成定价法指按照单位成本加上一定百分比的加成制定药品价格。这种定价方法把所有为生产某种药品而发生的耗费均计入成本的范围，计算单位药品的变动成本，合理分摊相应的固定成本，再按一定的目标利润率来决定价格。采用成本加成定价法，确定合理的成本利润率是一个关键问题，而成本利润率的确定必须考虑市场环境、行业特点等多种因素。某一行业的某一产品在特定市场以相同的价格出售时，成本低的企业能够获得较高的利润率，并且在进行价格竞争时可以拥有更大的回旋空间。

成本加成定价法的优点在于：

（1）这种方法简化了定价工作，便于企业开展经济核算；

（2）若所有企业都使用这种定价方法，它们的价格就会趋于相似，因而价格竞争就会减到最少；

（3）在成本加成的基础上制定出来的价格对买方和卖方来说都比较公平，卖方能得到正常利润，买方也不会觉得受到了额外剥削。

（二）边际成本定价法

边际成本是指每增加或减少单位产品所引起的总成本的变化量。由于边际成本与变动成本比较接近，而变动成本的计算更容易一些，所以在实际定价时多用变动成本替代边际成本，而将边际成本定价法称为变动成本定价法。采用边际成本定价法时是以单位产品变动成本作为定价依据和可接受价格的最低界限。在价格高于变动成本的情况下，企业出售产品的收入除完全补偿变动成本外，尚可用来补偿一部分固定成本，甚至可能提供利润。边际成本定价法改变了售价低于总成本便拒绝交易的传统做法，在竞争激烈的市场条件下具有极大的定价灵活性，对于有效地应对竞争、开拓新市场、调节需求的季节差异、形成最优产品组合可以发挥巨大的作用。但是，过低的成本有可能被指控为从事不正当竞争并招致竞争者的报复，在国际市场则易被进口国认定为"倾销"，产品价格会因"反倾销税"的征收而畸形上升，使结果适得其反。

（三）盈亏平衡定价法

在销量既定的条件下，企业产品的价格必须达到一定的水平才能做到盈亏平衡、收支相抵，既定的销量就称为盈亏平衡点、保本点，这种制定价格的方法就称为盈亏平衡定价法。

以盈亏平衡点确定价格只能使企业的生产耗费得以补偿，而不能得到收益。因此，在实际中均将盈亏平衡点价格作为价格的最低限度，通常在加上单位产品目标利润后才作为最终市场价格。有时，为了开展价格竞争或应付供过于求的市场格局，企业通常采用这种定价方式，以取得市场竞争的主动权。

（四）随行就市定价法

在垄断竞争和完全竞争的市场结构条件下，任何一家企业都无法凭借自己的实力在市场上取得绝对的优势。为了避免竞争特别是价格竞争带来的损失，大多数企业都采用随行就市定价法，即将本企业某产品价格保持在市场平均价格水平上，利用这样的价格来获得平均报酬。此外，采用随行就市定价法，企业就不必去全面了解消费者对不同价差的反应，也不会引起价格波动。

（五）产品差别定价法

产品差别定价法是指企业通过不同营销努力，使同种同质的产品在消费者心目中树立起不同的产品形象，进而根据自身特点，选取低于或高于竞争者的价格作为本企业产品价格。因此，产品差别定价法是一种进攻性的定价方法。产品差别定价法的运用，首先，要求企业必须具备一定的实力，在某一行业或某一区域市场占有较大的市场份额，消费者能够将企业产品与企业本身联系起来。其次，在质量大体相同的条件下实行差别定价是有限的，尤其对于定位为"质优价高"形象的企业来说，必须支付较大的广告、包装和售后服务方面的费用。因此，从长远来看，企业只有通过提高产品质量，才能真正赢得消费者的信任，才能在竞争中立于不败之地。

（六）逆向定价法

这种定价方法主要不是考虑产品成本，而是重点考虑需求状况。依据消费者能够接受的最终销售价格，逆向推算出中间商的批发价和生产企业的出厂价格。逆向定法的特点是：价格能反映市场需求情况，有利于加强与中间商的良好关系，保证中间商的正常利润，使产品迅速向市场渗透，并可根据市场供求情况及时调整，定价比较灵活。

三、药品价格调整

价格调整有两种形式：提价或降价。提价是在原有价格上追加零售价格，这是在需求出乎意料地好时或成本上升时运用的。药品生产经营企业最常用的价格调整方式是降价。

消费者往往从不同的角度来理解和解释降价，如药品将被更新的规格型号所替代；药品退货量大，库存积压；药品的销售旺季已过；陷入财政困难。这些解释对药品生产经营者的降价销售都会带来不利影响，并且可能损害药品生产经营企业的形象，所以很有必要实施降价控制。

（一）降价控制技巧

（1）确定药品的降价幅度时，应以药品的需求弹性为依据。需求弹性大的药品只要有较小的降价幅度就可以使药品销量大增，需求弹性小的药品则需要较大的调价幅度才会扩大销售量。

（2）由于需求弹性小的药品降价可能会引起销售收入和销售利润的减少，所以掌握调价幅度时要慎重。

（3）调价时应考虑的最重要的因素还是消费者的反应，因为调整药品的价格是为了促使消费者购买药品，只有根据消费者的反应调价才能收到好的效果。

（4）实施降价控制时，必须能对降价做出估计并修改最近各期的进货计划，以反映每次实行降价的理由。实施降价控制能使管理人员对各项政策的执行情况进行检查，如检查药品的储备方式、检查最近的新药品验收情况等。

（二）降价时机选择

降价时机的选择是非常重要的。在很多情况下某种药品必须降价，但是做出决定却关系重大，要考虑时机的选择，考虑如何迅速地贯彻执行。

1. 早降价

有较高存货周转率的药店（连锁店）一般都会采用早降价策略，实行早降价有以下好处。

（1）可以在还有一定市场需求的情况下顺利地将药品降价出售。

（2）与在销路好的季节后期降价相比较，实行早降价的策略只需要较小的降价幅度就可以把药品卖出去。

（3）可以为新药品腾出销售空间。

（4）可以改善现金流动状况。

2．迟降价

季节性药品在季末的时候打折出售可能会亏本，但所收回的货款可以再投资到其他药品上，再创销售机会，这样总比把药品积压八九个月要好得多。

3．交错降价

交错降价就是在销路好的整个季节期间将价格逐步降低。这种方式往往和"自动降价计划"结合运用。在自动降价计划中，降价的幅度和时机选择是受药品库存时间的长短所制约的。

4．全店出清存货

全店出清存货是药店（连锁店）定期降价的一种方式，通常一年进行两三次。这种策略可避免频繁降价对药品正常销售的干扰，其目的是实时盘存，在下一季节开始之前把药品销售出去。

第八章　药品分销渠道策略

"此山是我开，此树是我栽。要想从此过，留下买路财！"这虽然是句玩笑话，但也说明了一个道理：渠道就是"霸权"！在日趋白热化的市场竞争中，分销渠道策略正悄悄崛起，成为营销革命中的焦点话题。实践也证明，关注市场分销渠道并对其进行适当的设计和管理，也可以创造出更强大的竞争优势；反之，若忽视渠道战略，企业将失去竞争能力。

第一节　一般商品的分销渠道及其类型

一、分销渠道及相关概念

（一）分销渠道

美国市场营销学权威菲利普·科特勒曾撰文指出：营销渠道是指某种货物或劳务从生产者向消费者移动时，取得这种货物或劳务所有权或帮助转移其所有权的所有企业或个人。

分销渠道是指商品从生产者向消费者转移所经过的通道，这个通道由一系列的市场分销机构或个人组成，换言之，分销渠道就是一切与提供商品以供消费者使用或消费这一过程有关的一套相互依存的机构。

分销渠道的起点是商品生产者，终点是消费者，中间环节有各类批发商、代理商、零售商、销售人员。分销渠道的起点是商品生产者，终点是消费者，参与者是商品流通过程中各种类型的中间商；分销的前提是商品所有权的转移。

(二)医药代表

医药代表是指代表药品上市许可持有人(即持有药品批准文号的企业)在中华人民共和国境内从事药品信息传递、沟通、反馈的专业人员。

进口药品总代理商可以代理境外药品上市许可持有人负责医药代表的登记备案管理工作。药品销售人员不属于医药代表。

医药代表在国际上的起源是专门为药企做药品市场应用推广的职业,而传到我国之后,医药代表被赋予了开发市场和客户等职责,部分医药代表迫于药企的压力采取种种不正当方式与医疗机构进行沟通,不仅影响了医疗机构与患者的关系,也扰乱了正常的医疗秩序,严重影响了医药代表职业在我国医药行业中的健康发展。为净化医药代表队伍,规范医药代表管理已提上日程,为此,我国制定颁布了《医药代表备案管理办法(试行)》,自2020年12月1日起施行。如何合规进行药品销售也成为当前医药营销所面临的巨大挑战。

过去医药代表主要开发和维护与医院医生的关系,与医院医生进行交易。随着医改的深入推进,医药代表需要从"关系型"和"交易型"向"技术型"转变。

医药代表的主要工作任务是拟订医药产品推广计划和方案,向医务人员传递医药产品相关信息,协助医务人员合理使用本企业医药产品,收集、反馈药品临床使用情况及医院需求信息。

医药代表可通过下列形式开展学术推广等活动:
(1)在医疗机构当面与医务人员和药事人员沟通;
(2)举办学术会议、讲座;
(3)提供学术资料;
(4)通过互联网或者电话会议沟通;
(5)医疗机构同意的其他形式。

从事学术推广等活动前,应由药品上市许可持有人向医疗机构提出申请(或发出院外活动邀请),获得医疗机构批准同意后方可进行。

医药代表不得有下列情形:
(1)未经备案开展学术推广等活动;
(2)未经医疗机构同意开展学术推广等活动;
(3)承担药品销售任务,实施收款和处理购销票据等销售行为;
(4)参与统计医生个人开具的药品处方数量;
(5)对医疗机构内设部门和个人直接提供捐赠、资助、赞助;
(6)误导医生使用药品,夸大或者误导疗效,隐匿药品已知的不良反应信息或者隐瞒医生反馈的不良反应信息；

（7）其他干预或者影响临床合理用药的行为。

药品上市许可持有人应当对所聘用或者授权的医药代表严格履行管理责任，严禁医药代表存在上述情形。对存在上述情形的医药代表，药品上市许可持有人应当及时予以纠正；情节严重的，应当暂停授权其开展学术推广等活动，并对其进行岗位培训，考核合格后重新确认授权。

（三）药店代表

药店代表是随着改革开放的发展和药品销售体制的演变而产生的。自20世纪80年代中期国内合资药厂设立医药代表从事药品销售经营以来，到20世纪90年代初期，我国的市场经济成分进一步扩大，合资制药企业越来越多，同时，更多的国营医药企业走上了自产自销之路，这样，中国的药品销售队伍不断壮大。随着中国经济的发展，人民群众的生活水平和健康意识不断提高，病人对处方药，尤其是常识性的日常药品，如感冒药、咳嗽药、腹泻药等，逐渐有了较多的认知和了解，判别能力提高，并养成了对某些日常药品的用药习惯，再加上医药企业药品广告宣传力度加大，对人们的诱导、渗透、影响作用加强，使得部分OTC药品消费者逐渐从医生的处方下脱离出来，独立到零售药店购买所需的药品。

自20世纪90年代中期开始，部分合资企业，如西安杨森、上海施贵宝、天津史克、上海强生等，不再满足于对医院的销售工作，开始拓宽零售市场，率先组建了面向药店的零售队伍，覆盖零售药店，扩大零售领域，这就是早期的药店代表。随着时间的推移，越来越多的企业建立了药店代表。

时至今日，药店代表在药品销售中的作用愈来愈大，愈来愈不容忽视。

二、一般商品分销渠道的类型

分销渠道的组织形式和数量不同，渠道类型就不同。我们可以从不同角度来认识一般商品的分销渠道。

（一）经销制渠道、代理制渠道与直销渠道

1. 经销制渠道

（1）三级分销体系：生产者→多级经销商（通常是省级经销商、地市级经销商、县级经销商）→零售终端→消费者。这是最传统的商品分销体系，是指商品出厂后严格遵从由多级经销商（通常是省级总经销、地市级经销商、县级经销商）批发转卖到零售终端，然后再由零售终端出售给消费者的一种销售模式。因为这种模式从上游到

下游呈漏斗型，包含了由生产厂家到多级经销商，由多级经销商到零售终端，再由零售终端到最终消费者这三个层级的分销环节，所以通常被称为三级分销体系。

显而易见，三级分销模式是一种高重心的营销模式。在这个分销体系中，从上游到下游呈漏斗型，上游的分销客户总是比下游的分销客户规模要大、实力要强。整个分销体系的重心处在位于流通渠道上游的中间商（即省、地市、县级经销商），这也就决定了在商品销售过程中该体系的重点客户是经销商，而非零售终端，更不是消费者。重点工作是向经销商批量调拨商品，而不是协同零售终端使产品实现最终销售。

众多的商品生产厂家之所以普遍采取三级分销模式，除了历史原因外，更重要的是这种营销模式实现的是经销大户的批量销售，销售数量多，业务笔数少，客户规模大、数量少；区域营销的主要管理对象就是总经销商，非常便于市场营销工作的开展和客户日常管理工作的进行；在降低应收账款管理成本和风险上具有其他深度分销、密集分销等模式所不能及的优势。

但是，随着营销环境的变化以及整体营销水平的发展，三级分销这种营销模式的弊端也日渐显现出来。

首先，它虽然带来了批量销售，但那并非真正意义上的销售，而只是存放产品的仓库发生了转移而已，同时，这些所谓的批量销售也都是产品的自然销售，而非通过商品供应商的主动推广宣传来实现。

其次，由于流通环节太多，从总经销商到二、三级经销商，产品每进入下一个流通环节，其销售价格势必上扬，层层加价使得经营商品的利润空间逐级缩小，到了终端销售环节，利润空间对经营者毫无吸引力，这非常不利于商品销售。

再次，商品从生产厂家的仓库到消费者手上通常必须经过5个大的流通环节。过多的流通环节会影响产品的上市速度，特别是大大降低了新商品进入终端与消费者见面的速度，从而延误了产品的最佳销售时机，延长了资金的回笼周期。

（2）终端直营模式：生产企业→零售终端→消费者。终端直营是指商品生产厂家从源头上压缩产品的流通环节，抛开各级中间商，直接运作零售终端。这样，产品销售的利润空间就掌握在生产商手中。

这种做法一方面有利于生产厂家将终端促销、客情维护、卖场陈列、店员培训等实现最终销售的关键环节都做到位；另一方面，也有利于集中人、财、物宣传自身企业，树立品牌形象，最终形成品牌产品的营销优势。

这种模式需要一定的利润空间和营销经费作为支持，比较适合于那些销售新特商品或资金实力较雄厚的企业。

（3）厂商终端联盟模式：生产企业→省级经销商→零售终端→消费者。越来越多的省级总经销商开始在自由市场上自建终端营销队伍，越过二、三级批发商或区级配送商，将销售矛头直接指向零售终端。这样一方面便于对代理的产品进行精耕细作，以赢得更多更好的产品经销代理权；另一方面也便于以更加精细化的服务吸引能给自己带来最终销售的终端型客户。从实际情况来看，很多生产商都乐意与这样的经销代理商结成一种营销联盟：由熟悉渠道的经销商来负责渠道疏通工作（主要是产品的进场、分店的配送、商品上柜等让消费者"买得到"的前期工作），自己因为熟悉产品（或产品的营销思路和政策）则负责产品的促销工作（主要是软硬终端的建设、客情关系的维护、终端卖场的促销等，让消费者"愿意买"、让店员"愿意卖"等后期跟进工作）。

（4）连锁店模式：生产企业→连锁总店→连锁分店→商品消费者。这种模式就是商品生产企业把商品批发给连锁总店，再由连锁总店派送到各个分店，由连锁分店把商品出售给消费者。这种渠道可以节约商品生产企业的销售时间和销售费用，也节约了零售企业的进货时间和费用。

（5）商场超市内设商品专柜：生产企业→经销商→商品专柜→商品消费者。这种模式是商品生产企业把商品转卖给经销商，再通过经销商的商品专柜到达消费者手中。这种渠道有利于新产品与原有商品组合销售，便于消费者购买，促进销售，扩大销量。

（6）分公司渠道：生产企业→分公司→商品消费者。这种模式就是商品生产企业在各个地市直接设立分公司，以分公司为据点，采用会议营销的运作模式，聚集目标消费者，介绍和推荐新产品，亦是进行新产品的宣传和推广。在此模式下，分公司集物流、仓储、渠道、终端和销售于一体，其员工成为真正意义上的营业代表，直接面对消费者进行产品的销售以及后期的跟踪服务。这种模式易于快速抢占区域市场，构建市场攻势。上海绿谷实业集团运作绿谷灵芝胶囊和中华灵芝宝两种产品的市场营销模式就是最好的例子。

2．代理制渠道

（1）独家代理制渠道。这是外资公司进入中国市场使用较多的一种代理渠道。所谓独家代理制，就是在一个较大的市场上或较多的区域内只选定一家代理商，由代理商"布点"，构建销售网络。

① 独家代理商获得唯一授权，既可以承担生产者一种产品的市场拓展任务，也可以承担生产者的产品线的拓展任务。采用这种渠道对代理商的要求很高。

② 代理商要有较强的"布点"能力，即在较短时间内可以发展若干有实力的经销商或二级代理商。

③ 代理商具有技术咨询指导与系统设计能力，指导经销商运作并直接为客户服务。

④ 代理商可以在统一市场促销决策中发挥作用。

独家代理制渠道的优点是统一管理、协调运作、分销环节简便、效率高，其缺点是缺乏竞争意识、缺乏针对性和灵活性。

（2）多家代理制渠道。所谓多家代理制，就是在一个较大的市场上或较多的区域内选择两家以上代理商，由他们分别去布点，形成销售网络。

该渠道的优点是：减少销售中间环节，帮助生产厂家迅速铺货，占领市场的速度较快；加强了营销的针对性；鼓励了代理商之间的竞争，提高了效率。其缺点是：众多代理商与生产厂家在直接联系的过程中很可能因取得的货源与服务不平衡而造成矛盾；代理商之间也可能因供应范围的界定不清而产生过度竞争，导致低效率；另外，分销渠道的管理难度较大，管理成本较高。

3. 直销渠道

直销渠道是指商品生产厂家跳过所有经销商、零售商环节，直接向最终消费者出售产品的一种销售模式。

（二）自建渠道与互借渠道

1. 自建渠道

所谓自建渠道，就是商品生产企业设立一个销售总公司，下边设立销售分公司，再往下设立经营部或办事处，由这些经营部或办事处在当地发展经销商，通过这些经销商在当地的卖场、终端实现销售。有时候企业也直接建专卖店进行销售，主要目的往往不是销售，而是形象展示。

自建渠道也不是"万金油"，企业需要投入大量的人力、物力、财力，也面临一定的风险。一般来说，自建渠道必须具备以下条件：

（1）企业必须拥有雄厚的经济实力；

（2）商品拥有较高的品牌号召力和较稳定的消费群体；

（3）商品不仅要有销量，而且利润率不能太低，否则难以维系渠道的可持续发展；

（4）自建渠道要形成规模效应，以便企业在整个配送和经营过程中做到成本最优化。

自建渠道还要考虑以下几点。

（1）竞争对手的渠道软档在哪里。

（2）何时打击竞争对手的渠道软档。最佳时机一般是对手的战略急剧变化、新产品上市、淡旺季的波动、渠道进行重大调整、营销人员大量流失、危机事件突如其来等。

（3）打击竞争对手的渠道软档主要有两种做法，一种是用渠道来打击渠道，所用的工具包括价差、返点、渠道促销、信用政策、区域范围、助促力度、客情关系、终端支持等的巧妙组合；另一种是用营销来打击渠道，多以杀伤性的价格和震撼性的传播来打开竞争对手的渠道软档。

2．互借渠道

商品经销商相互联合、相互借用渠道在现在的商品营销中是行得通的。通过资源互补可以弥补渠道结构不合理的缺陷，同时扩展商品的销售空间。

互借渠道要有一定的基础，具体说来，互借渠道要考虑以下四个因素。

（1）以诚信作为合作的基石。不同的经销商拥有不同的资源优势，互借渠道可以实现共赢。但在现代商业中，共赢的首要前提是诚信。如果经销商非常在乎互借渠道"我能得到什么"，而不是互借渠道后"我们一起能得到什么"，就会给以后的合作埋下隐患。互借渠道并不是把自己现有的客户全部交给对方，而是把自己经营的商品按渠道归类，然后把适合对方渠道的商品和对方适合自己渠道的商品进行互换。这就要求双方必须讲诚信，没有诚信，就失去了合作的基础。

（2）选择差异性的产品。因为是相互借用渠道，那么经销商应尽可能找有差异性的产品来进行渠道互借。为什么要选择有差异性的产品呢？原因是虽然销售渠道不同，但是如果产品的定位相似，互借渠道就会影响原来的产品销售，就不能"兼容"。所以，互借渠道的经销商要调配产品的品种，做到品种有差异，对双方的渠道销售都有好处，从而达到增加销量的目的。因为多品种可以让分销客户有更多选择进货的机会，对原来的商品销售是有帮助的。

（3）掌控好自己的渠道。在互借渠道的过程中，经销商最好不要用现金结算的方式，而是将双方经销的商品进行等价互换。比如说，做大流通的经销商原来的商品通过走量来获得利润，如果借用了终端网络，商品的利润必然比原来有所增加；而做终端的经销商通过借用流通渠道的网络资源，可以拉升商品销量。

虽然渠道互借了，但是控制渠道的权力和操作仍然归各自的经销商，这一点对经销商来说非常重要，千万不要通过互借占领别人的"地盘"，因为没有人会通过互借方式来放弃对自己渠道的控制。

（4）利润分配达成共识。销售商品就会产生利润，但是，做大流通的经销商和做终端的经销商对利润的认知度有差异。因为做惯大流通的经销商们追求的是薄利多销、快速流通，让资金快速滚动，追求销量的最大化，而做终端的经销商强调产品利润的最大化，所以，在这一点上互借渠道的经销商对利润的分配达成共识才能友好地合作。

第二节 "两票制"背景下医药企业的分销渠道

一、我国医药企业销售模式的发展

改革开放以前,在计划经济条件下,药品生产和销售都按"计划"一级一级调拨、分配,不是真正意义上的销售,也不存在营销活动。

改革开放以后,制药企业的经营理念和营销手段也开始趋向灵活,医药公司统购包销的职能被逐渐减弱。

20世纪80年代中期开始,随着改革开放的进一步深入,市场化进程加快,上海施贵宝、天津史克、西安杨森、无锡华瑞等合资公司药厂的产品销售因完全不在计划经济之内,销售模式是纯粹的自产自销。同时,大批进口药品引进中国,使人们的用药选择空间进一步扩大。合资药厂与进口商为开拓中国医药市场,将自己的产品销售出去,便借鉴国外普遍的操作经验,建立了自己的市场营销队伍,逐渐形成了经销制、代理制和直销等多种模式。随着市场竞争的需要,国内的医药企业也相继学习借鉴,形成了自己的销售模式。

2016年12月26日,国家卫生计生委等部门联合发布《关于在公立医院医疗机构药品采购中推行"两票制"的实施意见(试行)》,首次规定"两票制"的含义:药品生产企业到流通企业开一次发票,流通企业到医疗机构开一次发票。药品生产企业或科工贸一体化的集团型企业设立的仅销售本企业(集团)药品的全资或控股商业公司(全国仅限1家商业公司)、境外药品国内总代理(全国仅限1家国内总代理)可视同生产企业。明确提出年内要在国家医改试点省份落地的要求,拉开了"两票制"在全国各省份实施的序幕。2017年1月,国务院医改办等联合发文,要求公立医疗机构药品采购中逐步推行"两票制",争取到2018年在全国全面推开。2018年3月20日,国家卫生计生委、国务院医改办等6部委联合下发《关于巩固破除以药补医成果持续深化公立医院综合改革的通知》,明确指出,"2018年,各省份要将药品购销'两票制'方案落实落地,推进数据共享、违法线索互联、监管标准互通、处理结果互认"。

"两票制"推行后,对于做临床产品分销业务的商业来说,中间多余的商业都将被压缩掉,包括过票商业和二级及以下商业,只会剩下一级商业。药品的发票流将简化为厂家→商业→医院。商业环境的变化可以总结为一句话:强者愈强、弱者消亡,具体有以下三点。

（1）商业公司加快整合，行业集中度将进一步提高，大型医药商业将变得更大，小型医药商业将逐渐消亡，流通渠道管理将呈扁平化趋势。

（2）过票商业必然因无票可过而消亡。

（3）二级及以下商业将有三种结果：最好的选择是被大型商业收购，成为其子公司；其次是变成物流公司，利用原有的基础继续接受储运业务，不涉及药品发票；最后是没有业务自动消失。

二、"两票制"背景下医药企业的销售模式

经过对"两票制"实施以来被股票发行审核委员会审核的企业的统计，单纯采用直销模式的企业有奥翔药业、康龙化成等；单纯采用经销模式的企业有康辰药业、大博医疗、赛隆药业等；同时有多数企业采用直接销售和间接销售相结合的模式，其中，迈瑞医疗、九典制药、诚意药业等企业是经销为主、直销为辅的销售模式，美诺华、侨源股份、健友制药等企业采用的是直销为主、经销为辅的销售模式。除了直接销售模式和经销销售模式外，中和药业、普利制药等企业采用配送商模式，"两票制"背景下配送商模式未来将成为大中型医药企业发展的重要模式，虽然目前采用的企业较少。

此外，招股说明书还出现自主学术推广+经销商（圣和药业）、自建销售终端团队（康惠制药）、招商代理和学术推广（一品红）等特殊的模式，但经过对招股说明书的研读，上述模式多数可以归纳到直接销售模式和经销商销售模式。

经过统计和分析可知，多数医药企业的销售模式为直销模式和/或经销模式，逐渐开始出现配送商模式，之前存在的多级代理商、非终端调拨，等等业务模式正在逐步退出市场。

以上表述是"两票制"执行以来医药企业销售模式的真实变化。其中，直销模式指的是医药企业直接将产品销往医院和药店等终端的模式，此种模式下医药企业直接向终端开具发票（一票）并收取款项；经销模式指的是医药企业将产品销售给经销商（一票），再由经销商将产品销售给医院和药店等终端（两票），此种模式下市场推广主要由经销商完成，医药企业协助经销商进行产品的宣传与推介，但总体而言，此种模式销售费用较直销模式有大幅度的降低；配送商模式是"两票制"背景下出现的新型销售模式，指的是制药企业直接将所生产的药品出售给大型医药流通企业（一票），作为配送商，其再将药品配送给医院和药房的销售模式，此种模式下医药企业需要承担推广工作，而配送商只承担药品的配送工作。三种模式下药品流通路径和推广服务流程的差异归纳如图8-1所示。

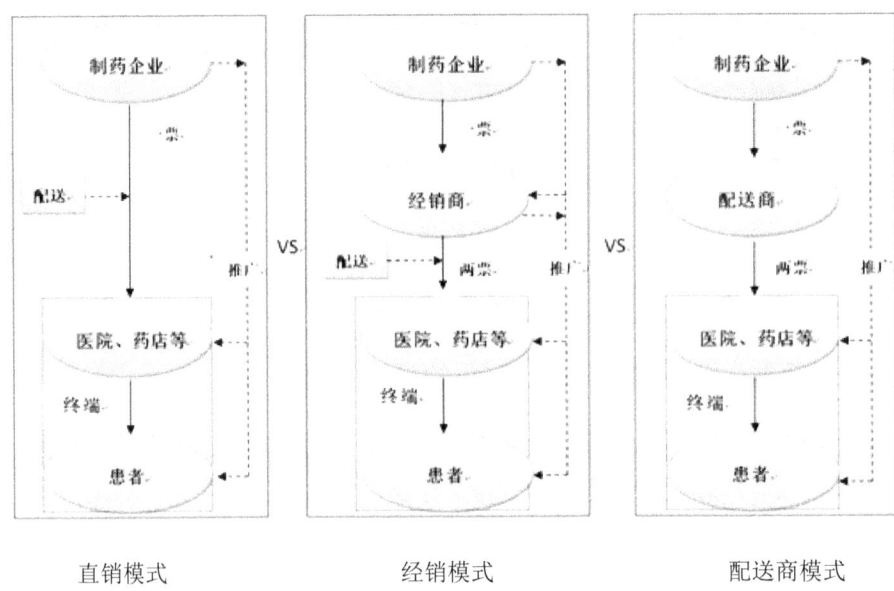

图 8-1　三种模式下药品流通路径和推广服务流程差异

上述三种销售模式在实践中可能存在难以区分的情况，其存在差异的重要方面在于谁在药品销售中起着主导作用。医药企业采用直销模式必然拥有强大的销售渠道，其牢牢控制着整个流通路径，医药企业也可以购买推广、配送等中间服务，但是中间服务对于药品销售流程的控制能力较弱，不会对药品销售产生实质性的影响；医药企业采用经销模式的，整个流通路径的控制主体为经销商，虽然制药企业需要提供专业学术会议推广、广告推广等作为支撑，但是经销商的强大营销能力才是药品销售的主要方面；配送商模式中作为配送商的大型医药流通企业掌握着终端客户的同时又承担配送职能，在此模式下其是药品销售的控制主体，且其强大物流管理体系下的专业化、规模化是其他医药商业企业难以取代的。

三、"两票制"对采用代理模式医药企业的营销组织结构的影响

对于药厂而言，"两票制"的实施也将迫使其改变经营思路。经营规范、自建终端的品牌厂家底气足，如果是自建队伍开发终端的，政策没有什么影响，因为他们甚至可以实行"一票制"。而那些既无终端又无品牌的药厂日子会难过很多。"两票制"对于规范医药生产行业具有非常好的促进作用。

"两票制"之前，部分经销商在客观上起到了药品货款的"垫资"作用，保证了生产企业货款的及时回笼。"两票制"实施后尽管可能会有行政文件强制要求医疗机构在规定时间内结算货款，但实践中由于各地经济水平的差异，医疗机构付款周期可能较长，在没有原经销商"垫资"的前提下，生产企业资金压力会加大。

发票流的改变将导致资金流的改变,资金流将变为医院→商家→厂家。资金流给药企带来的最大变化是:由以前有很多的代理商与厂家结算变为有一级商业直接与厂家结算。

商业集中后,厂家应建立自己的商务队伍来处理发货、发票和回款(即物流、票流、资金流"三流")任务。原因主要有两个方面,一是如果继续由代理商来处理,那么,归并到同一商业但属于不同代理商的销售业绩存在"三流"确认问题,即每一笔货的"三流"如何确认到每一个代理商名下?二是如果同一商业的"三流"也归并到某一代理商负责,那么,不属于该代理商的"三流"职责存在如何补偿负责商业的代理商的问题。

(一)区域总代理将面临身份的转变

代理商队伍将发生巨大改变。首先,区域总代理的职能将由原来负责"三流"以及终端推广变为纯粹的终端推广职能。

区域总代理将面临处理大额佣金、提供大量冲账发票的问题。他们可能:

(1)如果能解决冲账发票问题,可以继续保留区域总代理地位;

(2)如果不能解决冲账发票问题,拥有终端资源的区域总代理将变为自然人;

(3)不能解决冲账发票问题,又没有终端资源的,要不消失,要不到厂家去谋一份区域管理的工作。

(二)自然人将迎来最好的发展时机

自然人会消失吗?自然人的消失意味着厂家损失销量、自然人损失收入,这是一个双输的结果。

自然人的优势是拥有终端资源,只要终端需要人去推广,自然人就有自己的市场地位。除此之外,自然人还有两大优势。一是由于处理佣金的金额小,发票问题容易解决。二是有一定财务处理能力的,还可以设立公司来更好地解决发票问题,不仅如此,自然人队伍还将扩大。

(1)采用代理制的企业如果将代理商变为员工实行自营,将带来巨大的管理风险,包括管理队伍的建设、管理成本的增加,等等,而且同样面临冲账发票问题。

(2)为确保市场稳定,厂家和自然人短期内都会争取保持现状,把冲账发票作为唯一的问题来共同面对和解决。因此,自然人队伍会保持不变。

(3)没有发票处理能力的区域总代理或中小代理商将自然转为自然人。

(4)国家推进的工商注册新的办法,更有利于自然人设立公司来合法解决发票问题,而"营改增"后的环环抵扣更会降低厂家与自然人之间的合法交易成本。

（5）某些自营队伍的销售代表可能因能够处理发票问题而加入自然人行列。

（三）自营药企销售队伍的影响

上述五点揭示了建立自营队伍的药企要考虑自己销售队伍的可能变化：

（1）自建队伍的销售代表同样面临发票冲账问题；

（2）代表兼职是一个永远的话题，能够解决发票问题的代表可能更愿意变为自然人，接受更多厂家的产品；

（3）由于销售代表作为员工设立公司存在关联交易风险，有些厂家更愿意将销售代表变为自然人去设立公司来继续合作推广公司的产品。

（四）医药行业生态的变化

1. 对厂家的好处

"两票制"的实施对于底价开票的厂家来说，最大的好处莫过于销售收入成倍增加，并且由于收入增加及主要纳税在当地完成，因此，很多厂家或许摇身一变成为当地的纳税大户而备受地方政府青睐。

此外，厂家也或许由此而与市场一线的客户直接交易，绕过不具备终端资源的代理商，从营销角度来说，这是一个收编下家的大好时机。

2. 对厂家不利的方面

棘手的问题是需要解决高开票，事实上，大多数厂家没有相应的财务处理、商务管理能力，表面上看是开票方式发生变化，但牵一发而动全身，厂家面临整个经营体系的调整，风险成倍增加，这无异于动大手术。如果强制推行，很有可能因处理不当发生财务风险，甚至导致价格崩盘的最坏后果。

此外，由于厂家财务处理能力、资金、信誉等方面参差不齐，对于下游代理商的返款是个大问题。

3. 代理商的未来

返款的账务处理方式需要合规，从厂家到代理商这个过程，由于代理身份不同，会有不同的处理方式。假如代理商是公司，那么需要代理商开出发票到厂家而获得返款；如果是自然人，需要寻找发票来冲销。但"营改增"以后，这个问题变得很麻烦。那么，这或许会逼迫大量的自然人转型为公司，以咨询公司或广告公司的身份从事合规的推广、学术活动。

当然，代理商的身份也很有可能因此而转变为厂家的员工，或成为更加紧密的合作伙伴。而厂家原来的招商、销售人员，也在此情况下受到代理商的挤压而丢掉饭碗。

下面，从厂家、全国代理商、省级代理商、市级代理商、县级代理商、小包商、商业公司，等等环节来具体分析"两票制"对其各自的影响。

从现状来看，80%以上的国内厂家采用低价开票，不到20%采用高开票模式（含佣金制、自营），这就要分开谈。

（1）低价开票的厂家。

这部分厂家有相当一部分中小企业，各方面的实力都不强，产品力有限，销售能力匮乏，财务处理能力更是令人担忧。如果实施"两票制"，它们首先就不知道如何处理财税。这涉及两个问题。一是税务问题。按章纳税，需要考虑高开部分17%的增值税，以及25%的企业所得税，这无疑加重了企业的税负。二是高开以后，大量的销售费用需要报账结算，但问题是"营改增"以后去哪里找费用票来冲账？当然，这需要下游的客户来完成这一环节。但更为关键的是，这部分费用即便到了代理商的账上，依然存在如何提现的问题。

（2）高开票的厂家。

早采用高开模式的厂家如果不能真正做到体内循环，同样要自己解决所有问题。过票遭遇各方面的整治、营改税正在实施，都加大了高开票的难度。

（3）全国代理商。

之前，全国代理商俨然是以"第二厂家"的身份出场，但几乎没有高开发票，绝大多数是采用低价向全国发货。"两票制"实施后，全国总代首先就因无法解决这个问题而因此丧失代理地位，下游客户会纷纷绕过他而从厂家直接拿货或开票。此外，由于没有直接掌握终端资源，全国代理商被市场替换的可能性成倍加大。

（4）省级代理商。

这要结合当地的省情来看，例如，福建是实施"两票制"的省份，药品采购政策也是承诺单一货源。在这样的环境下，需要有超强政府事务的省代来完成诸如省级采购目录、地市级采购目录以及确标工作，这一点单靠厂家无法落地。省代的地位还是依靠政务事务运营能力。

因此，只要是承诺单一货源，势必会形成唯一代理商来解决市场准入问题。没有这样能力的代理商只能依附在省代或者厂家下面，形成雇佣关系或是紧密的合作关系。但药品招标告一段落以后，是否发生变化，仍待观察。

不承诺单一货源的省份则另当别论（比如，江苏可以几个品种中标）。省代除了要有较强的政府事务能力，还须有成熟的销售网络和终端资源，否则也会被冲击淘汰。

（5）市级代理商。

"两票制"实施以后，市级代理商将成为代理体系的中坚力量，这是因为厂家高开对象以333个地级市（商业）来管理的话，还尚处于能够管理的范围，且销售管理的半径也能覆盖到地市一级。以每个城市大约20家公立医院来计算的话，市级代理商也能管理好下游更小的客户。

（6）县级代理商。

低价开票的厂家在过去很难覆盖到县级代理商，一般由地级代理商来行使管理职能。"两票制"以后，同样如此。何况在分级诊疗和低价药采购方式下（基层机构以县为单位同意与厂家议价），县级代理商的价值更加凸显。

但不管是市级还是县级代理商，如果遇上医院被托管的情况，那么自己的处境就变得更难了。一方面，厂家返佣存在时间和资金风险，另一方面，托管的商业配送费居高不下，两头夹击，估计很多人明明是大环境有利于自身的发展，却由于当地的商业环境导致对自身不利。

（7）小包商及医药代表。

小包商及医药代表几乎不受影响。他们从前不用考虑商务问题，现在同样不用考虑。由于他们掌握着终端资源，未来还会更为抢手。随着带量采购的深入，这一群体很有可能演变为推广服务商，假如具备专业化推广能力，再加上团队化运作的话，发展为终端外包商，即第三方推广公司也不是没有可能。

（8）商业公司。

主流、合规的商业公司是集物流、资金流和信息流于一身的药品分发平台，不管实施"两票制"与否，这样的公司一般来说都是接受高开的发票，按中标价格销售给医疗机构，影响不大。

问题出在中小型商业公司上，它们很多是集代理、过票、配送于一身的综合体。这样的公司受到的冲击无疑是巨大的。"两票制"下，厂家高开发票，自己的"过票业务"受到各方打压，业务受损。如果厂家及医院回款账期过长，这类公司将遭受毁灭性打击。

但对于大型商业来说，小型商业的衰落给了自身扩张的机会。福建正是通过"两票制"提高了商业集中度，从原来的上百家商业整合为11家具有合法配送药品至医院的商业公司。全省各地的商业要么被收编，要么转型或者倒闭。

"两票制"的实施对于药企来说既是挑战也是机遇。只要处理得当，能够将企业的销售系统重新规划和调整，吸引具备终端资源的客户加盟，就能使得企业销售更上一层楼。

四、"两票制"下代理商如何有效规避风险

（一）品种"三做""三不做"

"三做"是指熟悉了解的厂家可以做、信誉好的厂家可以做、专科产品可以做。"三

不做"是指：①保证金多的不做。保证金动辄上百万元，甚至上千万元的品种不要做，风险太大。有人说没关系，可以从终端市场收一部分保证金，再赚回来。但医药市场变化很大，今天的大品种，明天就可能被调出医保目录，或者参加带量采购，宜谨慎为好。②慢病用药的西药品种不做，如降压药，虽然量大，但国家带量采购的风险也很大。③中成药尽量选专科药，独家品种，最好是基药。

保证金是医药行业一个不成文的行规，如果代理商违背合同条款，厂家一般不退还保证金。保证金风险有二：一是资金积压严重，财务成本增加；二是厂家以各种理由不退保证金或少退保证金，导致经济损失。例如，氟比洛芬酯注射液首仿上市时，各省疯抢，保证金100万元起步，多的达到1000万元。代理商G为了拿下某省市场，交了1000万元保证金。但市场刚启动，该品种就被列为"4+7"带量采购品种，原研厂家北京泰德低价中标。G的保证金放在厂家两三年才拿回来，仅利息就损失几百万元。

（二）慎选合作厂家

尽量避免与以下三种厂家合作。

（1）大厂家。

大厂家人际关系复杂，回款不容易。而且不论是民营企业还是国有企业，往往人员变动频繁，有许多不可预测的因素。

（2）不熟悉的厂家。

如果已经在操作该公司的产品，对厂家人际关系、信誉度比较了解，公司推出新品可以代理。但如果没有操作过该公司的产品，也不了解这家公司，建议不合作。

（3）返款不好的厂家。

厂家返款不好，产品再好也不要合作。因为投入越大，可能陷得越深，做得越好，亏得越多。

"两票制"以后，厂家返佣金给代理商，并因此更为强势。讲信誉、求长远发展的企业视代理商为衣食父母，并尊重代理商。也有一些厂家拖欠佣金迟迟不给。返款风险多见于以下情况：一是企业老板乱投资，产生亏损，只好"拆东墙补西墙"；二是企业有钱，但以代理商必须交发票冲账为由拖欠佣金；三是纯属不想给。

（三）票据处理合规合法

合规合法是基本要求，必须满足。新形势下代理商能走多远、能做多大，最终取决于企业的财务处理能力。

（1）根据不同企业的不同要求为厂家提供不同的票据，以确保及时返款。

（2）加强对财务人员的培训和管理，以适应当前行业的发展和要求。财务人员要不断学习新的财务规章制度，确保票据管理合规、有序、合法。

（3）增加财务人员，充实财务力量。

（4）鼓励业务人员开设个人独资咨询公司，确保公司对公打款后资金安全。目前市场上有很多帮助企业处理账务的中介公司，这种公司有一定的风险性，必须慎重。

"营改增"后，代理商的票据风险骤然加大。2019年6月，财政部发文对77家医药企业开展检查。财政部文件要求，为核实医药企业销售费用的真实性、合规性，应对医药销售环节开展"穿透式"监管，延伸检查关联方企业和相关销售、代理、广告、咨询等机构，必要时可延伸检查医疗机构，检查的重点内容为费用、成本、收入的真实性等，内容非常详尽，如"销售费用列支是否有充分依据，是否真实发生；是否存在从同一家单位多频次、大量取得发票的现象；采购原材料时，是否存在空转发票等方式抬高采购成本的情况；是否存在蓄意抬高生产成本的现象；是否利用高开增值税发票等方式虚增收入"等。例如，负责天津市场的代理商Z代理贵州某上市公司的一个产品，2017年提供了1000多万元的运输发票给厂家冲账。这些发票是可以抵扣税的增值税一般纳税人票。2019年，贵州省税务局对这个发票提出质疑："贵阳至天津的运输费用由厂家承担，在天津市内一年花1000多万元运输费用，怎么运输的？用什么运输工具？"要求Z到贵州税务局讲清楚，否则全国网上通缉。后来，Z去税务局承认错误，被罚100多万元。

（四）经营稳步推进

如果已经和不熟悉的药企开展合作，可以走一步看一步，业务不要一下子做得太好，因为销量上去，佣金返款多，厂家信誉不好，或者不好打交道的话，风险很大。如果企业信誉好，返款及时，各部门的人也好打交道，可以将业务迅速扩大，与厂家建立长远、稳固的战略合作伙伴关系。

（五）战略转型升级

首先，聚焦一两个厂家，在把产品做好的同时谋求与厂家进行更紧密的合作，入股厂家，拥有股份，成为股东，形成紧密的合作关系。这样做，一方面可以防止厂家的省区经理、大区经理从中作梗，巧取豪夺；另一方面也为自己退出市场做准备，作为公司股东有分红，如果上市还可以增值。

其次，营销模式升级。省级代理大多采用分销模式，但新形势下这种模式的生存空间进一步缩小。因此，必须建立自己的团队，有一个强大的团队，厂家会主动来找你。

最后，学术要创新。学术营销是未来药品营销的一个方向，但怎么做好却是一个很难的课题。代理商必须下功夫创新，不走老路，更不走回头路，一步一个脚印，把学术营销做扎实。

第三节 药品集中采购

一、我国药品集中采购政策回顾

药品集中采购本质上是医保局为促进药品和高值医疗耗材降低售价而采取的针对医药公司的招标政策。简单理解，同类产品，在质量和疗效无明显差异性的前提下，优先采购报价低的企业的产品，对企业来说，通过集中采购可以快速扩大市场占有率（医保局统一招标后，集中采购地区的医院必须使用中标的医疗产品）。我国药品集中采购工作的探索起步于20世纪90年代，迄今已近30年，归纳起来，大致可分为四个阶段。

（一）第一阶段（2000年以前）：医疗机构分散采购为主，部分地方自发探索药品集中采购

计划经济时期，药品流通采取省、市、县三级批发站制度，执行固定价格，公立医疗机构的药品采购长期沿袭分散采购制度。这种采购制度与当时药品生产供应的计划管理体制是一致的。随着改革开放和社会主义市场经济体制的建立，药品生产、供应、销售、价格管理逐步放开，我国的医药产业快速发展，企业数量激增，生产能力过剩，同时，药品流通三级站解体并转变成商业公司。医药企业为抢占医疗机构市场，采用多种手段进行回扣促销，出现了"高定价、高回扣、大处方、大检查"等不正之风。

1992年以后，国家医药管理局等部门先后发布了《关于进一步治理整顿医药市场意见的通知》《医药行业关于反不正当竞争的若干规定》等文件，在全国范围内整顿药品流通市场秩序。1996年国务院办公厅发布《关于继续整顿和规范药品生产经营秩序加强药品管理工作的通知》等文件，在全国范围内进行药品回扣专项治理。各地在治理医药购销领域不正之风的过程中，开始思考和探索药品集中采购，规范医疗机构的药品管理。如河南尝试定点采购，通过公开招标确定药品采购定点批发企业，要求省直医疗机构必须在定点企业采购药品；江苏镇江对全市230多家厂矿医务所（室）的药品实行政府采购，各医疗机构按医保局规定的品牌报送药品需求计划，医保局汇总后统一从镇江药业集团采购并负责结算；海南省部分医疗机构尝试通过招标方式采购药

品；云南一些地方探索"竞价采购、统一配送"等。

各地的探索为药品集中采购积累了有益经验。1997年，党中央、国务院做出了加快卫生改革与发展的决定，强调要整顿与规范药品流通秩序，坚决纠正行业不正之风。1999年，中央决定在全国开展纠正医药购销领域不正之风专项治理，解决人民群众反映强烈的药价虚高、医药费用不合理导致负担过重等突出问题。

（二）第二阶段（2000—2006年）：推行以市地为单位、医疗机构为采购主体，委托中介机构承办的药品集中招标采购

为深入推进城镇职工基本医疗保险制度、医疗卫生体制和药品生产流通体制三项改革，从制度上消除医疗机构分散采购、暗箱操作产生的药品回扣等腐败现象，采取有效措施降低药品虚高价格，从源头上纠正医药购销中的不正之风，2000年2月，国务院办公厅下发了《关于城镇医药卫生体制改革的指导意见》（国办发〔2000〕16号），明确提出规范医疗机构购药行为，开展药品集中招标采购工作试点。2000年7月，原卫生部会同监察部、原国家计委等部门，成立了药品集中招标采购试点领导小组，在河南、海南、辽宁和厦门等地开展试点工作。先后印发了《医疗机构药品集中招标采购工作规范（试行）》（卫规财发〔2001〕308号）、《医疗机构药品集中招标采购和集中议价采购文件范本（试行）》（卫规财发〔2001〕309号）等规范性文件，并召开全国推行药品集中招标采购会议，推动县级以上非营利性医疗机构实行以市地为最小组织单位，医疗机构为采购主体，公开招标为主要形式，委托中介机构承办采购事务的药品集中招标采购工作。

实行药品集中招标采购，意在发挥批量优势，增强医疗机构联合采购议价能力，降低药品价格，节约药费支出，同时遏制医疗机构分散采购中的不正之风。但是，由于受以药补医机制的影响，按照国家药品售价和相关收费政策规定，医疗机构可在药品中标价基础上顺加15%销售，因而导致医疗机构缺少降低药品价格的内在动力，过多地依赖药品销售加成来增加收入，开大处方，用高价药，造成药品费用大幅上涨。同时中介机构缺乏规范，招标过程中与医药企业相互勾结，滋生新的腐败问题。这不仅使药品集中招标采购总体效果大打折扣，不利于纠正药品购销中的不正之风，也加重了人民群众的负担。

（三）第三阶段（2006—2010年）：推行以政府为主导、以省为单位网上集中采购

医院药品价格在加成政策下，实行低进低出、高进高出，缺乏采购低价药品的积

极性，与药品供应企业、营利性中介机构成为利益共同体，助推药品价格居高不下，药价高、看病贵仍然引起社会的广泛关注。药品企业普遍反映以市地为单位招标采购次数频繁、成本高，中介机构按药品交易额的一定比例向企业收取费用，操作不规范，一些地方甚至发生了违法违规案件。

四川率先在全省试行药品统一集中采购，由政府出资建立了采购平台，统一采购价格，降低了招投标成本。之后，上海、广东、河南、江西等省市也陆续成立省级集中采购工作机构，将集中采购提高到省级层次。2005年，国务院纠风办、原卫生部等有关部门在成都召开了药品集中采购工作座谈会，推广四川经验，强调要发挥政府的主导作用，推行以省为单位的药品集中采购。2006年，随着医药购销领域商业贿赂专项治理工作的开展，国办发〔2006〕20号文件明确提出推行以省为单位的网上药品集中招标采购办法。2007年，国办发〔2007〕32号文件进一步提出大力推进以政府为主导、以省为单位的网上药品集中采购工作。

2009年，新医改启动。原卫生部等有关部门印发了《关于进一步规范医疗机构药品集中采购工作的意见》（卫规财发〔2009〕7号），要求各地全面实行以政府为主导、以省为单位的网上药品集中采购工作，有条件的地区可建立财政全额补助的集中采购机构，形成政府组织推动、医疗机构和药品生产流通企业通过采购平台直接免费交易的购销方式，提高药品采购透明度，降低药品采购成本。营利性中介机构全部退出药品集中采购市场。

以省为单位的药品集中采购提高了采购效率，减少了中间环节，节约了采购成本，为降低药品采购价格、遏制医药费用过快上涨、减轻群众医药费用负担发挥了积极作用。但以药补医机制仍然根深蒂固，医疗机构和医药企业均缺乏降低药价的动力。由于药品招标与医院药品采购相分离，药品中标价虚高、二次议价问题比较突出。发改委等部门2006年印发的《关于进一步整顿药品和医疗服务市场价格秩序的意见》，依然要求医疗机构以实际购进价顺加不超过15%的加价率销售药品，仍未从根本上解决医疗机构将药品加成收入作为补偿重要来源，调动医疗机构主动降低药品价格积极性的问题。

（四）第四阶段（2010—2019年）：建立基本药物制度，构建基本药物采购新机制

建立国家基本药物制度是深化医改的重要内容，是惠及民生的重大制度创新。按照国家基本药物制度规定，政府办医疗卫生机构使用的基本药物，实行省级集中招标采购。为避免医院药品采购存在的招采分离、量价脱钩、药价虚高等问题，2010年11月，国务院办公厅下发了《建立和规范政府办基层医疗卫生机构基本药物采购机制的

指导意见》（国办发〔2010〕56号），要求各地在坚持省级药品集中采购的基础上，利用现有药品集中采购平台和药品集中采购机构开展基本药物采购工作。基本药物招标采购制度主要包括招采合一、量价挂钩、"双信封"制、集中支付、全程监控等创新举措，改变了过去只招标不采购的状况，发挥批量采购的优势，采购机构代表基层医疗卫生机构采购药品并负责合同执行，变分散采购为集中采购，变分散付款为集中付款，保证了基层临床用药，构建了基层药品采购新机制。到2011年底，大多数省（区、市）完成了一轮以上的基本药物集中采购。2012年以来，安徽、山东结合县级公立医院综合改革，采用基本药物采购机制，先后开展了县级公立医院常用药品集中招标采购，取得了很好的成效。浙江、河南、江西等省份尝试采取"双信封"招标、带量采购、单一货源承诺的方式，开展了以省为单位的高值医用耗材集中招标采购工作，也都取得了明显成效。

（五）第五阶段（2019年以来）：深化医药卫生体制改革，实行国家组织药品集中采购

2019年4月，国家组织药品集中采购和使用试点正式启动。2019年11月20日，李克强总理主持召开国务院常务会议，部署深化医药卫生体制改革进一步推进药品集中采购和使用，更好地服务群众看病就医。

2019年12月开始，全国开始执行集中采购，改革效应惠及全国患者。根据约定采购量计算，第一批国家组织药品集中采购中选的25个品种预计节约药费支出253亿元。

2020年1月，第二批国家组织药品集中采购招标工作启动，此批药品集中采购选择了33个品种，覆盖糖尿病、高血压、抗肿瘤和罕见病等治疗领域，涉及100多家医药生产企业。

2020年8月，第三批国家组织药品集中采购产生拟中选结果。该次采购共有189家企业参加，产生拟中选企业125家，中选产品191个，中选产品平均降价53%，最高降幅95%。从药品种类来看，纳入56个品种，涉及300多个品规，治疗疾病种类涉及恶性肿瘤、高血压、糖尿病、精神类疾病等。

二、药品集中采购的难点和障碍

药品集中采购推行近三十年来，工作模式几经变换，但始终争议不断。政府和学术界认为这一政策合情合理，是全球趋势。医药企业界认为这一政策滋生腐败、压低药价，呼吁废除。患者和媒体则认为药价虚高问题仍然普遍存在。事实上，无论是谈判议价，还是招投标，都不是药品集中采购的独特方法。各方感受迥异的情形，与药品领域政策体系架构密切相关。

首先是采购标的，即药品本身的问题。在"以药补医"机制下，我国的药品除需要满足临床治疗外，还要给医院带来利润，实现"补医"的功能。医院需要的是"既能治病又能补医"的物质。由此以来，药品价格合理指的是生产企业、流通企业和医院都有充分的利润，比欧美国家只考虑生产和流通企业利润多了一块。医院对药品优劣的判断包括临床疗效和"补医"能力两个层面。只能满足临床使用，不能有效"补医"的药品，对医院而言无疑是"低"质量的药品。基药采购中采取严格规范的市场化招标流程，提高企业竞争力度，多数药品大幅度降价。但全国各地医疗机构却普遍反映中标药物质量低，"补医"能力不够是其中一个重要因素。

其次是药品产业格局混乱和质量标准偏低。2012年我国国产药品上市批文超过18万件，同一化学名下上百甚至上千个批文的现象屡见不鲜。根据WHO（世界卫生组织）调查数据，这些上市药品批文数是西太平洋地区中等收入国家的13倍、高收入国家的20倍。厂家过多，竞争必然激烈，监管不严的情况下必然导致无序竞争。尤其是这些药品质量各不相同，同一外衣下"李逵""李鬼"并存。一般商品采购中，技术参数是确定值。但药品采购中，技术参数成了可变区间，直接干扰了正常招投标程序的履行。

厂家过多、质量参差不齐和"以药补医"也影响到了药品定价。如果出厂价以成本加成方式核算，流通环节按控制差率的方法来制定，或者进口药品按国际参考价来定价，那么总价格构成中可以"补医"的部分就会大幅度压缩，最终导致流通困难。更严重的是，同一价格下低成本制造的低质量药品反而利润大，这将导致医药工业优汰劣胜。某种程度上，药品最高零售价政策虽不科学，却是监管环节薄弱和"以药补医"双重作用下的无奈选择。

至于腐败和商业贿赂问题，严格来说已经超出药品采购的工作内容，涉及更为广泛的国家治理问题。如果进行历史比较，目前我国药品领域治理明显缺乏力度。1980年全国整顿制药企业，重新审批颁发营业执照，纳入整顿范围的2465家企业共关停并转632个。法制健全是政策实施的基础，缺乏严厉的处罚，采购政策制定得再完善也将在实施中走样变形。诸如低于成本报价、中标后不供货、中标后低质量生产等现象，暴露的不是采购政策问题，而是法制严肃性等方面的问题。

从药品领域治理体系建设角度，目前政府和市场层面参与者众多，社会群众层面参与不够。国家基本药物工作委员会包含十多个部委，市场上有五百多家产业协会组织。但社会层面，尤其是患者和群众层面的参与过少，没有可以表达利益和主张的渠道。政府内部则存在不同部委工作目标存在差异、一些部委事实上代表企业立场等问题。观察各地药品采购政策制定和公示期间的现象也可以看到，政府部门态度各异，企业抱团频繁上书，但患者作为最终的使用方，其声音却只字难闻。总体上当前的药品治理中市场力量占据强势地位。药品治理体系不健全，导致对集中采购政策的支持不够，对采购效果的评价也不够客观。一些省份先后出台新采购文件，总体趋势是走向宽松，但这种调整与其说是对采购政策的完善，不如说是对法制基础薄弱和药品领域治理体系不健全的一种妥协。

三、药品集中采购"二次议价"

药品集中采购"二次议价"是指在省级采购平台以招标为主要形式组织药品集中采购之后，医院购药时再次与企业谈判压价或者获得返利的现象。谈判后部分药品价格降幅可达30%—50%。尽管"二次议价"不被正式认可，但其提高了药品对医疗机构的补偿水平，因此颇受争议。

（一）招投标采购中价格相关概念

招投标采购过程中的价格概念包括：投（开）标价、评标价、中标价、合同价、结算价。一般而言，投（开）标价是投标文件中所列出的投标报价；评标价是综合考虑货物质量、性能、供货、服务和时间等相关因素，按既定的计算方法折算出货币额并加入投标价中所形成的价格，用以将合格的投标人按评标价格的高低排列顺序；理论上讲，中标价就是最低评标价；合同价是指招投标双方以合同这一法律形式确定的、卖方在履行合同义务后买方应支付的价格，其是在中标价的基础上，由买卖双方在最低评标价的基础上经过谈判形成的；结算价则指货物交割时买方实际支付的价格。在规范的招标采购中，由于不存在量价挂钩、招采合一的问题，中标价、合同价和结算价在原则上是一致的，没有再次议价的需要。《中华人民共和国招标投标法》也规定，要"按招标文件和中标人的投标文件订立书面合同"。

招投标活动中，从确定中标人到签署协议中间确有谈判过程，国际上称之为合同谈判，其目的是把交易条款具体化和条理化，为签署合同做最后的准备。一般而言，谈判不涉及货品质量和价格，只涉及合同的商务和技术服务条款的落实，如支付方式、配送方式、人员培训等配套服务等。尤其签署合同后，结算价和合同价很少出现差别，除非是对合同本身或附加条款进行调整，如常见的是工程招投标中对工程方案和施工量的重新调整导致结算价不同，或者结算方式及时间调整中考虑时间贴现等因素对结算金额有一定影响，是有规律和规则可循的。但这些都与我国药品集中采购领域的"二次议价"有本质的不同。

（二）解决"二次议价"问题的政策探索

当前形势下解决"二次议价"问题可以从以下几个方面着手。

一是改革药品集中采购政策。以国家基本药物作为突破口，推动实现招采合一、量价挂钩、一次性完成、合法合规的采购过程。评标过程实行"双信封"制基础上的综合评标方法，以最低评标价确定中标企业。

二是优化工作流程，提高采购效率。集中采购用量大的药品，用量小的药品由医院自主采购。对评标专家实行利益申报制度，加强对采购合同的监管，遏制潜在的不规范行为。分类分次采购，每次针对10种左右药品，按化学名精心设计质量评价指标，实现对投标企业药品质量的准确遴选。在此基础上实现综合评标，最低评标价中标，确定唯一供货商。

三是严格落实以最低评标价为依据确定唯一中标商的评标原则。单家企业产能不能满足需要的，可通过划分供货区域分别招标采购的办法解决。达到质量标准后仍有差异、临床治疗对优质药品确有需要的，按具体的、有差别的质量要求和用量划分采购包，分别进行招标采购。

四是结合公立医院改革探索新的采购策略。可以在公立医院总额付费、按病种付费等支付方式逐步推广的基础上，探索对公立医院住院用药单独集中采购，调动医院控制药价的积极性。在住院用药采购完成后，把其价格设置为门诊用药的医保报销价格，门诊用药可自主采购，同时设置药事服务费，超出报销价的部分由医院和患者共同分担。实现支付方式改革带动药品集中采购工作的效果。

四、国外药品集中采购情况介绍

国外药品集中采购方法在不同国家不尽相同，大致分为三种类型。

（一）政府或主管部门组织集中采购，医院执行采购结果

这一方式的主要做法为由政府或医院主管机构定期组织药品的集中采购，签署药品采购合同，医院只负责进货和使用。招标和价格谈判是集中采购的主要方式。各医院购药时可与药商进行合同谈判，但招标采购的药品一般不再涉及价格问题，挪威、丹麦、英国和我国香港地区均采取这种方式。但英国也有医院利用市场策略，在合同谈判中获得药品返利的情况。

（二）政府或医保机构制定参考价格，医院自主组织采购

这一方式的主要做法为政府或医保机构为每一种药品制定一个支付参考价，实际用药时，超出参考价的部分由患者或医疗机构承担，低于该价格而产生的结余部分归医疗机构支配。在这种支付方式下，医院自主组织药品采购。英国社区药店，德、法等国的门诊和住院用药，荷兰及我国台湾地区医院用药均采取这类方法。支付参考价

制定方法各国不尽相同，葡萄牙采取集中招标的方法确定，澳大利亚和日本则采取谈判的方式确定。由于制定参考价时不涉及购销合同，采购时是一次议价，不存在二次议价。但鉴于政府支付参考价制定在先，这类采购压缩下来的价格通常被称为折扣或返利，或者以货物组合价、按比例免费赠药等形式出现。

（三）政府不干预药品价格，医院或医院主管部门自主组织采购

以美国为代表，医院通过药品团购组织（GPO）汇总药品用量和企业谈判获得团购价格，医院执行采购。GPO内的医院也可以和药商直接谈判，但由于单家医院用量小，谈不下价格，最终均选择加入GPO。

第九章 药品促销策略

酒香也怕巷子深,促销为新药品上市点火造势,通过"王婆卖瓜"式的宣传,引爆市场需求,营造花红遍野的市场氛围,营造消费者的饥渴心理。"朵而"以"由内而外的美"和"脑白金"以"收礼只收脑白金"的成功传播仍然留给我们深刻的记忆,它们不断攀升的销售业绩让我们不得不为之瞠目结舌。所以,促销能够让"酒香"飘得更远,弥留时间更长。

第一节 药品的促销

一、促销的概念

促销(Promotion)一词来自拉丁语,是促进销售的简称。促销就是企业通过人员或非人员的方式将产品或服务的性能、特征和好处向消费者(或最终用户)进行宣传、报道,以引起他们的注意,激发他们的购买欲望,最终使他们产生购买行为的活动。从药品营销的角度来说,促销是医药企业向目标顾客宣传、介绍其医药产品的作用、疗效,说服和吸引医疗单位或个人购买其产品,以实现交换行为的活动。从这个概念可以看出,药品促销具有以下几层含义。

(一)促销的表象是信息的交流、沟通和传递

医药企业与消费者达成交易的基本条件是信息沟通。如果医药企业不将自己生产和经营的产品或服务等有关信息传递给消费者,那么消费者对此一无所知,自然谈不上购买。只有将药品或服务的信息传递给消费者,才有可能激起消费者的购买欲望。再好的药品,如果"藏在深山无人知",就等于不存在。

（二）促销的目的是刺激消费者实现购买行为

消费者的购买行为是受其购买欲望支配的，而消费者的购买欲望又与外界刺激密不可分。人的欲望是可以被勾起来的，药品促销正是针对这一特点，通过各种途径和方式把医药产品或服务等有关信息传递给消费者，以刺激其购买欲望，使其完成购买行为。

（三）促销的方式有人员促销和非人员促销两类

人员促销，又称直接促销或人员推销，是指医药企业派出销售人员进行推销活动。非人员促销，又称间接促销或非人员推销，是医药企业通过一定的传播媒体宣传产品或服务等有关信息，以促使消费者产生购买欲望、实现购买行为的一系列促销活动，包括广告、公共关系和营业推广等。广告是医药企业为推销自己的产品或提供服务，以付费方式通过宣传媒体向消费者或用户传播产品或服务信息的促销手段。公共关系又称公众关系，是指一个企业为改善与社会公众的联系状况，增进公众对企业的认识、理解与支持，树立良好的企业形象，从而促进产品销售而进行的一系列活动。营业推广是指人员推销、广告和宣传以外的、用以增进消费者购买和交易效益的一些促销活动。

二、促销的作用

促销是医药企业产品营销活动中不可缺少的重要组成部分。一般来说，促销具有以下几方面的作用。

（一）传递信息

一种药品进入市场或即将进入市场的时候，为了让更多的消费者知道这种药品，医药企业就需要及时提供产品信息，向消费者宣传介绍，以引起他们的注意。药品经营者（批发商或零售商）要采购适销对路的药品，也需要生产者提供信息。同时，药品经营者也同样要向广大消费者传递信息，以争取他们成为终端买主。

（二）突出特点

"人无我有，人有我精，人精我特。"在市场竞争日益激烈的情况下，同类药品很多，并且有些药品的功效、质量差别微小，消费者往往不易分辨。医药企业可以通过促销活动宣传、说明本企业产品有别于其他同类竞争产品之处，使消费者认识到本企业产品带给自己的特殊利益。

(三)增加需求

产品可以创造,需求也可以创造。据零点调查公司的调查结果显示,92.7%的人喝过各类可乐,而在消费者中,对饮料的购买,有75.4%的受访者承认自己的选择受广告影响。可口可乐长期执世界饮料业的牛耳,是多种因素共同作用的结果,但卓越的广告促销谋略是保证和促进可口可乐发展的重要因素。

(四)稳定销售

在市场竞争中,医药产品的销售常常此起彼伏,波动较大,医药企业通过促销活动可以使较多的消费者对本企业的产品形成品牌偏好,达到稳定销售量的目的。当某一种产品的销售量下降时,通过及时有效的促销,也可以促使需求得到某种程度的恢复。

三、促销策略及其影响因素

(一)促销策略

如前所述,促销可分为人员推销、广告、公共关系和营业推广四种形式。每种形式都有它的长处和短处,在推广过程中,医药企业常常根据不同的市场需求和情况变化将多种促销方式有机组合起来,制定适合的促销策略。

促销组合,就是医药企业根据产品的特点和营销的目的,综合各种影响因素,对各种促销方式的选择、编配和运用。促销组合是促销策略的前提,在促销组合的基础上才能制定相应的促销策略。因此,促销策略也称促销组合策略。具体地说,医药企业的促销策略是指医药企业在市场营销过程中有计划地把人员推销、广告、公共关系和营业推广这四种促销方式进行正确选择、有机配合和综合运用,以更有效地传递医药商业信息,高效率地促进医药产品的销售。

促销策略从总的指导思想上可分为推式策略和拉式策略两类。

1. 推式策略

推式策略是指医药企业用人员推销的方式把药品推向市场,即从生产企业推向中间商,再由中间商推给消费者,故也称人员推销策略。常用的推式策略有示范推销法、走访推销法、网点销售法、服务推销法等。推式策略一般适合于单位价值较高的医药产品,性能复杂、需要做示范的医药产品,流通环节较少、流通渠道较短的医药产品,市场比较集中的医药产品等。

2. 拉式策略

拉式策略也称非人员推销策略,是指医药企业运用非人员推销方式把顾客拉过来,使其对本企业的药品产生需求,以扩大销售。常用的拉式策略有会议促销法、广告促销法、代销法、试销法和信誉销售法。市场范围较广、市场需求较大的医药产品,流通环节较多、流通渠道较长的医药产品,常采用拉式策略进行促销。

(二)促销策略的影响因素

促销策略的制定,其影响因素较多,主要应考虑以下几个方面。

1. 促销目标

目标决定方向。促销目标是医药企业从事促销活动所要达到的目的。在企业营销的不同阶段,为适应市场营销活动的不断变化,企业要有不同的促销目标。无目标的促销活动收不到理想的效果。因此,要根据不同的促销目标采用不同的促销组合和促销策略。

2. 市场条件

首先,医药市场的地理范围大小不同。向小规模本地医药市场进行促销,应以人员推销为主;对广泛的市场,如全国医药市场甚至国际医药市场,应多采用广告和文字宣传方式。如果一个公司在全国几个少数地区销售产品,采用人员销售是可以的;如果潜在消费者分散在全国各地,使用人员推销就不现实了。其次,要根据医药市场的特点采用不同的促销策略。医药市场的买主数量多而分散,不可能由推销人员去广泛地个别接触,主要靠广告宣传介绍、产品包装说明以及商品陈列吸引等手段。

3. 医药产品市场寿命周期

在不同的市场寿命阶段,产品所面临的竞争环境不同,企业促销的主要任务也不同。医药企业应根据产品市场寿命周期不同的市场特点,采用不同的促销策略。当产品处于导入期时,需要对产品进行广泛的宣传,以提高产品知名度,此时利用广告和公共关系的效果较好,若配合营业推广等方式刺激购买,那收益就更佳。在成长期,广告和公共关系仍需加强,但要注意宣传产品特色,并增强使用人员的推销方式,营业推广则可相对减少。在成熟期,竞争者多,企业应增加营业推广,做好防御性广告,以求突出企业的声誉,显示产品的魅力,稳定和拓展市场。药品进入衰退期后,促销活动宜针对老顾客,可以采用提示性广告,并辅之适当的营业推广和公共关系手段。

4. 促销预算

医药企业开展促销活动必然要支付一定的费用。费用是医药企业在经营过程中十分关心的问题,并且医药企业能够用于促销活动的费用总是有限的。因此,在满足促销目标的前提下，一定要做到效果好而费用省。医药企业确定的促销预算额应该是企业能承担得起的，并且是能够适应竞争需要的。为了避免盲目性，在确定促销预算额时，除了考虑营业额外，还应考虑促销目标的要求和医药产品市场寿命周期等其他影响促销的因素。

第二节 药品广告

一、药品广告的含义

（一）广告的概念

广告，顾名思义，就是"广而告之"的意思。据考证，广告一词是外来语。它首先源于拉丁文Advertere，其意思是"吸引人注意"。中古英语时代（约公元1300—1475年），该词演变为Advertise，其含义衍化为"使某人注意到某件事"或"通知别人某件事，以引起他人的注意"。直到17世纪末，英国开始进行大规模的商业活动，这时，广告一词才广泛地流行并被使用。

《现代汉语词典》给广告下的定义是："向公众介绍商品、服务内容或文娱体育节目的一种宣传方式，一般通过报刊、电视、广播、网络、招贴等形式来进行。"

中国大百科全书出版社出版的《简明不列颠百科全书》对广告的解释是："广告是传播信息的一种方式，其目的在于推销商品、劳务，影响舆论，博得政治支持，推进一种事业或引起刊登广告者所希望的其他反应。广告信息通过各种宣传工具，其中包括报纸、杂志、电视、无线电广播、张贴广告及直接邮送等，传递给它所想要吸引的观众或听众。广告不同于其他传递信息形式，它必须由登广告者付给传播信息的媒介以一定的报酬。"

美国广告主协会对广告下的定义是："广告是付费的大众传播，其最终目的为传递情报，变化人们对广告商品之态度，诱发行动而使广告主得到利益。"美国人格林·沃尔德在1973年出版的《现代经济词典》一书中，对广告一词作了如下解释："广告是为了达到增加销售额这一最终目的而向私人消费者、厂商或政府提供有关特定商品、劳务或机会等消息的一种方法。它传播关于商品和劳务的消息，向人们说明它们是些什么东西，有何用途，在何处购买以及价格多少等细节。"

广告有广义和狭义之分。广义的广告是指不以营利为目的的信息传播活动；狭义的广告又称为商业广告或经济广告，是指生产经营企业以付费方式，通过广告媒体向消费者或用户传播商品或劳务信息的活动。

（二）药品广告的概念

药品广告，是指利用各种媒介或形式发布，用于预防、治疗、诊断人的疾病，有目的地调节人的生理机能并规定有适应证、用法和用量的物质，包括中药材、中药饮片、中成药、化学原药以及其制剂、抗生素、生化药品、放射性药品、血清疫苗、血液制品和诊断药品等的广告。它属于广告的一种。

药品属于特殊商品，药品广告同其他商品广告相比最显著的特点就是受法律严格控制，特别是处方药广告，法律对其传播媒体有严格规定。

伴随着我国医药流通体制改革，药品的市场竞争日益激烈。作为有效的营销工具，各种各样的广告手法被企业纷纷采用。近年来，在各种媒体上，如电视、广播、报刊、网络、户外广告牌等，总能看到形形色色的药品广告，药品广告的投放额在行业分类统计中一直居于市场前列。据国家市场监管总局最新数据显示，2019年，中国广告市场总体规模达到8674.28亿元，较2018年增长了8.54%。

二、药品广告的作用

（一）传递信息，沟通产需

美国广告大师奥格威有句名言："推销产品如果不做广告，就如同在黑暗中向情人递送秋波。"广告就是让大家都知道你的存在，这是广告最基本的作用。药品广告就是把药品的相关信息传递给消费者，沟通药品生产者或经营者与消费者（患者）之间的联系，使消费者（患者）知道药品的适应证、药品的特色以及什么地方有其需要的药品。广告是大规模市场沟通的唯一方式。

（二）介绍知识，指导消费

药品是特殊商品，普通消费者可能不具备某种药品的使用知识，但是经过企业的广告宣传，对药品质量、成分、疗效、使用等知识的介绍，消费者获得了学习机会，丰富了用药知识，提高了科学用药、合理用药的意识、知识储备和能力。例如，某些企业在发布其产品广告时提出的"排毒""补钙，关键看吸收""贫血补铁"等概念就在无形中向民众推广了某些健康理念，正确引导了药品消费和保健行为。

（三）激发需求，促进销售

消费者的需求具有可诱导性，一则好的广告能激起消费者的兴趣和感情，引起消费者购买该商品的欲望，直至促成消费者的购买行动。例如，"今年过节不收礼，收礼只收脑白金"，这句家喻户晓的广告语对脑白金的销售起到了不可替代的作用。"药材好，药才好"也让消费者对仲景牌浓缩六味地黄丸留下了深刻的印象。再如，某明星为海飞丝做广告，说是以前怕见歌迷，其实不是怕歌迷，而是怕歌迷看见自己的头皮屑。自从用了海飞丝洗发水，没有了头皮屑的烦恼，和歌迷靠得再近也不怕了。查一查历史书，恐怕没有哪朝哪代哪个人因为头皮屑丢人现眼的记载。但是，今天以头皮屑为不雅的意识已经不知不觉地深入人心了。海飞丝洗发水也被消费者广泛认可。

（四）招徕顾客，开拓市场

广告可以"众口铄金"，大规模的广告是企业的一项重要竞争策略。当一种新产品上市后，如果消费者不了解它的名称、用途、购买地点、购买方法，就很难打开销路，特别是在市场竞争激烈、产品更新换代大大加快的情况下，企业通过大规模的广告宣传能使本企业对消费者产生吸引力，这对于招徕顾客是大有帮助的。

提高产品的知名度是企业竞争的重要内容之一，而广告则是提高产品知名度不可缺少的武器。精明的企业家总是善于利用广告，提高企业和产品的"名声"，从而抬高"身价"，推动竞争，开拓市场。例如，"天厨味精"开始时是由吴蕴初和"张崇新酱园"合作，由"张崇新酱园"出资，吴蕴初出技术开厂制造的。吴蕴初想到，最香的香水叫香精，最甜的东西叫糖精，那么，味道最鲜的可以叫味精。当时日本的"味之素"在中国倾销，他从"味之素"这个"素"字上又产生了一系列的遐想：味精由植物蛋白质制成，是素的，但有肉味，吃素的人最相宜；吃素人当然信佛，要与佛教联系起来，佛在天上，珍奇美味只有天上有，天上庖厨——天厨。于是，他联名"天厨味精"，采用佛手商标，拟制了"天厨味精，鲜美绝伦，质地净素，庖厨必备，完全国货"的招贴广告，还在国际饭店屋顶上装了"天厨味精"四个字的大型霓虹灯广告，又在《申报》的《自由谈》栏目中配合"天厨味精"刊登"每周食谱"，受到了家庭主妇的欢迎，并用一辆彩车在街头巡回做宣传广告，响亮地呼喊"天厨味精，完全国货，胜过'味之素'，价廉物美，欢迎试用"，终于把日本'味之素'从中国市场上挤了出去。以后，上海制造的同类产品陆续出现，但天厨味精始终占总销售额最大的比重。

（五）丰富生活，陶冶情操

广告是一门艺术，好的广告作品实际上就是一件精美的艺术品，不仅真实、具体地向人们介绍了商品，而且让人们通过对作品形象的观摩、欣赏，引起丰富的生活联想，树立新的消费理念，增加精神上美的享受，并在艺术的熏陶之中产生购买欲望。有一幅宣传三星牌彩色铅笔的广告画，画面上20支色彩各异的铅笔自下而上悬空排列，好像一架登天梯。一个天真活泼的小女孩正抓着"梯子"向上攀登，她右脚蹬在第五级，左脚已跨到第九级，小脑袋微微后仰，勇敢而又自信。画面下是一句标语：为使您的孩子更聪明。这幅画形象生动，将广告的意图隐藏在画面之中，使人在获得耐人寻味的艺术享受的同时激发起购买欲望。

良好的广告还可以帮助消费者树立正确的道德观、人生观，丰富人们的精神生活，并且给消费者以科学技术方面的知识，陶冶人们的情操。

三、药品广告的设计原则

（一）真实性原则

真实是广告的生命所在。虚假广告可能骗人一时，但不可能骗人一世。广告内容必须实事求是，切忌无中生有。《中华人民共和国广告法》第四条要求，广告不得含有虚假或者引人误解的内容，不得欺骗、误导消费者。广告主应当对广告内容的真实性负责。《中华人民共和国药品管理法》第九十条明文规定：药品广告的内容必须真实、合法，以国务院药品监督管理部门核准的药品说明书为准，不得含有虚假的内容；药品广告不得含有表示功效、安全性的断言或者保证；不得利用国家机关、科研单位、学术机构、行业协会或者专家、学者、医师、药师、患者等的名义或者形象作推荐、证明；非药品广告不得有涉及药品的宣传。《药品、医疗器械、保健食品、特殊医学用途配方食品广告审查管理暂行办法》第三条规定：药品、医疗器械、保健食品和特殊医学用途配方食品广告应当真实、合法，不得含有虚假或者引人误解的内容。广告主应当对药品、医疗器械、保健食品和特殊医学用途配方食品广告内容的真实性和合法性负责。比如，养生堂的"成人维生素"就因定位准确、内容真实而让人信赖，但多个版本的某品牌补钙广告却总因为这样那样的不真实性让人对产品产生质疑。

目前，在大小报刊、广播电视上刊播最多、出现频率最高的商品广告无疑是药品广告。为了达到"一告就灵"的目的，许多药厂挖空心思，甚至不讲科学，捏造事实，夸大疗效，有的把"无毒副作用"当成金字招牌；有的恐吓"每天你的××都在流失，必须补充"；有的冠以"国际大奖"或获得国际权威认证的高帽；有的花钱雇"药托"，编造药到病除、重获新生的谎言。总之一句话：不让顾客掏钱不罢休。至于疗效，那就"修合无人见，存心有人知"了。所以，面对五花八门、铺天盖地的广告，消费者要保持清醒、理智的心态。

（二）思想性原则

思想性是广告的灵魂所在。《中华人民共和国广告法》第三条明确要求，广告应当真实、合法，以健康的表现形式表达广告内容，符合社会主义精神文明建设和弘扬中华民族优秀传统文化的要求。这一原则要求广告内容与形式要积极健康。广告不仅是一种经济活动，还是一种政治宣传活动。广告主题和意识形式必涉及宣传什么、鼓励什么等社会问题，所以，广告不仅要追求经济效益，还要担负起社会责任。因此，广告绝不能以颓废的内容来吸引消费者注意，诱发他们的购买兴趣和购买欲望。思想性作为广告的灵魂，通过独特的形式和艺术手法表现出来，思想性寓于广告艺术性之中。

（三）艺术性原则

艺术性是广告的魅力所在。要运用美学原理，通过美术、摄影、歌曲、音乐、诗词、戏剧、舞蹈、文艺等多彩的艺术形式表现广告主题，以其艺术性来增强广告的趣味性、欣赏性。这样既丰富了文化生活，给人以美的享受，又增强了广告的感染力，提高了广告效果。例如，曾有一名烟草公司的推销员去海湾旅游区推销该公司的"皇冠牌"香烟，但该地区香烟市场已被其他公司的牌子所占领，该推销员苦思冥想、一筹莫展之际，偶然间受到了"禁止吸烟"牌子的启发，于是，别出心裁地制作了多幅大型广告牌，广告牌上写上"禁止吸烟"的大字，并在其下方加上一行字："皇冠牌"也不例外。结果大大引起了游客的兴趣，他们竟相购买"皇冠牌"香烟，为公司打开了该市场。再如，某某生发剂打出广告"聪明不必绝顶"，六神丸则主张"六神有主"，这些广告都让人回味无穷，颇有艺术性。

（四）情感性原则

动人心者，莫先乎情。广告真正能打动人是因为它影响了人们的某种情绪，唤醒了人们心中的某种欲望。在现代社会，药品的同质化越来越严重，一般来说，药品生产经营企业很难找出自己药品的独特的能说服消费者的信息来。退一步说，即使找到了，你能保证你的受众能够相信、能够接受吗？自媒体时代，信息高度爆炸，随着人们理性的进一步发展、广告经验的日益增长，人们普遍不相信广告片所要传达给大众的信息，人们大多是仅仅把看广告作为一种休闲娱乐行为：看归看，做归做。正如如果你从来不得感冒的话，就不会对感冒药广告提供的信息感兴趣，更谈不上被它说服了，所以，药品广告的诉求和表现不能仅仅围绕药品特征，而是要围绕消费者，在感情上做文章，更多的是采用情感诉求，激发受众的心理共鸣，使其对品牌留下深刻的印象。使药品广告最终起作用的不是药品的特征，而是和消费者取得的沟通和共鸣。

以情感人，那些又叫好又叫座的经典广告无不如是。比如雕牌的"洗脚"篇一直被广告人和消费者津津乐道，正是因为它符合中国人尊老爱幼的传统美德，企业也借这则广告潜移默化地传递了"童叟无欺"的价值观。而脑白金和黄金搭档广告的良好业绩也正是准确地把握了中国人"养生"和"重礼"的人性特点。

（五）针对性原则

"精准"不仅是一种工作理念，更是一种工作方法。日本作家小林多喜二曾说，文学创作应当把"写什么"作为作品中独一无二的焦点来对待，因为有了焦点，纸才能燃烧，也才能燃烧起读者的心。这在文学创作中叫"焦点法"。广告设计也有一个"聚焦"的问题，要突出药品的特性，力求"四两拨千斤"，针对性地对广告对象进行诉求，做出符合事实的颇有吸引力的承诺，使自己的药品在潜在用户的心目中留下一个概念，切忌一些与主题无关的词语和画面，避免不着边际的空谈。如果能用适当的方法让一个集中的概念在用户心中生根，便能取得惊人的成功。例如，曾有两家生产花粉制品的企业先后在电视上打出广告。一家企业的广告说，花粉不但能美容，还能强身健体，治疗心脏病、前列腺炎、妇科病等。另一家企业的广告只强调花粉的美容功能。结果，前者没有收到预期的促销效果，后者却创造了年销售额超亿元的佳绩。再如，美国象牙香皂上市时，广告设计师首先对其生产过程、性能特点进行研究，发现了一个与其他香皂不同的特征——能浮在水面上，通过化验进一步证实了这一特性具有柔和、保护皮肤等优点，于是他们抓住这一点大做文章，一举征服了家庭主妇，至今盛名不衰。

四、药品广告的媒体选择

广告媒体是用于向公众发布广告的传播载体，是指传播商品或劳务信息所运用的物质与技术手段。传统的"四大广告媒体"为电视、电台、报纸、杂志。广告行业把电视媒体和电台媒体称为电波媒体，把报纸和杂志媒体称为平面媒体，现在又增加了户外广告媒体和网络。

（一）主要媒体的特点

1．电视

（1）优点：

① 直观性强。电视的传播是视听合一的，超越了读写障碍，人们能够亲眼看到、亲耳听到，如同置身其中，易产生真实、信服的感受。

② 有较强的冲击力和感染力。电视是唯一能够进行动态演示的感性媒体，用声波

和光波信号直接刺激人们的感官和心理，使受众感觉特别真实，因此电视的冲击力和感染力特别强，是其他任何媒体广告所难以比拟的。

③ 有较高的注意率。电视的普及率比较高，观看电视已成为人们文化生活的重要组成部分，电视广告运用各种表现手法，使广告内容富有情趣，激起了观众观看广告的兴趣，集中了人们的注意力。

④ 利于激发情绪，增强购买信心和决心。电视能形象、突出地展示商品的个性，就像一位上门推销员一样，把商品展现在每个家庭成员面前，观众在欣赏电视广告时，有意无意地对广告商品进行比较、评论，可以统一购买思想，从而增强购买信心。

⑤ 具有强迫诉求性质。受众是在完全被动的状态下接受电视广告的，可通过反复观看对广告商品留下较深刻的印象。

（2）缺点：

① 费用昂贵。电视广告片的制作成本高，电视片拍片的片比通常是100：1，而且为广告片专门作曲、演奏、配音、剪辑、合成，费用也高，此外播放费用也高。

② 容易产生抗拒情绪。现实生活中，电视节目经常被广告打断，容易引起观众的不满。

③ 不利于深入理解广告信息。电视广告播放时间短，不能作过多的解释，影响人们对广告商品的深入理解。

④ 灵活性差。电视广告受收视率环境影响大，不易把握传播效果。

2．电台

（1）优点：

① 传播方式的及时性。广播传播速度快，可使广告内容在讯息所及的范围内迅速传播到目标消费者的耳中，有时可以做到现场直播。

② 传播范围的广泛性。广播覆盖面特别广泛，不受天气、交通、自然灾害的限制，尤其适合一些自然条件比较复杂的地区。

③ 收听方式的随意性。广播不受时间、地点的限制，简便、自由、随意。

④ 受众层次的多样性。广播不受文化程度、教育水平的限制。

⑤ 激发情感的煽动性。广播靠声音进行传播，诉诸人的听觉，能给听众无限的想象空间，容易撩拨人的心弦，煽动人的情绪，在不知不觉中完成传达与说服的功能。

⑥ 播出的灵活性。相对于报纸和电视广告，广播广告制作周期短，安排播出和调整时段相对比较容易、比较灵活。

⑦ 制作成本和播出费用的低廉性。

（2）缺点：停留时间短，听众难以记忆；传播方式单一。

3. 报纸

（1）优点：

① 传播速度较快，信息传递及时。对于大多数综合性日报或晚报来说，出版周期短，信息传递较为及时。一些时效性强的产品，可利用报纸及时地将信息传播给消费者。

② 信息量大，说明性强。报纸主要以文字符号来传递信息，容量大，可以详细地描述，对于一些关心度较高的产品来说，利用报纸的说明性可详细告知消费者产品的特点。

③ 易保存，可重复。相对于电视、广播等媒体，报纸具有较好的保存性，而且易折易放，携带方便。一些读者养成了剪报的习惯，分门别类地收集、剪裁所需信息，更强化了报纸的保存性和重复阅读性。

④ 权威性。信息准确可靠，是报纸获得信誉的重要条件。大多数报纸历史悠久，在群众中素有影响和威信。因此，报纸广告容易获得消费者的信任。

（2）缺点：

① 注意度不高。一份报纸中有许多广告，它们竞相吸引读者的注意，这样，只有当你的广告格外醒目时才容易引起读者的注意，否则读者可能视而不见。

② 印刷难以精美，表现形式单一。受材质与技术的影响，报纸的印刷品质不如专业杂志、直邮广告、招贴海报等媒体的效果。报纸仍需以文字为主要传达元素，表现形式相对于电视、其他印刷媒体的斑斓丰富，显得要单调得多。

4. 杂志

（1）优点：

① 读者阶层和对象明确。杂志分类较细，专业性强，都有其基本的读者群，某个专业的人容易接受专业杂志刊登的东西，便于企业选择特定阶层做广告，做到有的放矢。

② 杂志印刷精美，阅读率高，保存期长。杂志广告用纸讲究，印刷精美，图文并茂，色彩鲜艳精致，容易引人注目，可以逼真地展现商品形象，增强感染力，激发读者的购买欲。相对于广播、电视，杂志的生命长，常被人保存下来反复阅读，能加深人们的印象。

③ 版面安排灵活，颜色多样，可由插页或多页版面形式表现广告，效果较好。

（2）缺点：

① 杂志广告的发布频次过少。很多杂志的出版周期是一个季度、一个月，或者是半个月，这就使得广告发布得不是很及时，从广告主发布广告到读者最后阅读到广告，可能要经历一个比较长的过程。

② 杂志广告的环境也是比较杂乱的。大部分杂志都充斥了各种各样、形形色色的广告，这就容易使你刊发的广告淹没在众多广告之中。

③ 杂志广告的成本相对来说是比较高的。虽然它比电视广告的成本要低，但是与其他的纸面广告，如报纸广告比起来，费用就要高得多。

5. 户外广告媒体

凡是能在露天或公共场合通过广告表现形式同时向许多消费者表达诉求，能达到推销商品目的的物质载体，都可称为户外广告媒体。户外广告可分为平面和立体两大类。平面广告有路牌广告、招贴广告、墙壁广告、海报、条幅等，立体广告有霓虹灯、广告柱、广告塔灯、灯箱广告等。

（1）优点：

① 对地区和消费者的选择性强。一方面，可以根据地区的特点选择广告形式，如在商业街、广场、公园、交通工具上选择不同的表现形式，而且可根据某地区消费者的共同心理特点、风俗习惯来设置。另一方面，户外广告可为经常在此区域内的固定消费者反复进行宣传，加深其印象。

② 可以较好地利用消费者在上下班途中、在散步游览时经常产生的空白心理。这种时候，一些设计精美的广告、霓虹灯多彩变化的光芒可给人留下非常深刻的印象，能引起较高的注意率，易于使其接受广告。

③ 内容单纯，能避免其他内容及竞争广告的干扰，还可起到美化市容的作用。

④ 具有一定的强迫诉求性质，通过反复呈现使人们对广告商品留下较深印象。

⑤ 费用较低。

（2）缺点：覆盖面小，效果难以测评。

6. 网络

网络既包含电视广告的各大优点，又有成本低、灵活的特点，是一种极具潜力的新颖的广告媒体。

当然，广告不仅仅限于在媒体发布，企业可以自行设计一些恰当的活动或传播性工具来发布产品或企业信息。

（二）广告主媒体策略的两大特征

1. 中央级媒体打形象，地方性媒体做市场

中央级媒体在受众心目中有较高的权威性，能够提高人们对品牌的好感度。广告也在很大程度上获得了同样权威的光环效应，企业的品牌实力和质量也因此获得更高的信任度。所以，中央级媒体主要用于树形象，使产品获得较高的美誉度。当广告主开发某一区域市场时，地方性媒体往往是广告主进行产品信息深度传播的有效渠道。此外，地方性媒体的广告成本低，相对性价比较高，也使大量的广告投放成为可能。广告主在各地方台投放广告的秒数较长，产品信息更详尽。

与中央级媒体相比，地方性媒体在广告环境、竞争门槛等方面显得不尽如人意，容易造成竞争局面的混乱，并且降低了品牌美誉度等。

较好的做法是整体上以地方台为主、中央台为补充。

2．大众化报纸打广度，专业性杂志做深度

近年来，以晚报、都市报为代表的大众化报纸迎合了广大受众的需要，其广泛的发行量、高传阅率有利于广告主进行大范围的广告传播，并且，其相对低廉的价格提高了企业广告投放的性价比。而专业杂志比一般性杂志的受众针对性更强，在专业杂志上做商品广告能做到有的放矢，增强广告效果。

许多专业化程度较高的行业，如药品、化妆品等行业，都十分重视在专业杂志上的广告投放，包括硬广告和软文，原因是其针对性强，有说服力。

（三）媒体的四大新增趋势

1．互联网继续成为新媒体的亮点

有调查显示，企业认为互联网比较适用于产品的在线销售和在线促销。此外，网络媒体的公关效应倍受看好。网络媒体凭借快速、高效、公开等优势，其公关效应被越来越多的企业重视。

2．户外媒体受到持续认可

汽车、住宅、保险及金融、电信服务等依然是户外媒体的大客户，许多日用消费品也开始使用户外媒体。此外，网络化户外广告发展趋势看好。单体户外广告辐射面小，多个单体构成整体之后则具有数量多、覆盖面广、亲切小巧、贴近大众等突出优势。

3．直邮广告前景看好

直邮广告常见的形式有商品目录、说明书、价目表明信片、宣传小册子、招贴画、企业刊物、样品、征订单等，网络的发展使直邮广告又有了新的方式——电子邮件营销。成本低、传播反馈速度快等优势使电子邮件营销悄然成长起来。无论是传统的直邮广告，还是电子邮件营销，都将随着新经济、新技术的发展不断受到广告主的重视。例如，上海某知名保健品企业直邮广告的投放占总广告费用的4%，主要是与上海超市、卖场联合，在他们定期送到消费者手中的促销宣传单上占有一定版面。另外，还有一些夹报广告及宣传单页，效果也较好。

4．新形式小众媒体花样不断

研究表明，对于新形式媒体的探索将成为广告主永恒的话题。一些被广告主广泛尝试的新形式的小众媒体主要包括社区广告、电梯广告、短信广告、微信广告、俱乐部，等等。

五、药品广告的效果评估

有投入就要有效果评估,广告也是如此,任何广告投入都是有限的,都需要达成一定的广告目标。而判断广告计划是否达成广告目标的过程就是广告效果评估的过程。根据广告评估结果,对广告投放计划做出调整。

(一)广告效果评估的意义

1. 有助于企业选择有效的传播媒体

不同的受众群体接触媒介的情况是有一定差异的,尤其是在传播产业异常发达的今天,这种差异更加突出。一方面,媒介的种类、数量越来越多,人们选择的余地越来越大;但另一方面,随着媒介种类的迅速增加和选择余地的极度扩展,受众群体则越分越细,不同受众群体接触媒介的差异也越来越大,这就使得受众接触媒介的情况变得更加令人难以把握。通过研究目标消费群体接触媒介的偏好和习惯,有针对性地选择有效的媒介和时间进行广告投放就可以大大提高广告的有效性。媒介即效果,有效的媒介选择不仅创造了良好的广告效果,更重要的是,它还创造了良好的广告效益。

2. 有助于提高广告作品的质量

只有优秀的、有创意的广告作品才能在浩瀚的信息海洋中脱颖而出,才能吸引广告受众日渐挑剔的眼球和耳朵,才能给忙忙碌碌的受众留下一点记忆,才能最终促使消费者购买。因而广告"说什么"和"怎么说"就成为能否吸引受众的注意力、增强受众的记忆力、激发受众的购买动机的决定因素。通过研究消费者对广告的记忆点和如何对广告进行理解,可以发现广告传播效果是否与广告设计的预期贴合,提高广告作品质量,节约广告成本。

3. 有助于企业选择合适的广告发布时机

发布时机的选择是否得当,对广告效果有重大影响。时机选择得当,可以充分利用有利时机造成的有利媒介条件,增强广告的传播效果;而如果时机选择不当,则可能由于不利条件的影响使广告效果大打折扣。首先,广告发布时机有利还是不利与产品和服务的种类相关,也与目标消费群体的关注率有关,如世界杯足球赛期间,对运动服装、运动饮料等产品来说是千载难逢的大好时机,而对绝大多数与运动无关的产品或服务来说,则不啻是一场灾难。其次,广告发布的量也是影响广告效果的重要因素。发布数量不足,信息传播的范围有限,也使受众的接触率过低,难以形成记忆;而发布数量过多,一则增加广告预算的绝对量,使边际效用下降,实际上也形成了投资浪费。再次,发布时段或位置的选择对广告效果的发挥也很重要。以电视广告的发布时段来说，黄金时段的发布效果和半夜十二点的发布效果有天壤之别。通过研究目标消费群体关注媒体的习惯，选择适当的发布时机、发布量和发布时段，可以让广告更加直接有效。

（二）广告效果评估指标

为了更准确地进行广告效果评估，使广告效果评估更加科学、有效，企业需要选择一定的评估指标，指标的选择与生成也是决定广告效果评估水平的关键因素。

一般而言，企业可选用的广告效果评估指标包括以下几项。

1．总量性指标

这一指标包括广告的费用与频次两个（而对于电视广告、电波广告而言，还可以采用总长度评价，对于平面媒体而言也可以采用总面积衡量）方面。

2．趋势性指标

这一指标包括投放费用和频次等的增长率等指标，这部分用于描述企业投放力度的变化情况。

3．广告结构指标

广告结构指标即各类别广告的比例结构，如产品广告、促销广告、形象广告、服务广告等分别所占的百分比结构。该指标可以用于考察发布方的营销策略。

4．广告时段

对于报纸而言，该广告在一周的哪一天被投放相当于广告的时段，而对于电视广告而言，这一指标将决定广告面向的群体的接触特征。

5．广告区域

广告区域也就是该广告被投放到的区域，主要是从接收方的角度而言的区域。

6．愉悦性指标

愉悦性指标也就是该广告能够给消费者带来愉悦特征的情况。通常该指标决定消费者对广告的反应以及对品牌的好感。

7．可记忆性指标

这一指标是用于描述消费者对该广告的记忆效果的指标。如果广告易于被消费者记忆，那么它的效果将更为理想。

8．传播性指标

该指标用于描述广告被消费者谈论的可能性。如果该广告能够被更多的消费者当作谈资，那就可能意味着广告的效果更理想。

9. **说服性指标**

该指标用于描述广告所传递的信息被消费者接受的程度。通常隐性广告更容易起到说服消费者的作用。这一指标实际上也就是广告的可信度指标。

10. **告知性指标**

告知性指标也就是广告传递信息的能力指标,如告知消费者企业的技术优势,告知消费者品牌文化或企业文化,告知消费者企业的服务或价格等。

(三) 广告效果评估方法

具体的测试阶段评估指标和方法如下。

1. **广告事前测试**

广告事前测试包括目标群体、产品定位、市场趋势、市场环境、竞争状况、媒体目标、媒体选择。可采用的测试方法如下。

(1) 小组讨论测试法。从广告宣传的目标市场中请8—12人就特定广告题目进行讨论。为全面反映讨论的状况,可用现场录音的方法,通过对录音的整理得到受测者对广告的看法,分析广告表达的意图是否与受测者的理解相一致。

(2) 问卷测试法。根据所要了解的项目设计出各种问卷,由受测者根据自己所看到或听到的广告进行回答。问卷内容的设计可根据具体问题来选择填空、判断、问答等各种形式。通过整理受测者的答案发现问题,确定最佳的广告宣传形式。

(3) 比较测试法。把要测定的广告放在两个或两个以上的广告中,让受测者将所有广告排列出顺序,或让受测者指出自己最喜欢的广告,抑或让受测者先看完几个广告,再让其说明记住了哪些广告内容。通过多个作品的互相比较,从中选出效果最佳的广告。

(4) 补充测试法。有目的地给受测者一个不完整的广告,或少图,或少文字,让受测者在几个可供选择的文字或图案中按自己的意愿进行挑选,填充到广告中,选择机会最多的部分理应是比较优秀的。在测试中要注意弄清受测者选择某一部分的原因。

(5) 邮递测试法。将几种广告文案分别印制于明信片上,或以信函的形式寄出,比较各种文案反馈的数量。其中反馈数量比较多的文案说明其广告效果是比较好的。这种方式适用于有特定消费对象的信函广告,其不足之处是延续时间较长。

2. **广告事中测试**

事中测试是在广告已开始刊播后进行的。事中测试可以直接了解媒体受众在日常生活中对广告的反应,得出的结论也更加准确可靠。

测试内容有广告的知名度、回忆度、理解度、接受度、美誉度,品牌的知名度、美誉度、忠诚度，广告的目标群体的行为特征。常用的广告效果事中测定法有以下几种。

（1）市场试验法。先选定一两个试验地区刊播已设计好的广告，然后同时观察试验地区与尚未推出广告的地区，根据媒体受众的反应情况，比较试验区与一般地区之间的差异就可以对广告促销活动的心理效果做出测定。

（2）函询法。这种方法一般采用调查问卷的形式进行。函询法一般要给回函者一定报酬，以鼓励他们积极回函反馈信息。调查问卷通常以不记名的方式，要求调查者将自己的年龄、职业、文化层次、家庭住址、家庭年人均收入等基本情况填在问卷上。调查表中要尽可能详细地列置调查问题，以便对广告的心理效果进行测试。

3．广告事后测试

广告事后测试虽然不能直接对已经完成的广告宣传进行修改或补充，却可以全面、准确地对已做广告活动的效果进行评估。因此，心理效果事后测试的结论，一方面可以用来衡量本次广告促销活动的业绩，另一方面可以用来评价企业广告策划的得失，积累经验，总结教训，以指导以后的广告策划。广告事后测试有两层含义：一是广告刊播过程一结束就立刻对其效果进行测定，二是广告宣传活动结束后过一段时间再对其心理效果进行测试。广告事后测试内容包括与预设广告目标的差异和销售／市场占有率。

广告事后测试常用的方法主要有以下几种：

（1）要点打分法。该方法是请被调查者就已刊播过的广告的重要方面进行打分，各项得分之和就是该广告的实际效果。

（2）雪林测定法。雪林测定法是美国雪林调查公司（Schwerin Research Co.）根据节目分析法的原理，于1964年发明的测定广告心理效果的一种方法。该测定方法又分为节目效果测定法、广告效果测定法和基本电视广告测验法三种。

第一种，节目效果测定法。召集一定数量有代表性的观众到剧场，广告策划者说明测验的标准以后，请观众按照个人的意见对进行测验的广告表演节目评分定级。评分的级别通常分为：有趣、一般、枯燥无味。这种测验完毕之后，再请观众进一步说明喜欢或讨厌广告节目中的哪一部分，并阐明理由，或者征求观众对广告节目的意见或建议。广告策划者对改进意见进行统计、汇总，以作为今后设计或制作广告节目的重要依据。

第二种，广告效果测定法。广告效果测定法与节目效果测定法的内容基本相同，是通过邀请具有代表性的观众到剧场或摄影棚，欣赏进行测定的各种广告片。其与节目效果测定法的不同之处是：在未看广告片之前，根据入场者持票号码，要求媒体受众选择自己喜欢的商品。这些选择的商品品牌中，既有将在广告片中播放的品牌，也有主要竞争对手的品牌。广告片播放完以后请观众再一次做出选择，如果此次结果中所测验的广告商品品牌的选择度高，高出部分就是该广告片的心理效果。

测试完以后，通常将媒体受众所选择的商品赠送给他们。如果商品单位价值高，可以赠送给他们一些其他礼品。

第三种，基本电视广告测验法。这种测验法的目的在于客观地评价和判断电视广告片的优劣，以及用标准化的程序测验电视广告的效果。基本电视广告测验法的项目主要有以下几项。

① 趣味反应。利用集体反应测定机，测定媒体受众对每一广告画面感兴趣的程度。

② 回忆程度。运用自由回答法，让媒体受众回忆广告片中的产品品牌、广告主名称、画面内容以及标语、口号等。

③ 理解程度。运用自由回答法，了解媒体受众对广告内容的领悟程度。

④ 广告作品诊断。运用自由回答法，让媒体受众指出该广告片的特色，并提出修改意见。

⑤ 效果评定。采用问卷形式测验本广告片留给媒体受众的一般印象，即广告片的一般心理效果。

⑥ 购买欲望。让媒体受众说出有无购买广告宣传产品的冲动或者欲望。

⑦ 广告片的整体效果。让媒体受众对广告片作整体评价。

这种测验法的优点是客观、全面，能真正反映媒体受众的心理活动状况，取得的资料可信度高；缺点是操作技术性强，成本费用高，具体推行起来有一定的局限性。

六、药品广告管理

(一) 药品广告审查

国家市场监督管理总局负责组织指导药品、医疗器械、保健食品和特殊医学用途配方食品广告审查工作。各省、自治区、直辖市市场监督管理部门、药品监督管理部门负责药品、医疗器械、保健食品和特殊医学用途配方食品广告审查，依法可以委托其他行政机关具体实施广告审查。

药品广告的内容应当以国务院药品监督管理部门核准的说明书为准。药品广告涉及药品名称、药品适应证或者功能主治、药理作用等内容的，不得超出说明书范围。药品广告应当显著标明禁忌、不良反应，处方药广告还应当显著标明"本广告仅供医学药学专业人士阅读"，非处方药广告还应当显著标明非处方药标识（OTC）和"请按药品说明书或者在药师指导下购买和使用"。

医疗器械广告的内容应当以药品监督管理部门批准的注册证书或者备案凭证、注册或者备案的产品说明书内容为准。医疗器械广告涉及医疗器械名称、适用范围、作用机理或者结构及组成等内容的，不得超出注册证书或者备案凭证、注册或者备案的产品说明书范围。推荐给个人自用的医疗器械的广告，应当显著标明"请仔细阅读产品说明书或者在医务人员的指导下购买和使用"。医疗器械产品注册证书中有禁忌内容、注意事项的，广告应当显著标明"禁忌内容或者注意事项详见说明书"。

（二）药品广告的内容和表现形式

《中华人民共和国广告法》第九条规定，广告不得有下列情形：

（1）使用或者变相使用中华人民共和国的国旗、国歌、国徽，军旗、军歌、军徽；

（2）使用或者变相使用国家机关、国家机关工作人员的名义或者形象；

（3）使用"国家级""最高级""最佳"等用语；

（4）损害国家的尊严或者利益，泄露国家秘密；

（5）妨碍社会安定，损害社会公共利益；

（6）危害人身、财产安全，泄露个人隐私；

（7）妨碍社会公共秩序或者违背社会良好风尚；

（8）含有淫秽、色情、赌博、迷信、恐怖、暴力的内容；

（9）含有民族、种族、宗教、性别歧视的内容；

（10）妨碍环境、自然资源或者文化遗产保护；

（11）法律、行政法规规定禁止的其他情形。

《药品、医疗器械、保健食品、特殊医学用途配方食品广告审查管理暂行办法》第十一条规定，药品、医疗器械、保健食品和特殊医学用途配方食品广告不得包含下列情形：

（1）使用或者变相使用国家机关、国家机关工作人员、军队单位或者军队人员的名义或者形象，或者利用军队装备、设施等从事广告宣传；

（2）使用科研单位、学术机构、行业协会或者专家、学者、医师、药师、临床营养师、患者等的名义或者形象作推荐、证明；

（3）违反科学规律，明示或者暗示可以治疗所有疾病、适应所有症状、适应所有人群，或者正常生活和治疗病症所必需等内容；

（4）引起公众对所处健康状况和所患疾病产生不必要的担忧和恐惧，或者使公众误解不使用该产品会患某种疾病或者加重病情的内容；

（5）含有"安全""安全无毒副作用""毒副作用小"，明示或者暗示成分为"天然"，因而安全性有保证等内容；

（6）含有"热销、抢购、试用""家庭必备、免费治疗、免费赠送"等诱导性内容，"评比、排序、推荐、指定、选用、获奖"等综合性评价内容，"无效退款、保险公司保险"

等保证性内容，怂恿消费者任意、过量使用药品、保健食品和特殊医学用途配方食品的内容；

（7）含有医疗机构的名称、地址、联系方式、诊疗项目、诊疗方法以及有关义诊、医疗咨询电话、开设特约门诊等医疗服务的内容；

（8）法律、行政法规规定不得含有的其他内容。

（三）药品广告监督管理

《中华人民共和国广告法》第十五条规定，麻醉药品、精神药品、医疗用毒性药品、放射性药品等特殊药品，药品类易制毒化学品，以及戒毒治疗的药品、医疗器械和治疗方法，不得作广告。前款规定以外的处方药，只能在国务院卫生行政部门和国务院药品监督管理部门共同指定的医学、药学专业刊物上作广告。

医疗、药品、医疗器械广告不得含有表示功效、安全性的断言或者保证；不得说明治愈率或者有效率；不得与其他药品、医疗器械的功效和安全性或者其他医疗机构比较；也不得利用广告代言人作推荐、证明。

药品广告的内容不得与国务院药品监督管理部门批准的说明书不一致，并应当显著标明禁忌、不良反应。处方药广告应当显著标明"本广告仅供医学药学专业人士阅读"，非处方药广告应当显著标明"请按药品说明书或者在药师指导下购买和使用"。

推荐给个人自用的医疗器械的广告，应当显著标明"请仔细阅读产品说明书或者在医务人员的指导下购买和使用"。医疗器械产品注册证明文件中有禁忌内容、注意事项的，广告中应当显著标明"禁忌内容或者注意事项详见说明书"。

除医疗、药品、医疗器械广告外，禁止其他任何广告涉及疾病治疗功能，并不得使用医疗用语或者易使推销的商品与药品、医疗器械相混淆的用语。

广播电台、电视台、报刊音像出版单位、互联网信息服务提供者不得以介绍健康、养生知识等形式变相发布医疗、药品、医疗器械、保健食品广告。

《药品、医疗器械、保健食品、特殊医学用途配方食品广告审查管理暂行办法》第二十一条规定，下列药品、医疗器械、保健食品和特殊医学用途配方食品不得发布广告：

（1）麻醉药品、精神药品、医疗用毒性药品、放射性药品、药品类易制毒化学品，以及戒毒治疗的药品、医疗器械；

（2）军队特需药品、军队医疗机构配制的制剂；

（3）医疗机构配制的制剂；

（4）依法停止或者禁止生产、销售或者使用的药品、医疗器械、保健食品和特殊医学用途配方食品；

(5) 法律、行政法规禁止发布广告的情形。

《中华人民共和国药品管理法实施条例》第五十条规定，未经省、自治区、直辖市人民政府药品监督管理部门批准的药品广告，使用伪造、冒用、失效的药品广告批准文号的广告，或者因其他广告违法活动被撤销药品广告批准文号的广告，发布广告的企业、广告经营者、广告发布者必须立即停止该药品广告的发布。对违法发布药品广告，情节严重的，省、自治区、直辖市人民政府药品监督管理部门可以予以公告。

第三节 公共关系

一、公共关系的概念和特点

（一）公共关系的概念

公共关系（Public Relations），又称公众关系，简称"公关"或PR，是指一个企业为改善与社会公众的联系状况，增进公众对企业的认识、理解与支持，树立良好的企业形象，从而促进产品销售而进行的一系列活动。

（二）公共关系的特点

作为一种特殊的促销形式，企业公共关系不同于一般社会关系，也不同于人际关系，具有自己特殊的属性和特点。

1. 目的性

公共关系活动是紧紧围绕着企业的总体目标进行的，围绕企业的长期或短期目标而精心策划和设计的，它的每一个活动过程都具有明显的目的性。在公众关系活动中，企业应充分向社会发布真实的信息，尊重公众良好的意愿，执行符合公众利益的行动方案，以争取公众的理解与支持，建立对企业有利的公众舆论环境。

2. 客观性

实事求是地向公众传递组织的真实信息是公关活动的原则要求。一个企业客观、真实地向公众介绍自己的产品、服务与观念，是公共关系务实工作的生命线。只有根据本企业的实际情况，客观真实地向公众传递信息，才能使公众对企业及其产品产生信赖感，取得良好的宣传和促销效果。而虚假的东西只能骗人一时，而不能骗人一世，正如美国总统林肯曾说的：你可以在某些时候欺骗所有的人，也可以在所有的时候欺骗某些人，但你不可能在所有的时候欺骗所有的人。

3. 互利性

企业公共关系是企业与公众之间的一种利益关系，强调的是互惠互利、平等互助。因此，作为公关主体的企业在开展公共关系务实活动中一定要尊重和满足公众、消费者的需求，使企业的利益与社会利益、消费者的利益相统一，且要用利他性来评价公共关系务实工作的效果。

4. 开放性

企业公共关系活动是一种企业与公众之间的双向认知与互动行为，要求公众的积极参与和合作，离开了公众的自觉参与，就得不到公众的支持和配合，企业的公共关系活动就不能取得预期的效果，而且可能引发公众的误解和对立情绪。因此，成功的公关活动总是会千方百计地调动公众参与的热情。

5. 连续性

企业要想在公众、在消费者心目中尽最大可能塑造本企业的良好形象和信誉，绝不是靠一两项公共关系活动就能达到的，也不是一朝一夕的短期行为所能实现的，它需要一个连续不断、持之以恒的过程。在某一时期企业在公众中树立起良好的形象并不意味着公共关系活动的结束，公共关系还需要依靠经常性的公关务实工作去维护、巩固、发展和提高。如果企业的公关活动不具有连续性，在公众心目中已树立起来的形象就会不断淡化。所以，在现代市场经济激烈竞争的情况下，市场得而复失的现象屡见不鲜。

6. 效益性

开展公共关系必须讲求经济效益。公共关系调查研究、公共关系计划实施、公共关系活动效果检测等，都要从节约的观点出发，以尽可能少的费用支出取得尽可能大的宣传效果。

二、公共关系的主要功能

公共关系是一门内求团结、外求发展的经营艺术，是一项与企业生存发展休戚相关的事业。其功能具有全方位、多层次、多元化和综合性的特点，主要包括以下几点。

（一）塑造形象，促进发展

企业形象是指企业的总体表现与特征以及它们在公众心目中的反映和评价。开发企业形象资源，塑造良好的企业形象，是企业公共关系活动的根本目的之一，也是企业在日趋激烈的市场竞争中求得生存和发展、取得竞争优势的制胜法宝。良好的企业形象有利于提升企业员工的思想修养和精神境界，增强企业的凝聚力和向心力，增强员工的主人翁意识并自觉为企业目标努力奋斗，还有利于企业间建立友好和睦的邻里关系，得到社会和消费者的信任与支持，赢得市场和顾客。所以，良好的企业形象是企业的一种无形资产。例如始创于清朝康熙八年的北京同仁堂药店，虽经历了300多个春秋的风雨、时代的几度变迁，但由于他们一直坚持"质量第一"的服务宗旨，因此在消费者心目中树起了"德、诚、信"的美好形象，这在同仁堂的发展中起着至关重要的作用。

（二）交流信息，营造氛围

广泛地收集信息和及时地传播信息，是企业公共关系活动的又一重要职责，也是其基本职能。公共关系作为企业的"喉舌"，可将企业的有关信息及时、准确、有效地传送给特定的公众对象，为企业树立良好形象，创造优越的舆论气氛。如公关活动能提高企业的知名度、美誉度，给公众留下良好形象；能让更多的公众全面了解企业、认识企业、支持企业，为企业的更快发展创造有利的环境。企业的发展离不开信息的传播交流，就像人们的生存离不开空气和水一样，尤其是那些重要信息对于一个企业来说有着荣枯兴衰之力和浮沉成败之功。

再好的产品或服务如果不被社会公众所认知，就不可能被社会公众所接受，那它只能是一种无效的、没有市场价值的产品或服务，因而就不可能给公众留下什么好的印象，其知名度和美誉度也就无从谈起。因此，只有实现信息的双向交流，才能真正达到该企业与公众之间的相互了解，也才能真正使企业在公众心目中树立起良好的形象。

（三）协调沟通，化解矛盾

企业是一个开放系统，不仅需要内部各要素相互联系、相互作用，而且需要与系统外部环境进行各种交往、沟通。交往沟通是公关的基础，任何公共关系的建立、维护与发展都依赖于主客体的交往沟通。只有交往，才能实现信息沟通，使企业的内部信息有效地输向外部，使外部有关信息及时地输入企业内部，从而使企业与外部各界达到意见互通、关系协调。

公关还能适当地控制和纠正对企业不利的公众舆论，及时将改进措施公之于众，避免扩大不良影响，从而收到化消极为积极、尽快恢复声誉的效果。

（四）咨询建议，决策参考

决策参考就是公共关系人员围绕企业发展过程的各个目标，运用知识、经验和科学的方法，在收集信息的基础上，对需要决策的问题进行系统研究，为企业决策者提供预选方案及实施建议。公共关系的这一职能是利用所搜集到的各种信息进行综合分析，考察企业的决策和行为在公众中产生的效应及影响程度，预测企业决策和行为与公众可能意向之间的吻合程度，并及时、准确地向企业决策者提供咨询，提出合理而可行的建议。

三、公共关系的活动方式

公共关系的活动方式是指企业围绕特定的公关目标和任务，将各种公关媒介与方法进行有机组合，形成的具有特定公关职能的工作方法体系。按照功能不同，公共关系的活动方式可分为以下五种类型。

（一）宣传型公关方式

这种方式就是利用报纸、杂志、电视、广播、互联网等各种传播媒体，向社会传播企业信息，以形成有利的社会舆论，树立良好的企业形象的公关活动。其主要形式有新闻发布会、新闻报道、专题通讯、公共广告及其他印刷刊物、视听资料、展览会等。例如，杭州民生药厂是一家综合性药厂，是国家医药工业的重点企业之一，经过几年的努力研制出一种新药——"21金维他"。这是一种含21种成分的多效能的营养补给剂。由于货真、价实、疗效好，产品一上市立即受到欢迎。但是由于过去工厂生产的几乎都是处方药，因此社会知名度不高。为此，民生药厂策划并实施了一系列始终围绕提高企业知名度、建立企业信誉、完善企业形象的公关活动。比如安排厂长答记者问的电视节目，在节目中解释"21金维他"的产品性能、作用和深受社会欢迎的原因，既传递了企业信息，又宣传了产品。电视屏幕上最后推出"21金维他伴随您进入21世纪"的广告词，使公众产生了亲切感、信任感。接着请来了医药专家客观地进行产品介绍，又请著名营养专家来厂访问，还请中央电视台来厂拍专题片等，借名人效应扩大宣传，提高了企业的知名度。

（二）交际型公关方式

这种方式就是借助人际交往，通过人与人的直接交流沟通，以求广结良缘，为企业建立广泛的社会关系网络。其主要形式有宴会、招待会、联欢会、座谈会、茶话会、慰问、专访、参观访问、友谊比赛、信函等。例如，2020年3月11日，双蚁药业向广西壮族自治区来宾市城东街道办事处、来宾市交警一大队、来宾市城中派出所的抗疫一线工作人员、交警和民警捐赠新一代感冒药、王老吉等爱心药品和爱心物资。2020年5月8日，第73个世界红十字日，浙江海兴药业为浙江武义县50位抗疫白衣战士捐赠清補堂复合型破壁灵芝孢子粉和铁皮石斛。这些都属于交际型公共关系。

（三）公益型公关方式

这种方式就是通过赞助文化教育、体育卫生等公益事业和社会福利事业来塑造企业形象，提高企业知名度和美誉度的活动。例如，广药集团属下广州白云山和记黄埔中药有限公司2003年非典时期率先向社会承诺板蓝根颗粒等抗非典药品不涨价。2005年在全球首创"家庭过期药品回收（免费更换）机制"，投入8000万元，在全国范围内授权"永不过期"药店3000家，永不过期的白云山和黄中药深入人心。2006年，兴建了神农草堂中医药博物馆，积极弘扬中医药文化，至今参观人数已逾35万，受到国家、省、市领导的赞誉。2007年5月成立了全国首个"神农中医药文化研究院"，以传播和弘扬中医药文化知识，推进中医药产业的发展。在2008年抵御雨雪冰冻灾害工作中，白云山和黄中药组织广大党员捐钱捐物逾23万元；4月，安徽省爆发EV71疫情，该集团又在第一时间在全国范围内向中小学、幼儿园捐赠抗病毒药品；5月12日汶川大地震发生当晚，白云山和黄中药立刻行动，投入抗震救灾的行列，13日上午便通过广东省红十字会向灾区捐赠20万元现金和30万元药品，并通过开展义卖活动，影响和带动广大群众加入抗震救灾的行列；5月23日一早，时任广药集团抗震救灾领导小组副组长、副总经理、白云山和黄中药党委书记、总经理李楚源率广东医药企业抗震救灾爱心慰问团前往四川、陕西等地，向四川、陕西、甘肃捐建3所希望小学，还向灾区提供100个就业岗位。2019年新冠肺炎疫情发生后，白云山和黄中药联合全国各大小连锁药店不分昼夜在高铁站等人流密集场合开展"板蓝根免费赠饮"等爱心活动，企业还在武汉市汉阳区为环卫工人、在洪山区为幼儿园送上板蓝根冲剂、消毒用品等，以及在湖北、河北、河南、山东、广东省等地同步开展爱心捐赠活动。白云山板蓝根一直以点滴行动诠释着企业的责任担当，赢得了社会各界的广泛"点赞"。这些均属于企业的公益型公关活动。

（四）服务型公关方式

这种方式就是提供实惠性服务，以实际行动来获取社会公众的了解、信任和好评，树立良好的企业形象和声誉。其主要形式有消费指导、消费培训、免费修理、提供便民措施等。例如，针对很多"白领"不惜花几千元在膏方中加入名贵药材，吃膏方却"三天打鱼，两天晒网"，或贪图方便随意吃这种"热衷开方、冷对服用"的现象，上海一家卖膏方药店提供了一项特殊的售后服务：一天早晚两条提醒短信。这项温馨提示成了众多"白领"吃膏方的必备"药引"，深受购药者欢迎。

（五）征询型公关方式

这种方式就是通过一定的信息网络获取社会信息，了解民情民意，为企业经营管理提供决策参考的公关活动。其主要形式有开展社会咨询、设立热线电话、进行民意测验和社会调查、处理举报和投诉等。近年来，许多医药企业、医疗机构设立免费咨询的健康服务热线电话即属于这种公关方式。

四、公共关系礼仪

（一）公关礼仪的概念及作用

1. 公关礼仪的概念

礼仪是人类文明与素养的表现，是人类必须遵循的三大规范（法律规范、道德规范、礼仪规范）之一。营销人员掌握基本的礼仪规范不仅可体现其内在的道德标准和品格修养，而且是营销人员应该具备的基本素质。

礼仪包括"礼"和"仪"。"礼"即礼貌、礼节、礼俗，"仪"即仪表、仪容、仪态、仪式。礼貌是指人们在社会交往中相互之间应具有的友善和得体的气度和风范；礼节是指人们在社交过程中礼尚往来的习惯或风尚形式，它是文明礼貌的具体体现；礼俗是人们在交往过程中应遵循的不同地域、不同民族的风俗习惯和民族禁忌。仪表是指人的外表，包括人的容貌、服饰、风度等方面；仪容是指人的五官、面容；仪态是指人在行为中的姿势和风度；仪式是指按照程序进行的礼节。礼仪，就是人们在社会的各种具体交往中，为了互相尊重，在仪表、仪态、仪容、仪式、言谈举止等方面约定俗成的、相互认可的规范程序。

公关礼仪，是公共关系工作人员或其他人员在与公众的社会交往和业务往来中，为了塑造个人和企业的良好形象而应当遵循的尊重他人，讲究礼节，注重仪表、仪态、仪容、仪式等的行为规范程序和办事准则。

2. 公关礼仪的基本作用

礼仪是人类文明的重要标志，虽属"小节"，但能以小见大。所以，它是从细微处见精神，从表象反映本质的"行为显微镜"，对建立和维系良好的人际关系具有显著作用。

（1）沟通作用。人际交往中，如果交往双方都能自觉遵守公关礼仪规范，把握好交往节度，态度亲切，称呼得当，穿着得体，姿势正确，则信息交流势必顺畅，感情易于沟通，交往气氛自然融洽，行为易于理解，共识利于达成。反之，非礼言行则会成为一种摩擦因素，阻碍相互的理解与沟通。因此，有人这样赞美：礼仪是人类交往的台基和铺垫，它能够融化陌生的敌意，抚慰冷漠的心灵，搭起人际交往的桥梁。它教会人们如何在交际环境里举止不失礼、神色不失态、言语不出格。

（2）协调作用。人非圣贤，孰能无过，在工作和生活中我们不可能不出一点点差错。当人们由于失误、误解或某种过错而造成人际矛盾时，礼仪是化解矛盾、消除隔阂最好的"武器"。按礼仪规范去做，可以缓解或避免情感对立与障碍，消除隔阂和误会。从某种意义上说，礼仪是人际关系和谐发展的"调节器"。

（3）成见效应。心理学研究表明：人们常常以对他人的第一印象来对此人的学识涵养进行评估，对此人以后的行为进行推测。第一印象会使人形成一种特殊的心理定式和情绪定式，由此而把他人的一些尚未显示出来，或者你还未曾了解的个人品质（可能是好心，也可能是坏的）主动归属于他，而不管这个人是否的确具有这些品质，这就是所谓的"成见效应"。成见效应会形成一个人的吸引力或排斥力。

营销人员应从"成见效应"中得到启发，在人际交往中注重公关礼仪，以给人留下良好的第一印象。

（二）公关礼仪的基本原则

1．系统整体原则

礼仪是一个完整体系，几千年来已经无所不包，因而在公关交往和业务往来中，营销人员一定不能忽视礼仪的整体性，要注意礼仪规范的每一个细节，善始善终，"留下美丽的背影"，否则就有可能导致"100－1＝0"的效果。"一口痰吓跑几千万投资"的教训值得我们永远铭记。

2．互惠互利原则

推销员在与顾客交往过程中，不要只考虑到本企业的利益而不顾顾客的利益，进行"倾力推销"，也称强行推销，即推销员冲破各种销售障碍，不择手段地征服顾客，试图向任何人推销任何商品。这种推销的壁垒将使任何人难以攻破，以致一些企业和家庭干脆拒绝推销员来访，人们对推销员产生了信任危机，使推销工作步履维艰。所以，推销人员要遵循互惠互利的原则，对顾客无益的交易也必然有损于推销员，推销员所做的一切必须有利于其顾客，必须要对顾客负责，要寻求本企业利益与顾客利益的共同点，在满足顾客利益的基础上获得企业利益，做到"双赢"。

3．公平对等原则

推销过程是发掘和满足顾客需要，并说服其购买的过程。推销不是乞求，推销员与顾客之间是平等的买卖关系，没有尊卑之分。另外，推销人员也不能"势利眼"，不能以财富的多少、权势的高低、容貌的美丑等来取舍礼仪的繁简，而要一视同仁，充分尊重对方的人格。因此，推销人员应公平大方，不卑不亢，主动友好，热情高而有所节制。

4. 诚实守信原则

我国传统文化注重交往，做人要以信义为本，提倡一诺千金。所以，推销员办事一定要说到做到，言而无信是最让人瞧不起的。对没把握的事不要轻易承诺，不谎报产品、产地、出售的原因、出售的目的及有关产品的质量和价格等，不假冒、仿冒他人产品的名称、包装、说明书等；对已承诺的事情或履行合同的过程中遇到了事先未料到的困难时，也应及时向顾客解释，求得谅解，决不能寻找借口，拖延、掩饰而不了了之。在推销交际过程中，信用是推销员本人及其企业名誉的关键所在。不讲信用，最终将名誉扫地。

5. 向前发展原则

推销是一项持续不断的工作，追求的是业绩的稳步发展，所以，推销员不仅要立足现实，更重要的是展望未来，不能把眼光局限于每一次交易、每一个顾客身上。每一次交易可能是成功的，也可能是失败的，成功时，要礼谢顾客、赞美客户，并在日后对顾客提出的困难和问题予以解决，主动联络感情，增进友谊，保住"老客户"；失败时，也要保持坚定的信念和乐观的态度，坦荡从容，虚心请教，请求推荐介绍新客户，交易不成友谊在。

6. 尊重习俗与风俗禁忌原则

我国幅员辽阔，人口、民族众多，可谓"十里不同风，八里不同俗"。作为推销员，时常同不同地域、不同民族、不同风俗的人交往，应当"出门问忌，入乡随俗"。一个见多识广、懂得并尊重他乡习俗与禁忌以及懂得并尊重客户心理需求的推销员，能够很快打开工作局面，取得消费者的认同与支持。

五、基本礼仪规范

（一）见面礼仪

推销人员在工作中要接触到形形色色熟悉或不熟悉的人，见面礼仪必不可少。

1. 称呼礼仪

称呼是在人际交往中称谓他人以表示礼貌和尊重的礼节形式。称谓是否恰当，能够反映说话人的文化修养，也会影响到推销员的工作效果。推销员在交往中使用称呼时要注意以下几点。

（1）相应称呼，即根据交往对象的性别、年龄、职业、职务等确定相应称呼。初次见面，不明对方身份，可称"同志"，年龄较大的男同志可称"老大爷""师傅""老先生"或"大伯"，年龄较大的女同志可称"阿姨"，对中年女士可称呼"大姐""女士"，对青年女士可称"小姐"，对男士称"先生"，对有职务、职称和有学问的知识界人士可以直接用职业名称来称呼，如"医生""老师"，也可冠以姓，如"刘老师""王医生"；诸如教授、工程师、技术员等职称可直接称呼，亦可冠以姓，如"李工程师"；职务前亦可加姓，如"王部长""王经理"；对学位来说，只有博士可作称谓，一般用在一些专有的场合。但要注意的是，对客人切忌称呼外号，也不要说那些容易让人联想到生理缺陷的词语。在广东等沿海地区，不可随意称呼"小姐"，可以其工作职务相称，如"服务员""管理员""经理"等。

（2）上下有异，即对于上级或长辈要用尊敬、得体的称呼，对于下级或晚辈可使用习惯称呼，对长辈、相交不深或初次见面的客人应用"您"而不要用"你"，以表示敬意。

（3）主次有序，即在有若干人交往的场合注意称呼顺序。基本原则是：先外后内，先长后幼，先上后下，先疏后亲。

2．握手礼仪

握手是社交场合使用最多的一种礼节。推销人员与顾客初次相识、重逢、告别等都要握手以示礼貌与尊重。握手的方式多种多样，握手的力量、姿势与时间长短往往能够表达握手人对对方的态度。美国著名盲人作家海伦·凯勒曾说过："我握过许多的手，虽然无言却极有表现力。有的人握手能拒人千里，握着这样的手，如同和凛冽的北风握手一样，使人感到寒冷；而和有的人握手如同和灿烂的阳光握手，它使你感到温暖。"推销员在与顾客握手时要主动热情，自然大方，面带微笑，双目注视顾客，切不可斜视或低着头，通常可根据场合一边握手一边寒暄致意，如"您好""谢谢""再见"等。通常情况下握手应遵守以下原则。

（1）与年长者、主人、身份高于己者握手，一般应等对方伸出手后再与之握手，同时应稍稍欠身，双手握住对方的手，表示谦恭。而对年轻女性切忌双手相握，即所谓"三明治式"握手，而且一般待女方先伸手时才与之握手。

（2）握手时不要毫无力气，也不要过分用力，尤其对女性；握手时间应长短适宜，一般以3—5秒为好；当表示真诚和热烈时，可以稍长一些时间，并可上下晃动几下，但不要左右摇摆。

（3）与几个人见面握手时，一般应按由近（身旁）及远的顺序分别握手，注意不要交叉，不能跳跃。不要戴着手套与人握手，握手前应脱下手套，当手不洁或有污渍时，应事先向对方声明并致歉意。握手后，有意无意地掏出手帕来擦手都是不礼貌的。

（4）一般当别人伸手与你相握时，不可拒握。为了避免尴尬场面发生，在主动和人握手之前应首先想一想自己是否受对方欢迎，如果已察觉对方无握手之意，那么最好向他点头致意，或微微鞠躬，也是很礼貌的。

3. 介绍礼仪

介绍是推销交际中常见的重要一环，介绍的礼节是通过交际大门的钥匙，是社交场合中相互了解的基本方式，包括为别人作介绍、相互之间的自我介绍和被别人介绍几种情况。介绍时应注意的细节问题有以下几个方面。

（1）为别人作介绍时，注意使用介绍礼貌用语和措辞，如"请允许我来为你（们）介绍一下……""这位是……"，同时配合用右手手心向上指向被介绍人。介绍内容要注意实事求是，不可吹嘘，也不可贬低，不可涉及他人隐私，以免使被介绍者尴尬、反感。还要注意介绍的顺序。一般来说，先介绍谁后介绍谁要遵循以下惯例：先向身份高者介绍身份低者，先向年长者介绍年幼者，先向女士介绍男士等。在口头表达时，先称呼身份高者、年长者和女士等，再将被介绍者介绍出来，是一种敬意。介绍时可以姓名并提，也可以姓与职务并提，要特别注意职务、职称的介绍。当双方年龄相当、地位相当又是同性别时，可以先向先到场者介绍后到场者。

（2）被别人介绍时，应站起来握手，并微笑致意说"您好""幸会""久仰""很高兴认识您"之类的礼节话。自己未被介绍给对方时也不宜插嘴，应在旁静候，或选择适当时机自我介绍。

（3）推销员使用自我介绍的情况较多。自我介绍一般包括姓名、职业、单位、籍贯、经历、特长和兴趣等内容。推销员与顾客初次见面，为使谈话很快进入正题，介绍前三项就足够了。某些场合可以多介绍一些自己的情况，以便给人留下深刻的印象。自我介绍一定要大方爽朗，决不应使自己卑下。从接近顾客的技巧角度来讲，自我介绍的时间可在刚一见面时，也可以在交谈中间。挨门挨户访问中也可能不作明确的自我介绍，但去客户办公室或参加推销洽谈，客户为陌生人时，没有介绍人又不作自我介绍是一种失礼的表现。

4. 递接名片礼仪

名片是推销员应备的一种常用交际工具，推销员在和顾客交谈时递给顾客一张名片不仅是很好的自我介绍，也与顾客建立了联系，既方便又体面，但不能滥用，要讲究一定的礼仪，否则会给人留下草率、马虎的印象。

一般来说，推销员初次见到顾客，首先要以亲切的态度打招呼，并报上自己的公司名称，然后将名片递给对方。递交名片时，应用双手的拇指和食指分别夹住名片的左右上端，使名片上的文字顺对着对方，双目含笑注视对方并恭敬奉上。同时，还可说些"请多关照""请多指教"之类的话。如果是事先约好才去的，顾客已对推销员有了一定了解，或有介绍人在场，就可以在打招呼后直接面谈，在面谈过程中或临别时再拿出名片递给对方，以加深印象，并表示保持联络的诚意。异地推销，不要忘记在名片上留下所住旅馆的名称、房间号和电话号码。顾客也可能送给推销人员名片，推销员接过名片后要点头致谢，并小声读一遍名片上的名字和职务，然后很郑重地将名片放入自己的上衣口袋或名片夹中，切忌连看都不看就放进口袋里，或将名片扔在桌上，或拿在手上摆弄。第一次见面后，应在名片背面记下会面认识的时间、地点、内容等资料，最好能简单记下对方的特征（如籍贯、毕业学校、特殊的爱好等）。这样，积累起来的名片就成为自己的社会档案，为再次会面或联络提供线索或话题。

名片除在面谈时使用外，还有其他一些妙用。推销员去拜访顾客时，如对方不在，可将名片留下，顾客回来后看到名片就知道你来过了。还可以在名片上留言，向顾客致谢或预约拜访的时间。把注有时间、地点的名片装入信封发出，可以代替正规请柬，又比口头或电话邀请显得正式。向顾客赠送小礼物，如让人转交，则随带名片一张，附几句恭贺之辞，无形中关系又深了一层。熟悉的顾客家中发生了大事，不便当面致意，寄去名片一张，省时省事，又不失礼。总之，推销员要根据时间、地点以及工作实际情况确定什么情况下可以使用名片。

（二）仪表、举止礼仪

在社会交际中，第一印象十分重要。对推销员来说，给顾客的印象好坏往往会决定交易的成败。让顾客购买你推销的商品，首先必须让顾客接受你，对你有好感。如何把握与顾客初次见面短暂的时机，创造良好的第一印象？关键是注意仪表、举止等方面的表现。

1. 仪表礼仪

人们都反对"以貌取人"，都认可"人不可貌相""内涵重于外在"，但对于眼前的事物，人们往往还是根据第一印象来判断，内在倒是其次。正如歌德在《少年维特之烦恼》中所说："服装是反映自己的镜子，所以不能马虎。"推销员在与顾客见面之初，对方首先看到的是你的仪表，如容貌和衣着。推销员能否受到顾客尊重，获得顾客的好感，能否得到顾客的承认和赞许，仪表起着重要的作用。周恩来同志青年时代在天津南开学校读书时，学校的一面大镜子的上方悬挂着一幅格言："面必净，发必理，衣必整，钮必结，头容正，肩容平，胸容宽，背容直，气象勿傲、勿暴、勿怠，颜色宜和、宜静、宜庄。"这段格言对周恩来养成令世人所景仰的风度是不无影响的，推销人员应该对此有所感悟。作为一名推销人员，必须从最基本的打扮做起，给人良好的第一印象，养成整洁卫生的习惯，勤洗澡，勤换衣，勤擦鞋，男士要经常修面，女士要适度使用化妆品，保持皮肤的细润修正。头发要适时梳洗，发型要大方得体。指甲要经常修剪，保持指甲清洁。讲究口腔卫生，工作前一般不要食用葱、蒜、韭菜等有刺激性气味的食物，养成饭后刷牙的习惯，防止口臭。如果你穿得整洁大方，对方一眼看去就会觉得"这人看上去挺舒服，肯定可信可靠"，他就能够接受你，喜欢你，自然也就容易认可你的商品。相反，如果你的衣服有皱褶且不端正，让人一见就皱眉，那就别指望客户会与你谈成什么交易。

仪表强调的是整体形象，不仅仅是外在表现的问题，也是内在涵养问题，良好的形象是外表与内涵的统一。当然，对推销员来说，注意仪表并不是非要穿戴什么名贵衣服不可，也不是要刻意讲究，一般做到朴素、整洁、自然、大方即可。推销员的衣着打扮要注意以下几点。第一，要注意时代气息，体现时代精神。第二，要符合个人性格特点。第三，应符合自己的体形。个体要注意的方面很多，比如无论是中山装、西装还是各种便服，在颜色、式样上应协调、得体，衣服要干净、平整；尽量不把杂物、打火机等放入口袋，以免衣服变形。第四，"时装不入办公室"的戒条对推销员也是适用的。头部也会给人很深的印象，头发要给人以清爽感，油头粉面容易使人厌烦等。总之，外表整洁、干净利落会给人以仪表堂堂、精神焕发的好印象。

2．举止礼仪

推销人员要塑造良好的交际形象，必须注意行为举止。举止礼仪是自我心态的表现，一个人的外在举止可直接表明他的态度。推销员要求做到站有站相，坐有坐相，端庄稳重，彬彬有礼，落落大方，遵守一般的进退礼节，尽量避免各种不礼貌和不文明的习惯。

在公共场所，要举止端庄，行为要得体、大方、自然。站立时不弓身弯背、挺肚造作，也不要双手叉腰，或双手抱在胸前，或双手放入衣袋。入座要轻、稳；坐在椅子上，至少应坐满椅子的2/3。起立时，右脚抽后放半步，而后站起。坐着时不可前倾后仰，或歪歪扭扭，摇腿、跷脚、两腿过于分开也是不雅观的。行走时步履要协调稳健、轻盈自然，双臂以肩头节为轴前后摆动，摆动幅度以30—40厘米为宜；不可勾肩搭背、大摇大摆或左右摇晃。脚尖呈内八字或外八字、脚拖在地上、双手插在裤兜内等不良习惯都是应该纠正的。

推销员到顾客办公室或家中拜访最好提前预约，进门之前应先按门铃或轻轻敲门，然后站在门口等候，待主人开门时应后退两步，点头微笑致礼。按铃或敲门的时间不要过长，要把握好节奏和力度，无人或未经主人允许不要擅自进入室内。如无事先预约，应先向顾客表示歉意，然后再说明来意。进入顾客的办公室或家中，要主动向在场的人表示问候或点头示意。在顾客家中，未经邀请不能在屋内来回乱走，即使是在熟悉的顾客家也不要任意抚摸或玩弄顾客桌上的东西，更不能玩顾客的名片，不要触动室内的书籍、花草及其他陈设物品。在顾客尚未坐定之前，推销人员不应先坐下。坐定后坐姿要端正，身体微往前倾，不要跷二郎腿。要用积极的态度和温和的语气与顾客谈话。顾客谈话时要认真听，回答时以"是"为先，眼睛看着对方，不断注意对方的神情。站立时上身要稳定，双手安放两侧，不要背手，身子不要侧歪在一边。当顾客起身或离席时应该同时起立示意。与顾客初次见面或告辞时，推销员都要不卑不亢，不慌不忙，举止得体，有礼有节。

另外，要克服各种不雅举止。不要乱丢果皮纸屑，不要当着顾客的面擤鼻涕、掏耳朵、剔牙齿、修指甲、打哈欠、咳嗽、打喷嚏，实在忍不住要用手帕捂住口鼻，面朝一旁，尽量不要发出大声。这虽然是一些细节，但它们组合起来将构成顾客对你的总印象，所以应引起注意，做到举止文雅得体。

（三）谈话礼仪

作为推销员，必须掌握一些基本的交谈原则和技巧，遵守谈吐的基本礼仪。

1．说话声音要适度

交谈时声音不宜过高，音调要明朗，咬字要清楚，语言要有力，频率不要太快，尽量使用普通话与顾客交谈。

2．说话的距离要适当

距离过密过疏均失礼。一般礼貌距离是：0—45厘米为亲密距离，45—120厘米为熟人距离，120—300厘米为社交距离，320—800厘米为公众距离。

3．说话态度应认真

与顾客交谈时举止要得体，应双目注视对方，不要东张西望、左顾右盼。谈话时可适当用些手势，但幅度不要太大，不要手舞足蹈，不要用手指人，更不能拉拉扯扯、拍拍打打。

4．交谈中要给对方说话的机会

"说三分，听七分"，在对方说话时，不要轻易打断和插话，应让对方把话说完。如果要打断对方讲话，应先用商量的口气问一下，如"请等一等，我可以提个问题吗""请允许我插一句话"，这样可避免对方产生你轻视他或对他不耐烦等误解。如对方谈到一些不便谈论的问题，可以转移话题，不要轻易表态。对方不愿回答的新话题，不要刨根问底。

5．要注意对方的禁忌

与顾客交谈，一般不要涉及疾病、死亡等不愉快的事情。在喜庆场合，还要避免使用不吉祥的词语。交谈要避开不雅粗俗之词，如上厕所，可以说"方便一下"；谈到怀孕，说"有喜了""要当妈妈了"。顾客若犯过错误或有某种生理缺陷，言谈中要特别注意，以免伤害其自尊心。无意中谈到引起对方反感的问题时应表示歉意，或立即转移话题。另外，谈话对象超过三人时，应不时与所有在场的人攀谈几句，不要只把注意力集中在某一两个人身上，使其他人感到冷落，更不能只与熟人交谈且过于亲热，冷落生客。交谈中要注意避免习惯性口头禅，以免使顾客感到反感。交谈要口语化，让顾客感到亲切自然。

（四）通信礼仪

在推销工作中，经常要使用信函，如利用信函约见顾客，用信件推销产品；生意成功，要向顾客写信致谢；对于责任，要写信进行解释；喜庆日子，和关系户发函祝贺等。写好这些信函对于推销产品、维系感情、扩大生意起着很重要的作用，所以，注意推销信函的使用礼仪是推销人员的基本技能。

1．书写要规范、整洁

信函的格式一般为：① 称呼；② 问候语；③ 正文；④ 结束语；⑤ 署名及发函日期。信面要整洁、干净，用纸要考究、精美、华贵，最好打印出来，增强说服力，也给人一种正规、体面的感觉，避免不良推测。

2．态度要诚恳、热情

真诚是宝。推销员只有用认真、热情、负责的态度写信，才能通过字里行间给顾客留下好印象。一篇好的推销信函除了要传达一定的信息外，还要融进和蔼的微笑，增进感染力，给顾客精神上的快慰。总之，推销信函要有人情味，切忌像公文一样枯燥无味。

3．文字要简练、得体、平实有力

推销信函不同于一般公文，它要做到文情并茂，但也不能像私信那样信笔挥洒、过于冗长，不能滥用华丽辞藻，否则会使顾客感到不耐烦，并认为你办事不实在。向顾客解释时要含蓄、委婉，要尽量用常见的字眼，避免词不达意、晦涩难懂。

4．内容要真实贴切

用信函推销产品，多介绍产品的名称、规格、用途、疗效等，要与实际情况一致。不然顾客购买以后就会产生一种上当受骗的感觉，以后再不敢买你的产品了。另外，对产品的价格、供货时间、地点、付款方式的表达也要准确、清楚，否则就可能产生误解和争议。

（五）电话礼仪

电话是推销人员运用较多的社交联络工具，许多企业和教育培训机构已把接打电话作为一门必修课程开设。使用电话礼仪应注意以下几个方面。

1. 打电话时

打电话时应自报家门，使用礼貌用语，主动问候对方，如"您好，我是……""麻烦您……"等。通话时，姿势要端正，用语要简洁，语言要谦和，语气要亲切，切忌乱喊大叫、装腔作势、娇声娇气。

2. 接电话时

接电话时应在铃声响起后最短时间里接听电话，若铃声响过多声之后应表示歉意，要向对方说："对不起，让您久等了。"这是礼貌的表示，可消除对方久等产生的不快心情。如果对方内容比较重要，应做好电话记录，包括单位名称、来电话人姓名、谈话内容、对方电话号码、通话日期和时间等。

3. 挂电话时

挂电话前的礼貌也不应忽视，应向对方说声"请您多多指教""抱歉，在百忙中打扰您"等，给对方留下好印象。

4. 拿放话筒

话筒要轻拿轻放，接完电话后，要确定对方已经挂掉电话，再轻轻放下话筒。打、接电话时，不要用手捂住听筒与他人交谈，如果不得已，要向通话者道歉，请其稍候，或者过一会儿再与对方通电话。

5. 打电话时间

打电话时应礼貌地询问："现在说话方便吗？"要考虑对方的时间。一般往家中打电话，以晚餐以后或休息日下午为好，往办公室打电话，以上午十点左右或下午上班以后为好，因为这些时间人们比较空闲，适宜谈生意。

6. 要学会配合通话人谈话

为了表示认真听对方说话，应不断地说"是，是""行""好吧"等，当然，要用得恰到好处，否则会适得其反。要根据对方的身份、年龄、场合等具体情况确定应对方式。

（六）微信礼仪

微信（WeChat）是腾讯公司于2011年1月21日推出的一个为智能终端提供即时通讯服务的免费应用程序。根据腾讯公司公布的2020年第三季度业绩报告数据，腾讯微信月活跃用户已达12.1亿。可以说,我国已经进入了"全民移民"的时代,微信已成为营销人员开展工作的重要工具,必须正确运用微信礼仪。

1. 头像与昵称

微信头像要使用健康、积极的图片,大多数人都喜欢和积极向上的人做朋友,客户都喜欢和专业人士打交道,如果微信用于商务交往,最好用本人职业照,且尽可能接近本人,这样客户见到你本人的时候容易对上号。一般来说,别用合照做头像。

2. 加微信礼仪

(1)扫码添加好友微信:按照礼仪长幼有序、主客适宜的原则,应该是晚辈(下属、主人、级别次之、乙方等)扫描长辈(上司、领导、甲方、客人等)的微信。不论是晚辈还是长辈提出添加微信,晚辈都应该去扫描长辈的微信二维码。

(2)加别人好友,一次没通过,第二次最好说明你是谁、要干啥,如果三次都没通过,就别再加了。

(3)主动添加好友时,简单备注上介绍及添加理由。谁先加的微信,谁就应该自报家门。

(4)加人为好友,第一时间打个招呼,第一时间问候,简单介绍下自己,会给人留下更好的第一印象。

(5)不管是你主动加别人好友,还是别人加你好友,通过后第一时间修改备注,不要过一段时间不知道是谁了。

3. 发微信礼仪

(1)注意发消息的时间,不要在半夜或大早晨发,会打扰别人休息。

(2)直接说事,不用问"在吗";如果要问"在吗",在说了"在吗"后,要把事情顺便说出来,这样好让对方决定回答"在不在"。

(3)对不熟悉的人不要打语音电话或视频电话,熟悉的人打之前也要先问问对方是不是方便。

(4)如果是发快递地址或其他需要编辑的文件信息给别人,最好以文字的方式发给对方,别发截图。

(5)不要直接转个帖子给别人或转到群里,然后一声不吭,至少说一下你为什么要转发。

(6)如果要发文件给别人,先问下对方想通过微信还是通过邮件接收。因为不是每个人都刚好用电脑上微信,如果是直接发文件到对方的微信上,一是文件可能占了别人的手机内存,二是他之后还得再把文件从手机转发到电脑,这就给人家添了麻烦。

(7)原则上不发语音,特别是工作微信。无论是给领导,给下属,还是给同事,都优先选择文字。

（8）工作微信也要注意排版。发微信本质上和写东西没什么区别，只是换了个工具 APP（应用程序）而已。所以你的东西要有条理、有思路，要编辑好，不要一行几个字，也不要几百字一大行，该分段的分段，该用句号的用句号，该用逗号的用逗号。通常一件事情放在一条信息里，多件事情就发多条信息。

（9）工作微信最后要指明你要干什么。比如发通知，就可以加上"收到请回复"；假如发的是一个请示，最后可以说"请领导批示"；如果发的只是一个提醒而已，就可以告诉对方就是让他了解一下，并不需要回复。

（10）除非你没有跟对方继续聊天的欲望，不然少用单个字回复，比如"哦""嗯""喔"……

4．收微信礼仪

（1）及时回复。将心比心，我们发微信时都希望别人能够快速回复。

（2）假如下属向你请示，同意就同意，不同意就不同意，如果还需要时间考虑，那也要及时回复"我考虑一下"。

（3）对于重要的人物最好置顶。通过置顶可以把你最重要的群和人永远都放在最上面，这样不容易遗漏重要的信息。

（4）如果是接收到语言类的工作微信，即使你不方便接听，也可以回别人一个"现在不方便接听语音，如有急事，可以发送文字"。或者也可以选用微信的"语音转文字"这个功能，不过前提是普通话不错，要是说的方言，就识别不出来了。

（5）如果收到工作上的信息但暂时没空处理的话，建议可以先回复"已收到，现在手头有其他工作""在外出中或开会中，晚点再回复你"，让对方知道你已经收到信息。

（6）在工作时收到消息，不想立刻处理，又怕以后忘了，或者收到文件只保存却忘了看，都可以用"提醒"功能。

（七）餐饮礼仪

推销员在推销工作中，经常要用餐饮宴请来开展及加强彼此间的联络，此时需注意相应礼仪。

1．宴请准备

较正式的宴请要提前一周左右发请柬，并且应在宴请前夕再次落实宾客出席事宜。已经口头约妥的活动，仍应补送请柬。在国际交往中常在请柬右上方或下方注"To remind"（备忘）字样。需要安排座位的宴请活动，为确切掌握出席情况，请柬上一般用法文缩写注上"R、S、V、P"（请答复）字样。如只需不出席者答复，可注上"Regrets only"（因故不能出席请答复）字样，并注明电话号码。请柬内容包括活动形式、举行时间及地点、主人姓名（如以单位名义邀请，可用单位名称）。请柬行文不用标点符号，所提到的人名、单位名、节日名称等均用全称。中文请柬行文中不提被邀请者的姓名，其姓名写在请柬信封上，主人姓名放在落款处。请柬可以印刷，亦可手写，但手写字迹要清晰工整、漂亮大方。请柬信封上被邀请人的姓名、职务要写准确。

2．宴请时应在门口迎候，引导宾客在合适的位置上落座

按国际习惯，席位安排原则为：同一桌上，席位高低以距离主人的座位远近而定，右高左低；外国习惯男女穿插安排，以女主人为准，主宾在女主人右手席位上，次主宾在男主人右手席位上；我国习惯上按个人本身职务排列，以便谈话，如夫人出席，通常把女方排在一起，即主宾坐在男主人右手席，其夫人坐在女主人右手席。入席时，应从椅子的左侧入座。陪同人员要坐在末端，避免让客人坐末端。

3．推销人员招待顾客进餐要注意仪表

最好穿正式的服装，服饰整洁大方。女士要适当化妆，显得隆重、有气氛。头发要梳理整齐，夏天穿凉鞋时要穿袜子。

4．祝酒礼仪

向客人举杯敬酒，杯沿应低于对方的杯口，同时应在客人落筷之后再敬酒，不宜在客人正在进食时举杯。给客人斟酒时应站在客人的右后侧。进餐时，举止应从容、文雅。新菜上桌应转至主宾面前，不可首先动筷。新冠肺炎疫情后，吃饭配"公筷"的理念已逐渐被人们接受。

5．宴请祝酒与送别

宴请如安排正式讲话，应在热菜之后、甜食之前进行，主人先讲，亦可入席即讲。吃完水果后，主人与主宾离座，宴会即告结束。客人离去时，主人应送至门口，热情送别。在比较正式的场合，在门口列队欢迎客人的人们此时还应当列队于门口，与客人们一一握手话别，表示欢送之意。

（八）外事交往礼仪

世界是一个命运共同体，各国人民交流交往日益频繁，推销人员的涉外交往会日益增多，掌握必备的外事交往礼仪已成为推销人员的基本素质。各国、各民族的习俗与礼仪差异很大，这里只介绍一些日常的外事交往礼节。

1．遵时守约

遵守时间，准时赴约，这是国际交往中最重要的礼节之一。现代社会要求人们有强烈的时间观念，惜时守约，早到或迟到都是不礼貌的行为。如因故延误了时间，应设法通知主人并表示歉意；万一不能赴约，要尽早通知主人，并以适当的方式表达歉意。

2. 尊重妇女和老人

女士优先是国际惯例,尊敬老人是一种美德。推销人员在涉外交往中若与女士、老人同行,男士应让女士、老人走在前面,自己靠外侧一边,且要迁就老人和女士的脚步。在狭窄道路上与女士、老人相遇,须站立礼让;下车或上楼、进一道关闭的门、走进没人领路的餐馆或剧院,男士应在前开路。参加聚会,客人见到男女主人时,应先与女主人打招呼。女客人进入时,男士应站起来迎接。坐着的男士与站着的女士们打招呼应站起来。如只有一个座位,应让给女士。与老人、女士一同外出时,应主动帮助拿一些笨重的背包、文件及脱下的外衣等物品。

3. 尊重他国风俗习惯

不同的国家、民族有不同的历史背景、宗教信仰、风土人情、民族禁忌。推销人员对这些应有所了解,以免引起不愉快。

在欧美国家,几乎所有日常生活问题都能够得到答复。不过也有些情况是不能打听的,这就是英美人常说的"隐私"。英美人的年龄、婚姻、收支情况、宗教信仰、投票倾向等都属于个人隐私,在交谈中,想去了解这些情况将被认为是失礼的。

日本人忌绿色,认为绿色象征不祥。比利时人以蓝色为不吉利的标志。巴西人、埃及人均忌黄色,以黄色为不幸、凶丧之色。欧美国家的人参加婚礼不能穿黑色礼服,以黑色为丧葬的表示。摩洛哥人忌白色,以白色为贪图的象征。乌拉圭人忌青色,因其意味着黑暗的前夕。营销人员在为外宾挑选、包装礼品等时,对此要特别留意。

东南亚伊斯兰教徒不用手摸狗,客人不能用摸过狗的手送东西或握手。印度或中东地区,左手被认为是不洁净的,吃饭和接食品只能使用右手,忌左手。西方人禁止道别时越过两个人拉着的手与第三者握手,交叉握手正好形成一个十字架,意味着不吉利。西方人不连续给第三人点烟,认为这样会带来不幸。

西方人忌讳"13"这个数字和"星期五"这一天,任何活动都尽量避开它们,高楼的12层上面就是14层,宴会餐桌也是12号紧接着14号。因此,涉外活动不宜安排在这类日子。伊斯兰教徒禁吃一切动物的血,不吃猪肉。应邀到他们那儿做客,不要问及女主人,特别是不要问及女儿如何。

在印度、尼泊尔、缅甸等国家,黄牛被视为"神物",不准鞭打伤害,宰杀食肉。西方人禁食狗肉,因为狗为宠物,是人类的朋友。

4. 多使用礼节性语言

"礼多人不怪",推销人员在与外国人交往的过程中要多使用"请""谢谢""对不起"等礼貌用语。

有事需别人帮忙,应说"请"。

行走时,别人给你让路,应说"谢谢";在商场购物,要对售货员说"谢谢";在餐厅里，要对送菜单、送菜的服务员说"谢谢"等。

无意中碰撞人，需打断别人的谈话，甚至有他人在场时打饱嗝、咳嗽，都要说"对不起"。总之，凡是不小心干扰、妨碍别人时，都要说"对不起"。当然，在欧美国家，若碰到一场交通事故或严重伤害，则不可随意说"对不起"，此时，道歉就意味着责任在你。

要尊重外宾的生活习惯。对外宾的服饰和形貌不要评头论足，更不能讥笑或有怪表情。接待外宾时应做到谦虚有礼、朴实大方、不卑不亢，既不能过分拘谨，也不能自恃傲慢。

第四节　营业推广

一、营业推广的概念

营业推广，又称特种推销，是一种适宜短期推销的促销方法，是企业为鼓励购买、销售商品或劳务而采取的除广告、公共关系和人员推销之外的所有营销活动的总称。美国市场营销学会对营业推广下的定义是：人员推广、广告的宣传以外的，用以增进消费者购买和交易效益的那些促销活动，诸如陈列、展览会、展示会等不规则的、非周期性发生的销售努力。

营业推广有两个特点：一是可以较快见到成效，它通过某种强烈的信息刺激迅速吸引消费者的注意，不像广告和公共关系手段需要一个较长的时期才能见效；二是营业推广往往伴随着一些优惠措施、强大的宣传等促销攻势，因此容易引发顾客的逆反心理。

二、营业推广的形式

营业推广的形式多种多样，有面向消费者的，也有面向中间商的，还有针对营销人员的。

（一）面向消费者的营业推广方式

药品促销活动的常用技巧有优惠券、赠送样品、附送赠品、竞赛抽奖、集点换物、退款优惠等。

1. 优惠券

优惠券是运用最普遍的促销工具,一般由企业和药店两种制作形式。优惠券的使用一般都有指定药店或指定产品的限制,操作方法略有不同。企业优惠券可不必受商家的制约,主要是用于诱导消费者使用新产品,或用于竞争推广、调节销售、老产品清仓、鼓励重复购买等。

优惠券的分发方式主要是通过大众媒体和邮递,如随报纸印制分发等,也可附于药品包装、宣传品分发或单独、交叉互为发放,同时也可随药品销售在现场分发。

优惠券优惠的幅度大小是活动成败的关键。幅度并非越大越好,当然,如果太小,引不起消费者的注意,也是没有效果的。各个药品生产厂家应视产品的不同制定出合适的折价幅度。一般的原则是品牌知名度高、市场占有率高的药品折价幅度可小一些,品牌知名度低、市场占有率尚较小的药品折价幅度要大一些。

优惠券创新的形式很多,如为鼓励批量购买,可采取"买一送一"及连张制作拆开无效等形式,让消费者远离市场一段时间。例如,西安××制药有限公司在"××洗液"的促销活动中、桂林××药业在××含片的促销活动中,均采用了"附加赠送"的减价促销形式,即"买×送×"这种方式;"××洗液"的促销活动是买一瓶50 mL瓶装的"××洗液",送袋装的产品1袋;桂林××含片是每购买一盒送一板××含片。

优惠券有效期的确定也很重要,一般是3—6个月,最长不宜超过1年。通常情况下有效期应醒目地印在优惠券上。

2. 赠送样品

赠送样品是指企业通过一定场合(药店、公园、广场等),将自身的标准产品或专门制作的样品装免费赠送给目标消费群体的一种促销活动。赠送样品是争取竞争品牌消费者的一种有效方法。试用者对产品有系统而确切的再认识,加之对功效的感受,极易对赠送产品获得好感。如××制药集团公司在健胃消食片上市之初,曾经利用"六一"儿童节在全国主要城市举行大规模样品赠送活动,让健胃消食片迅速在某一城市被消费者试用或使用,使消费者了解该产品的优点、价格及购买渠道,也使健胃消食片在当地药店的铺货顺利而且快速。

样品赠送的难点在于赠送过程中不易把握和分辨真正的目标消费者。因此,应注意,样品赠送对象应紧扣商品的目标消费者。如样品赠送失败,则不但浪费促销产品公司的人力、物力、财力等资源,还会影响正常的销售。所以,举行样品赠送的促销活动必须制订围绕促销产品购买者或决策购买者的周密计划,只有选择合适的时间、合适的地点,针对合适的人群,才能发挥较好的效果。

3. 附送赠品

附送赠品是指顾客购买特定产品时可以免费获得或以象征性价格获得一份非促销商品赠品的促销活动。此形式因容易转移注意力不适宜新产品推广，可用于防止性促销活动。例如，××制药集团公司在促销"××感冒止咳颗粒"时就采用了这一手段。凡是购买一盒"××感冒止咳颗粒"，即可获得精美的体温计一支，使感冒止咳颗粒在开展这一活动的地区迅速打开了市场，获得了消费者及行家的认可，促销活动取得了很好的效果。再如，某治疗胃病的药，每购一个疗程数量的药品，厂家给患者提供一次免费胃镜检查；某治疗肝病的药品，每购一个疗程数量的药品，厂家给患者提供一次"二对半"检查。很多厂家运用附送赠品使促销活动取得了成功。附送赠品的目的是争取竞争性产品的潜在消费者，所以赠品是否有吸引力非常重要。好的赠品能激发消费者的购买欲望，并促使其实施购买行动，甚至对产品品牌产生好感，而不好的赠品则恰恰相反。那么，什么样的赠品是好的或者说是理想的促销赠品呢？好的或者理想的促销赠品必须具备以下三个特性。

（1）相关性。赠品须与产品相关联，须与产品目标消费者相关联，须符合品牌形象，最好和产品相得益彰。

（2）重复性。赠品可重复使用，有纪念意义。每当使用时，总能令消费者联想到产品品牌。

（3）获益性。赠品须有价值感，令消费者想获取，且较难获取。实用的、高质量的、制作精美的赠品易使消费者产生价值感。如果以企业的积压产品作为赠品，往往适得其反。

附送赠品促销技巧运用恰当不但能推销产品，而且能收获珍贵的"副产品"。例如北京××保健公司在促销KS卵磷脂的过程中按设计的"三三大礼"方案规定，消费者购一盒KS卵磷脂，赠卵磷脂营养应用健康书籍一本；购两盒，赠送指定医院的B超一次；购三盒，赠送美国液体钙一瓶；购四盒，赠送美国液体钙一瓶、B超一次。KS保健公司与合作医院达成"集体B超优惠"条款，采取医院体检表直接加盖红章发到消费者手中的办法，凭医院回收的体检表数量进行结算。一式两份的医院正规体检表上记录了消费者的姓名、年龄、家庭住址、电话号码等重要的个人信息资料，且这种信息的真实性几乎达100%。由此，公司在促销产品的同时还获取了真实、可靠的消费者档案资料，有助于售后服务及进一步营销工作的开展，真可谓"一箭双雕"、两全其美。

4. 竞赛抽奖

抽奖是利用人们普遍存在的侥幸心理、以小博大的心理，以求获得奖金、旅行、实物等，有助于提高消费者购买欲望的一种促销方式。抽奖方式有回寄式抽奖、即开即中式抽奖、多重连环抽奖或抽奖与其他促销模式组合运用。最常见的是回寄式抽奖或抽奖与其他促销模式组合运用。回寄式抽奖一般是让患者在购买了某种药品后在指定的抽奖凭证上填写姓名、住址、电话、身份证号码等资料，或者由厂家在报纸或专门印制的有关企业或产品等方面知识的单页、传单等凭证单据上让消费者填写并寄至指定地点，就可参加抽奖。某感冒药就曾在北京地区举行过一次抽奖与电影跟片广告组合促销活动，当时北京地区正放映进口大片《泰坦尼克号》，为了吸引观众对某感冒药的注意力，专门设计了一次配套的现场抽奖活动，即在电影院入口处派发抽奖凭证，以此促销手段引起观众对某感冒药的注意力，达到了令人满意的效果。

竞赛抽奖是非常生动的促销形式，消费者兴趣高，参与积极。但消费者易注重竞赛抽奖的具体形式而忽视了促销的产品，所以竞赛抽奖中的细节策划非常重要，要把企业产品信息巧妙地融入竞赛抽奖活动中，反复强化信息。竞赛抽奖通常都是与其他促销活动配合举办，并争取经销商的积极支持。

5．集点换物

集点换物是指消费者收集产品的购买凭证，达到活动规定的数量即可换取不同奖励的（奖励可以是现金，也可以是礼品，或者是下一次购买的折扣优惠等）一种促销活动。集点换物活动中，用以累计积分的凭证通常为产品包装上的某一特殊标志，如瓶盖、商标帖、包装袋、刮刮卡等。例如：××集团在"口腔溃疡灵"的促销活动中就采用了这一促销手段，每购买口腔溃疡灵一盒，留下包装上的凭证，累积到一定分值，就可以兑换与口腔卫生健康有关的奖品，如牙刷、牙膏等。集点换物可以刺激消费者，只有通过重复购买或多量购买，才能收集到足够的购买凭证来兑换奖品，在重复购买过程中可以使消费者了解该产品，继而养成使用该产品、购买该产品的习惯；而且消费者一旦参加了集点换物这项活动，一般不会轻易退出，所以在一定程度上提高了本产品的竞争力，达到抑制其他竞争品牌的作用。需要注意的是，活动的时段不宜太短，要留有足够的时间给消费者去收集积分凭证，根据在营销活动中的各种不同状况，可以让活动延续6个月甚至1年。

6．退款优惠

退款优惠指企业接到消费者邮寄回的特定产品购买证明后进行的优惠退款促销活动，消费者通常可收到他所支付的购买款的全部或部分退款。退款优惠实际等同于一种折扣形式，主要用来鼓励试用产品。这种形式适用于有限度地进行促销活动的产品。由于此形式要解决限制已有消费者、吸纳新消费者的矛盾，以及邮寄证明的麻烦，所以回收兑换率很低，常常影响促销效果。但企业可通过报纸、杂志、产品包装以及媒体来推介操作办法，提高回收率，取得经销商、零售商的支持。对企业而言，这种方式可以用低成本的投入获得推广的宣传效应，但在立竿见影、即刻取得销售效果上不是太好。

（二）面向中间商的营业推广方式

1. 购货折扣

为了刺激、鼓励中间商购买或大批量地购买本企业的产品，对中间商第一次购买和购买数量较多的中间商给予一定的折扣优惠，购买数量越大折扣越多。

2. 推广津贴

这是生产企业为了感谢中间商促销企业的产品而给予的一种报酬，具体有广告津贴、展销津贴、陈列津贴、宣传物津贴等，以此鼓励中间商积极推销企业的产品。

3. 销售竞赛

为推动经销商努力推销产品，由生产者在所有经销本企业产品的经销商中发起销售本企业产品的竞赛，获胜者可以获得生产企业给予的现金或实物奖励。

4. 廉价包装

这种方式是在商品包装或招贴上注明比通常包装便宜若干。

（三）面向营销人员的营业推广方式

1. 红利提成

红利提成即企业按推销人员完成的药品销售额或利润给予一定的提成，多销多得，少销少得。医药企业可以用这种方法鼓励推销人员大力推销药品。提成一般有两种方式：一是按销售业绩提成，二是按获得利润额提成。

2. 奖金

推销奖金指企业为鼓励与肯定推销人员的销售业绩而给予一定数额的奖金。

第五节　我国药品营销理念的新发展

"法无定法""不破不立"，对于变化的世界，没有什么是不变的真理，只有不断打破我们脑海里的旧框框，才能为我们未来的成功找到胜利之门。药品营销过程充满了不确定性和可能性，不能一味遵循行业规律行事，或是跟在竞争者的身后走，只有看到现实中对营销要素的各种假设以外的世界，勇于、善于探索、创新药品营销的新理念，才能不断创造成功的奇迹。另一方面，随着药品市场竞争的加剧、消费者的成熟，营销投入"缴学费"的现象越来越多，投入与产出很难成正比，"成也营销败也营销"

已成为许多市场营销高手和企业家的心病,市场迫切需要营销模式与理念创新。

一、学术营销

(一)学术营销的含义

学术营销,就是根据药品的主治功能、临床数据和差异性,提炼出药品的差异卖点、联合用药的关键作用、治疗的机理等,对受众(医生或者消费者)进行科学有效的沟通,让受众认可药品,从而实现销售的营销模式。

学术营销的目的是建立一个成熟、高效、权威的营销系统,通过向上下游整合研发资源、学术资源、人力资源、渠道资源等,快速有效地把新产品推向市场,做成领先产品。国外制药巨头的成长之路莫不如是。我国医药市场经过20多年的风雨洗礼,越来越多的医药人认识到:学术营销才最具生命力、最具战斗力、最具性价比,也最体面、最安全。

(二)学术营销的起源

学术推广是处方药的主要营销方式,通过传播药品专业知识,让医生了解产品进而处方药品。其主要是来源于外资药企做专利药,因为专利药很多医生或者患者不清楚其使用的最佳方法和如何联合用药,所以,外资药企就要给医生或患者系统讲授专利药知识,当然,大部分学术营销针对的是医生。

业内人士表示,药品特色、疗效和竞争产品优势是经过医学部和市场部精心挑选出来的学术推广的主要内容,而学术推广的时间在产品上市之前就已经开始了,形式更是多种多样。例如,国际医药论坛上,作为赞助商,跨国药企往往会发布一些最新研究成果,他们会邀请国内相关领域的专家参会,提前输入概念;支付高额的费用让专家负责临床试验,这被称为"种子试验",加深专家对药品的印象。等到产品上市了,专家、行业顶尖者就自然成了该产品的宣传者。

(三)学术营销的操作要领

1.了解客户即医生的真实需求

学术营销也是营销,营销的基础是产品,药品是特殊产品。只有了解客户才能满足客户,这是不变的营销法则。

只有了解了医生的真实需求,才能有的放矢地开展有针对性的学术营销活动。要弄清医生是想通过培训提高医术水平还是想通过继续教育,或者想参加全国性甚至国际性的学术交流,希望得到企业赞助,等等,这就需要医药代表做详细的了解,并把医生的需求做好统计，然后挑选出重要的目标客户，适时有针对性地满足其真实需求。

2. 组织学术交流

企业可通过寻求外部专家资源，让他们参与到企业产品的推广工作中来。这些专家必须是与企业产品相关的国内有一定知名度的专家，与企业所生产的产品相匹配。在各大医院整合医生和专家资源，组成专家组，以体现专家在学术方面为企业和产品服务的职能。

企业应有长线投入的计划，对外部一些高校的临床医学专业学生进行企业与产品的宣传教育。企业可常年聘请专家对这些学生进行产品及专业知识培训，并对其介绍最新的学术动态，引导他们在新领域内正确发展。

3. 会议方式的选择与运用

医药企业做学术营销的最便捷有效的方式是成立专业的学术推广部，负责全国销售网络的学术宣传工作，并且组织一些大、中、小型的学术会议及协调专家资源。

专业学术推广一定要围绕带有公益性的学术成果展开，不能一味地融进太多的商业行为，让参会的客户产生厌烦情绪，而使专业学术推广陷入不利境地。

4. 激发临床医生对产品的兴趣

学术营销专员要有较深的专业素养，以"小专家"的水平和素质与医生进行沟通。如果学术营销专员自己都不太了解产品的功能与疗效，在向临床医生介绍时就会显得心虚和不自信。

在进行学术推广时要彻底摒弃传统意义上关系营销的方式，以专业化的、高素质的形象出现在临床医生面前，并且强调出你的产品与其他同类产品相比所具备的独特亮点。

5. 开展学术推广活动时应把握好细节

不同规模的学术推广活动有不同的要求。对于规模大、规格高、参与人员多、邀请的专家知名度高的专业学术推广会，应以高度负责的态度悉心对待。

在场地选择上，一定要在四星级以上酒店的会议厅或多功能厅举行，保证会场的空间大小选择，要有档次并保证音响、灯光及多媒体的质量和效果。会场布置要别具一格，尽量运用醒目的POP、海报、易拉宝、展示盒等装饰会场四周；准备好详细的临床资料以及产品的最新研究进展、成果及动向资料。

此外，还应注意与相应的医学、药学政府机构或民间组织合作，借助他们的名气与影响力增加学术气氛，达到真正为企业服务的最终目标。

6. 圆满收场促进产品销售

医药企业的专业学术推广活动不要仅仅孤立地开展，还应该通过与企业的其他市场推广活动相结合,适当地在药品流通环节针对企业形象、产品形象进行宣传,带动产品宣传,扩大产品的知名度、美誉度,使企业与目标人群建立稳固而长久的互利合作关系,辅助实现企业的长远战略目标。

具体形式包括产品上市会、展销会、冠名宣传、公益赞助、中间商联盟联谊会、患者联谊、患者咨询热线、义诊活动等。将自己产品的性能、功效、用途等全方位地融入学术推广之中,既为医生的合理用药打下坚实基础,也在提高产品的知名度和美誉度上进行创新提升,实现医药企业的最终经济效益。

二、服务营销

(一)服务营销的含义

服务营销,就是借助组织及个人的力量,撼动顾客心智,起到营销的推拉作用,进而达到最大化营销效果,引发顾客口碑的营销模式。

什么是服务?简言之,为别人做事,满足别人的需要,且不是以实物的形式,而是以提供活劳动的形式。

客户为什么离我们而去?有一组数据说,是因为顾客得不到想要的,这往往同价格没有太大的关系,45%的顾客离开是因为没有得到令其满意的服务。

(二)服务营销的操作要领

服务如此重要,那么,如何开展服务营销才能牢固地锻造市场的核心竞争力,从而创造"一直被模仿,从未被超越"的境况呢?

1. 建立服务组织体系及流程制度

最佳服务能让企业如虎添翼,是创造利润的法宝,也是竞争的无形资本,这一切都需要建立一套切实有效的服务体系。而无论是个性化服务,还是定制化服务,都需要通过在企业的组织架构中设立服务部或客服部,明确部门在企业战略运营中的重要作用,制定量化和细化的服务职责、严格的激励考核制度以及顺畅高效的执行机制,保障服务能够始终如一地贯彻和延续。

服务就是要真正以顾客为本,而不仅仅是说说。一些企业做服务,虽然也有服务流程及规章制度,但很多时候都是"写在纸上、挂在墙上、说在嘴上",真正能够落实下来的少之又少。这其实是没有把顾客放在心上,没有真正以顾客为本。对于一家企业来讲,毋庸讳言,顾客是衣食父母,没有顾客光临,企业就会倒闭。因此,企业要想做强做大,全体员工必须从内心深处去认识顾客对于企业的价值,也从而从意识和运营层面把服务提升到战略高度。一切来源于顾客,一切服务于顾客。

用心、用爱、用情服务顾客。服务有三个层次：一是任务层面的机械服务，这是工作职责，无论愿不愿意都要去做；二是规范层面的服务，即按照流程管理去做服务，比如沃尔玛的"三米微笑"原则；三是人性层面，也即用心、用爱、用情服务。营销也有三大境界："最持续的销售是提供更多客户价值，最难被抄袭的销售是让客户内心满意，最神奇的销售是让客户上瘾或追随。"而这些都需要用心、用爱、用情才能做到。如此才能引起顾客的共鸣，才能使他们真正地成为品牌粉丝。

2. 用心服务，打动顾客

隋朝时的王通曾说："以利相交，利尽则散；以势相交，势败则倾；以权相交，权失则弃；以情相交，情断则伤；唯以心相交，方能成其久远。"

西安某家居公司的姜总在用心服务方面做出了表率，他的用心服务不仅让他在当地备受顾客的好评，而且生意蒸蒸日上，业绩不断提升。除了建立一整套服务流程及制度外，他们还组织店长拟定了一条"服务信条"："我是一个提供服务的人！我必须为我的客户做最好的服务！我提供服务的品质，跟我的生命品质、个人成就成正比！假如我不好好关心客户、服务客户，竞争对手很乐意为我代劳！我今天的收获，是我过去付出的结果，假如我想增加明天的收获，就必须要增加今天的付出！我必将卓越！必将成功！！"不仅要求所有员工会背诵，而且必须牢记在心，时时刻刻服务好顾客。

在服务形式方面，除了一站式、顾问式服务之外，姜总还非常注重规范化服务，即使是门店营销人员的着装他也不放过，并提出了"八个统一"：统一的服装、统一的项链、统一的鞋、统一的丝袜、统一的手表、统一的指甲油颜色、统一的头饰、统一的味道。夏天的主打味道是绿茶的味道，冬天的味道采用玫瑰精油的味道，这两种味道有着舒缓、放松的功效，能更加有效地平复客户的心理，使他们延长逗留时间。

在服务内容方面，除了设立 VIP 休息室、婴儿室等特殊设施外，还特别注重顾客导向的人文关怀。比如在门店，夏天为顾客提供菊花茶，冬天提供红茶。导购人员在递给客户水杯时还会加上一句话："先生，外面天气太热了，喝杯菊花败败火"，或者是"小姐，外面天气太冷了，喝杯红茶暖暖胃"。往往简单的一句话就可以拉近与顾客的距离，营造出大品牌、人性化服务的形象。在门店还设有招牌配套食品，包括香蕉和酸奶，从建店至今没有间断过，很多客户接到后都很意外，没想到买一套家居产品还能得到这种待遇，直接就找到了 VIP 的感觉。当把这些东西交到客户手里的时候，导购员配套的语言还有"今天您可能会逛一天，这些可以适当补充一下您的体力"。客户往往会很自然地接到手里，并会说"你们的服务真好"。

有一位女顾客过生日，姜总安排一位店长，带着店员，身着工装，披着绶带，带着鲜花和蛋糕，到顾客单位为顾客过生日。他们的这一行为不仅感动了顾客，也收获了顾客同事们的好评，后来也成了他们的顾客。赠人玫瑰，手留余香，用心服务，永放光芒。

3. 用爱、用情服务，感染顾客

服务营销，唯用爱、用情方能打动顾客，唯有打动顾客，才能掀起顾客内心的涟漪，从而让顾客产生好感，进而取信于顾客，赢得顾客的订单，甚至起到良好的传播效应。

云南昆明某婴童连锁品牌赵店长非常注重对顾客的服务。针对疫情导致一些家庭因为失业而没有收入的情况，她甚至做出了让竞争对手想都不敢想的事情：来店里购买奶粉、辅食等的顾客，如果看好产品而所带资金不够，她便会从卡包里取出一张卡，先替顾客刷了，等顾客以后手头方便了再还。对于一段时间没有来店里消费的老顾客，她也打电话主动问明情况，如果发现也是因为无钱购买，她便主动提出可以先消费，不能让孩子受委屈，等以后有钱了再还。此举让顾客深受感染，实施几个月之后，不仅没有赖账不还的情况，有些顾客还充当了品牌推广大使的角色，推荐身边的邻居、亲朋等来店购物。基于信任的服务，让大家感受到这充满着浓浓人情味的商业，让人难以忘怀。

4. 用情服务，体现在细节上

销售的成功往往是由无数的服务细节堆砌而成的。天津某家具品牌赵店长，不断地践行着细节出真知的服务真理。

一天，一位女士打着电话进到门店，赵店长看到她手里提着很沉的袋子，便在第一时间将她的袋子拿过来轻放到椅子上，示意她坐在椅子上继续打电话，同时让其他导购人员回避到旁边。在这位女客户打电话期间，赵店长她们没有表现出丝毫的不耐烦，还特意给该客户准备了一瓶酸奶，客户拿起来不由自主地就喝了。大约在二十分钟后，女士打完了电话，站起身来，跟赵店长她们说："真没想到，你们的服务太周到了，这样吧，本来想多转转再买的，但现在不用了，通过你们的服务，我想你们就是一家正规的大公司，你们结合我的情况给我推荐一款好吗？"赵店长通过了解得知，该女士是为孩子挑选床垫，于是推荐了一款性价比较为合适的床垫，客户确认后迅速签单，买床垫的整个过程没有超过5分钟。

还有一次，一天下午5点25分的时候进来一位顾客，因为腰部受过伤，要硬床垫。赵店长她们推荐了一个品牌，顾客只摸了一下，不躺，不试，基本不听介绍，说就认另一个品牌的床垫，并问在哪，然后离开。这时离下班时间很近了，客户到了想去的门店，但由于到了下班时间，几句话就被工作人员打发出来，当客户的脚刚走出店门的时候，那个店的灯光已经熄灭了。其他几家店也都如此全部关灯，而赵店长她们知道，自己的品牌是最专业的硬床垫，多等几分钟就有成交的希望，所以留了一组灯，继续等待。果不其然，客户又回来了，"下班了"——"等您呢"，"关灯了"——"马上开"，就是这两组对话让客户重新进店，经过赵店长她们的细心讲解，最后成功签单。

三、情感营销

(一) 情感营销的含义

医药行业营销与其他行业营销一样,经历了产品中心时代,即追求实用、突出功效的时代,我们暂且称之为"功效时代";经历了消费者为中心的时代,即追求自我、彰显品牌的时代,我们暂且称之为"品牌时代";现在逐渐步入情感营销时代,即通过医药企业的售前、售中和售后的情感沟通让消费者认知品牌、识别产品、认同品牌、忠诚于品牌进而不断扩大市场份额,我们可称之为"情感时代"。

那么,情感营销与传统的售后服务有什么不同?首先,性质不同。传统的售后服务是整个销售环节中的一个部分,而情感营销则贯穿营销全过程。其次,目的不同。传统的售后服务多讲求程序操作,并试图强化企业形象,而情感营销讲求心灵沟通,在强化品牌忠诚度的同时更强调营销的"杀伤力"。第三,手段不同。传统的售后服务多讲求物化形式上的表达,而情感营销多通过具象的载体更多表达企业和产品对消费者的人文关怀,重在沟通。

情感营销的精髓是人文关怀,而营销表现则体现在"晓之以利,动之以情,持之以恒"的准则之上。在当前的医药营销市场上,一些企业自觉不自觉地都在运用或体现着情感营销的手法和理念。

(二) 情感营销的操作要领

实施情感营销要特别关注以下几个关键环节。

1. 情感化理念

在一个药品立项和投入生产之前,对市场的调研,包括对消费者或患者的消费心态的把握十分重要。围绕消费者的消费心态和产品的独特功效或其他特点寻找出两者的最佳结合点,将人性化的思维和理念以创意的方式提供给消费者。

2. 情感化功能

目前,医药产品的研制与开发更注重功能的情感化。虽然药物的功能不能依据不同患者的不同症状而随意变换去迎合消费者,但制药企业完全可以依据该病症的不同阶段和不同病情或者并发症研制系列药物或品种,以满足消费者的不同需求,让消费者感受到制药企业的无限关怀,产生无比的依赖感。例如,就糖尿病这种终身性疾病而言,不但该病症本身难以治愈,更令患者害怕的是其并发症的危害。对此,哈尔滨同一堂药业竭尽全力研制出针对糖尿病并发症的系列药物,尽管该系列药物对于企业不会带来更多的经济效益,但是这一系列药物的良好疗效使患者更加相信同一堂的相关产品。

3. 情感化包装

情感关怀不但体现在理念和功能方面,在产品的外包装上体现情感关怀更是十分重要。例如,轻便易携的药物旅行装、活泼可爱的卡通儿童装以及为方便老年患者的放大字号的药品说明书,处处体现着制药企业对消费者的深深关怀。

4. 情感化诉求

情感化诉求是快速让消费者接受产品的有效途径。在让消费者了解了产品的功效之后,能否拨动消费者心弦是决定该产品销量好坏的关键。在当前的广告界,运用情感化诉求大做文章的产品不在少数,且成功者甚众。"一句话,一生情,一辈子,一杯酒",等等都可以让人们改变观点和做法,利用好人类的情感,也许你就成功了一半。

5. 情感化服务

情感化服务是指在产品销售过程中营销人员运用情感因素营销产品的过程。这里主要强调终端营销人员必须强化情感的投入,力求在营销过程中动之以情,晓之以"利",且持之以恒。无论是商业OTC终端,还是销售服务部门(如售后服务部门),都应该在情感化营销的思想指导下以及情感化营销的规范约束下开展营销工作。通过终端联谊会或其他形式将企业的情感营销理念贯彻到位,同时通过切实可行的激励手段让终端营销人员能够将产品耐心细致地介绍给消费者,将企业和产品的关怀送达消费者。

四、短视频营销

短视频行业经过近两年的快速发展,各环节已相对完善,在依托新技术实现全方位升级的背景下,短视频已经成为人们生活中的主流内容消费行为和习惯之一,这也让短视频成了品牌在营销中需要重点投入的领域。

短视频已经成了品牌新的社交语言,内容从图文到长视频到短视频,从横屏到竖屏,传播形态也因为短视频的出现而发生演变。短视频用户量激增,各大平台先后入场,内容生产机构竞相涌入,商业化的成熟,技术智能化的不断升级,使短视频成为移动互联网时代最重要的媒介形态之一,成为所有品牌主都必须要关注的营销形式。

(一)短视频营销的优点

短视频营销既具有图文影音所不能拥有的优势,同时又完美地继承了视频营销的条件,并且具备了自己独特的适应快节奏时代的特色,为自身在营销方面积攒了不少优势,从而可以更好地为企业赋能,推动产品的销售。

1. 灵活的互动性,沟通更方便

短视频营销很好地吸取了网络营销的优点——互动性很强。几乎所有的短视频都可以进行单向、双向甚至多向的互动交流,对于企业而言,短视频的这种优势能够帮助企业获得用户的反馈信息,从而更有针对性地对自身进行改进;对于用户而言,他们可以通过与企业发布的短视频进行互动,从而对企业的品牌进行传播,或者表达自己的意见和建议。这种互动性使得短视频能够快速地传播,还能使得企业的销售实现有效提升。

2. 成本低,传播高效

与传统的广告营销少则几百万元,多则几千万元甚至更多的资金投入相比,短视频营销的成本比较低。成本低主要表现在3个方面,即制作的成本低、传播的成本低、维护的成本低。

在制作短视频时,需要具备三个重要的条件,才能持续打造出质量上乘,能够吸引受众眼光的作品:一是创意性、趣味性的良好内容创造;二是分工协作,具备高效的执行力;三是齐心协力的团队。

短视频并不耗费太大的成本,关键在于如何打造短视频的内容,内容有没有真正击中用户的痛点和需求点。

随着用户对短视频内容的要求逐步提高,短视频的打造也慢慢开始向专业化、团队化发展。虽然制作短视频的门槛很低,但是如果想要借助短视频的力量获得良好的营销效果,就必须要以专业化团队的力量作为支撑,而且短视频营销也正逐渐向专业化方向不断前进。

3. 购物方式快捷方便

短视频是一种时长较短的图文影音结合体,因此短视频营销能够带给消费者图文、音频所不能提供的感官上的冲击,这是一种更为立体、直观的感受。因此,短视频只要符合相关的标准,就可以赢得消费者的青睐,使其产生购买产品的欲望。短视频的质量标准主要是内容丰富、价值性强、具有观赏性。

短视频营销的效果比较显著,一是因为画面感更强,二是因为短视频可与电商、直播等平台结合,实现更加直接的赢利。

它的高效性就体现在消费者可以边看短视频边购买产品,这是传统的电视广告所不能拥有的优势,因为一般消费者在观看了电视广告之后不能实现快捷购物,一般都是通过电话购买、实体店购买及网上购买等方式来满足购物欲望,但在这些方式中,消费者都不可避免地会遇到一些问题,如在电话中无法很好地描述自己想购买的商品的特征、不想出门上街购物等。

短视频营销的这一优势从消费者的购买行为上来看很明显,一般消费者在观看电视广告后较少产生购买行为,一是因为电视广告没有相关的产品链接,购买不方便;二是因为随着移动互联网的迅速发展,消费者大多喜爱利用上网的方式进行消费,因此电视广告的受众范围有所缩小,因此,短视频营销就在市场中占据了一席之地。

4. 锁定目标客户,精准营销

与其他类型的营销方式相比较,短视频营销还具有指向性强这一优势。它可以准确找到企业的目标受众,从而达到精准营销的目的。因为短视频平台通常都会设置搜索框,对搜索引擎进行优化,目标客户一般都会在网站上对关键词进行搜索,漫无目的闲逛的可能性不大,这一行为使得短视频营销更加精准。而且,短视频平台会发起活动和比赛,聚集用户。

5. 迅速传播,激发兴趣

短视频营销还拥有传播速度快、难以复制的优势。因为短视频营销本身就属于网络营销,所以能够迅速地在网络上传播开来,再加上其时间短,适合现在快节奏的生活,因此更能赢得广大受众的青睐和欢迎。

6. 营销效果可数据化跟进

短视频营销可对短视频的传播和营销效果进行数据分析。一般而言,短视频营销的语言都是由数据构成的,因此大致可分为点击次数、浏览量、转载次数、粉丝数量、评论人数以及互动效果。这些语言形式基本上都是公开性的,不管是社交平台的短视频,还是垂直内容的短视频,都会展示播放量、评论量等。

(二)短视频设计制作的要领

短视频虽火,但要做好短视频营销却非一日之功。如何从流量如此巨大的流量池里做好营销,树立自己的品牌就成为当务之急。只有做好四个"一",才能在流量池里如鱼得水,游刃有余。

1. 一个好话题

短视频营销是社交营销的最新变种,其核心就是互动。为了迅速引发关注、引起共鸣,短视频营销中首先要找到一个能够挠到目标受众痒处的社交话题。这个话题可以是社会热点事件、娱乐头条,也可以是受众切实关心的问题,然后借助短视频的丰富表现力予以呈现,将品牌形象、品牌理念、产品优势等进行巧妙结合。

2. 一个好故事

现在的人不喜欢看广告,都喜欢听故事。所以,把品牌化为一个元素或一种价值主张,去融入一个富有感染力的故事,就可以很好地吸引用户的注意力,打动他们,并让他们分享你的视频,你的品牌也就能获得持续的传播。至于故事的题材和角度,可以考虑创始人的故事、产品的故事、团队的故事、与产品相关的用户的故事等。

3. 一个代言人

找好代言人非常重要，找一个人做代言，但不一定是明星，也可以是普通人，甚至是一个动画人物，或者一个物品的拟人化。关键是对这个代言人进行包装，赋予品牌内涵。可以给代言人设定一个故事，也可以是围绕它对产品做一些周边的创意改造。

4. 一个好效果

酒香也怕巷子深，这个道理对于短视频营销也适用。辛辛苦苦做出来的内容，多渠道的分发才能保证最大的传播效果。短视频的分发渠道除了短视频APP，还包括电商平台的短视频入口，以及新闻网站、社交平台，等等。当然，不同的渠道触达的人群有区别，内容分发之前一定要做好人群分析，做到投其所好、精准投喂。

短视频营销需要持续的内容运营，切忌图一时热闹，也不能一蹴而就。通过更好的内容创意激发用户的社交扩散，充分挖掘创作者及专业机构的内容生产能力，同时借助新技术为营销赋能，才能让更好的内容高效地遇见对的消费者。

五、病毒营销

（一）病毒营销的含义

病毒营销，又称病毒式营销、病毒性营销，是指通过类似病理方面和计算机方面的病毒传播方式，即自我复制的病毒式的传播过程，利用已有的社交网络去提升品牌知名度或者达到其他的市场营销目的。

病毒式营销是由信息源开始，再依靠用户自发的口碑宣传，达到一种快速滚雪球式的传播效果。也就是说，病毒营销是通过提供有价值的产品或服务，"让大家告诉大家"，通过别人为你宣传，实现"营销杠杆"的作用。病毒式营销已经成为网络营销最为独特的手段，被越来越多的商家和网站成功利用。

病毒营销是一种常见的网络营销方法，常用于进行网站推广、品牌推广等。

（二）病毒营销的特点

病毒营销是通过利用公众的积极性和人际网络，让营销信息像病毒一样传播和扩散，营销信息被快速复制，传向数以万计、数以百万计的受众。病毒营销具有区别于其他营销方式的特点。

1. 有吸引力的病原体

之所以说病毒式营销是无成本的，主要指它利用了目标消费者的参与热情，但渠道使用的推广成本是依然存在的,只不过目标消费者受商家的信息刺激自愿参与到后续的传播过程中,原本应由商家承担的广告成本转嫁到了目标消费者身上,因此对于商家而言,病毒式营销是无成本的。

2. 几何倍数的传播速度

大众媒体发布广告的营销方式是"一点对多点"的辐射状传播,实际上它无法确定广告信息是否真正到达了目标受众。病毒式营销是自发的、扩张性的信息推广,它并非均衡地、同时地、无分别地传给社会上每一个人,而是通过类似于人际传播和群体传播的渠道,将产品和品牌信息由消费者传递给那些与他们有着某种联系的个体。例如,目标受众读到一则有趣的 flash(快讯),他的第一反应或许就是将这则 flash 转发给好友、同事,这样一传十、十传百,无数个参与的"转发大军"就构成了成几何倍数传播的主力。

3. 高效率的接收

大众媒体投放广告有一些难以克服的缺陷,如信息干扰强烈、接收环境复杂、受众戒备抵触心理严重。以电视广告为例,同一时段的电视有各种各样的广告同时投放,其中不乏同类产品"撞车"现象,大大减少了受众的接收效率。而对于那些可爱的"病毒",是受众从熟悉的人那里获得或是主动搜索而来的,在接收过程中自然会有积极的心态;接收渠道也比较私人化,如手机短信、电子邮件、封闭论坛,等等(存在几个人同时阅读的情况,这样反而扩大了传播效果)。这样就使得病毒式营销尽可能地克服了信息传播中的噪声影响,增强了传播效果。

4. 更新速度快

网络产品有自己独特的生命周期,一般都是来得快去得也快,病毒式营销的传播过程通常是呈 S 形曲线的,即在开始时很慢,当其扩大至受众的一半时速度加快,而接近最大饱和点时又慢下来。针对病毒式营销传播力的衰减,一定要在受众对信息产生免疫力之前将传播力转化为购买力,方可达到最佳销售效果。

(三)病毒营销的基本要素

美国著名的电子商务顾问 Ralph F. Wilson 博士将一个有效的病毒性营销战略归纳为六项基本要素,一个病毒性营销战略不一定要包含所有要素,但是,包含的要素越多,营销效果可能越好。

1. 提供有价值的产品或服务

在市场营销人员的词汇中,"免费"一直是最有效的词语,大多数病毒性营销计划提供有价值的免费产品或服务来引起注意,例如,免费的 e-mail 服务、免费信息、免费"酷"按钮、具有强大功能的免费软件。"便宜"或者"廉价"之类的词语可以使人产生兴趣，但是"免费"通常可以更快地引人注意。

2. 提供无须努力向他人传递信息的方式

公众健康护士在流感季节提出严肃的劝告：远离咳嗽的病人，经常洗手，不要触摸眼睛、鼻子和嘴。病毒只在易于传染的情况下才会传播，因此，携带营销信息的媒体必须易于传递和复制，如：e-mail、网站、图表、软件下载等。病毒性营销在互联网上得以很好地发挥作用是因为即时通信变得容易而且廉价，数字格式使得复制更加简单，从营销的观点来看，必须把营销信息简单化，使信息容易传输，越简短越好。

3. 信息传递范围很容易从小向很大规模扩散

为了像野火一样扩散，传输方法必须从小到大迅速改变，HOTMAIL 模式的弱点在于免费 e-mail 服务需要有自己的邮件服务器来传送信息，如果这种战略非常成功，就必须迅速增加邮件服务器，否则将抑制需求的快速增加。

4. 利用公众的积极性和行为

巧妙的病毒性营销计划利用了公众的积极性。是什么原因在网络早期使得"Netscape Now"按钮需求数目激增？通信需求的驱动产生了数以百万计的网站和数以十亿计的 e-mail 信息。为了传输而建立在公众积极性和行为基础之上的营销战略将会取得成功。

5. 利用现有的通信网络

社会科学家告诉我们，每个人都生活在一个8—12人的亲密网络之中，网络之中可能是朋友、家庭成员和同事，根据在社会中的位置不同，一个人的宽阔的网络中可能包括二十、几百或者数千人。例如，一个服务员在一星期里可能定时与数百位顾客联系。网络营销人员早已认识到这些人类网络的重要作用，无论是坚固的、亲密的网络还是松散的网络关系。互联网上的人们同样也发展关系网络，他们收集电子邮件地址以及喜欢的网站地址，会员程序开发这种网络，建立邮件列表。学会把自己的信息置于人们现有的通信网络之中，将会迅速地把信息扩散出去。

6. 利用别人的资源

最具创造性的病毒性营销计划利用别人的资源达到自己的目的，例如会员制计划。在别人的网站设立自己的文本或图片链接，提供免费文章的作者，试图确定他们的文章在别人网页上的位置。一则发表的新闻可能被数以百计的期刊引用，成为数十万读者阅读文章的基础。别的印刷新闻或网页转发你的营销信息，耗用的是别人的而不是你自己的资源。

第十章　医药代表与药店代表

医药代表是指代表药品上市许可持有人在中华人民共和国境内从事药品信息传递、沟通、反馈的专业人员。药店代表是联系药品生产企业与药品零售业的媒介，担负着终端建设与管理、店员教育与跟进的重要职责。相对于医药代表，药店代表的工作在"面"而不在"点"，要求他们一定要勤快，要能跑，能灵活地与各种类型的店员保持良好的关系。

第一节　医药代表的岗位职责

一、医药代表的职责演进

医药代表职业起源比较早。据史料记载，1820年国外就诞生了相关工作职业，但能够考据的记录最早出现在20世纪20年代，起源于瑞士汽巴公司。20世纪80年代末90年代初，大量外资企业进入中国。行业共识最早引进医药代表职业的是西安杨森，其成立于1985年，外资股东是大名鼎鼎的制药巨头强生，强生公司在美国已经有100多年的历史。起初第一批医药代表要求十分严格，很多临床经验丰富的医生加入医药代表行业，当年的薪酬待遇也十分有吸引力。

西安杨森被业内称为中国医药代表的"黄埔军校"。可以这么说，20世纪末，中国医学界能迅速取得进步，能很快与国际最新医疗技术及用药信息接轨，与医药代表的学术支持及推广密不可分。

20世纪90年代末期，大量本土制药企业开始聘用医药代表。他们活跃在医疗机构和医生身边，介绍新药知识，收集不良反应、临床需求，为促进合理用药、提高医生诊疗服务水平做出了重要贡献。

医药代表是推动医疗行业发展不可缺少的力量。俗话说，有医无药不治病，有药无医药不灵。医生是一个需要终身学习的职业,他们在学医时学习的药学知识较少,执业后忙于诊疗活动,对药品知识尤其是处方药、创新药的知识缺乏了解。况且,药品市场更新速度非常快,临床适应证也在每天更新。而来自制药企业的医药代表带着大量的药品知识,帮助医生充实新药知识,更新药品临床使用信息,成为医生攻克疾病的得力助手。在美国,医生73%的新药知识来自于医药代表的讲解,国家药品不良反应报告中90%以上由医药代表收集。可见,医药代表有其重要的职业价值,不能把"孩子"与"脏水"一起泼掉。

2015年,医药代表职业被首次列入《中华人民共和国职业分类大典》,并规定了其学术推广的工作内容。2017年,中共中央办公厅、国务院办公厅印发的《关于深化审评审批制度改革鼓励药品医疗器械创新的意见》第二十七条明确规定:规范药品学术推广行为。药品上市许可持有人须将医药代表名单在食品药品监管部门指定的网站备案,向社会公开。医药代表负责药品学术推广,向医务人员介绍药品知识,听取临床使用的意见建议。医药代表的学术推广活动应公开进行,在医疗机构指定部门备案。禁止医药代表承担药品销售任务,禁止向医药代表或相关企业人员提供医生个人开具的药品处方数量。医药代表误导医生使用药品或隐匿药品不良反应的,应严肃查处;以医药代表名义进行药品经营活动的,按非法经营药品查处。因此,医药代表负责药品学术推广,不是销售人员,不应承担药品销售任务。同年发布的《国务院办公厅关于进一步改革完善药品生产流通使用若干政策的意见》也明确,药品监管部门加强对医药代表的管理,医药代表不得承担药品销售任务。

新修订的《中华人民共和国药品管理法》也明确提出,禁止药品上市许可持有人、药品生产企业、药品经营企业和医疗机构在药品购销中给予、收受回扣或者其他不正当利益。让医药代表回归学术本位势在必行。

让医药代表回归本位,体现职业价值,根本上还是要综合治理滋长医药代表卖药的土壤。破除以药养医机制,切断医药之间灰色利益链条,建立医药之间正向利益联系。同时,完善医药代表行业监管法规,对该行业进行专门规范和监管。不仅培训教育从业人员,提高资格门槛,还要严厉打击违规行为,推动行业自律,引导行业发展走上正轨。

药品是医生救人的武器。做医生的良伴,让药品更好地救人,是医药代表的使命和归宿。2020年9月22日,国家药品监督管理局关于发布《医药代表备案管理办法(试行)》的公告(2020年第105号),于12月1日起正式执行,为医药代表行业树立了规则。该办法明确了医药代表的主要工作任务:拟订医药产品推广计划和方案,向医务人员传递医药产品相关信息,协助医务人员合理使用本企业医药产品,收集、反馈药品临床使用情况及医院需求信息。相信未来医药代表的药学服务价值将更加凸显。

二、医药代表的管理

针对医药代表管理,《医药代表备案管理办法(试行)》明确提出,药品上市许可持有人对医药代表的备案和管理负责;药品上市许可持有人为境外企业的,由其指定的境内代理人履行相应责任。药品上市许可持有人应当与医药代表签订劳动合同或者授权书,并在国家药品监督管理局指定的备案平台备案医药代表信息。药品上市许可持有人应当按照本办法规定及时做好医药代表备案信息的维护,按要求录入、变更、确认、注销其医药代表信息。

备案平台可以查验核对备案的医药代表信息,公示药品上市许可持有人或者医药代表的失信及相关违法违规信息,发布有关工作通知公告、政策法规。

医药代表备案信息有变更的,药品上市许可持有人应当在30个工作日内完成备案信息变更,并同步变更网站上公示的信息。境外药品上市许可持有人变更境内代理人的,由新指定的境内代理人重新确认其名下已备案的医药代表信息。对不再从事相关工作或者停止授权的医药代表,药品上市许可持有人应当在30个工作日内删除其备案信息。

药品上市许可持有人被吊销、撤销或者注销药品批准证明文件或者药品生产许可证的,药品上市许可持有人应当在行政机关做出行政处罚或者行政决定后30个工作日内删除其备案的医药代表信息。

虽然医药代表备案管理办法已经开始推进,但是离行业规范标准真正落到实处还有一定距离。

2019年全球医药总支出将近1.3万亿美元,市场每年仍保持5%左右的增长水平,预计2023年全球医药总支出规模将超过1.5万亿美元。其中,美国、日本等发达国家支出规模较大,美国的医药总支出占比约为全球市场的1/3。

对比国内外医药代表从业人数,美国的医药代表从业人员约为12万人,不到10家著名药企占据美国市场份额的一半以上。

日本有300多家药企,其医药代表从业人员约为6万人。近期日本医药代表认证中心发布了《2020年版医药代表白皮书》,截至2020年3月31日,日本医药代表人数为57158人,比去年减少2742人,这已经是连续7年减少人员,未来10年会降到4万人左右的规模。其中,140家日本国内药企代表人数为33463人,45家外资药企医药代表有19711人,14家CSO(首席战略官)公司及商业医药代表还有近4000人,日本的医药代表认证率达到了98.1%。

据非官方统计,中国有相关企业编制的从业人员30万人左右,如果加上无企业编制医药代表人数,总体约在200万人以上。国内医药企业有4000家左右,未来整合优化后可能会定格在1000家左右。按照同等市场规模计算，我国需要医药代表备案人数应在10万人左右。也就是说，未来国内医药代表备案人数不到实际医药代表人数的1/20，这里还不包括企业因为规避合规问题不备案或少备案的情况。

医药代表备案相关政策发布后，外资药企可能会走在备案工作的前面，然后是国内一些大型药企，最后才是中小型药企和CSO公司。

医药代表在医疗机构开展学术推广等活动应当遵守卫生健康部门的有关规定，并获得医疗机构同意。据《医药经济报》报道，2020年12月初，中南大学湘雅医院对知名外企医药代表违规进入诊疗区做出处理，暂停相关产品使用，这也是《医药代表备案管理办法（试行）》落地后首个被罚案例。

三、医药代表备案制度落实

国内医药代表从业人员鱼龙混杂，医药代表备案工作还处在起步探索阶段，《医药代表备案管理办法（试行）》只是明确了备案平台及内容、工作内容范围、药企责任制等方面，从一些发达国家的代表认证制度来看，这只是刚刚起步，真正落到实处还需要在门槛培训、认证监管上下功夫。

首先是门槛培训问题。虽然在备案前要求从业人员必须有医药等相关专业背景，但只有背景还远远不够，应该有相关的继续教育培训及认证考试。比如日本的认证流程，医药代表加入药企先要具备执业考试的资格，比如学历。经过6个月的入门教育后通过MR（医药代表资格）认证考试，再经历6个月的工作实践后才能收到认证证书，证书有效期为5年，证书更新需要继续培训和认证考试。

医药代表是一个需要较强专业水平、值得医生和患者尊重的职业。国内因为早期医药行业的粗放式发展，诞生了大量不专业的医药代表从业人员，导致医生、患者及大众都对这个职业产生了不好印象。只有通过更加严格的门槛筛选及培训认证工作，才能让这个职业重新得到社会的尊重和认可。

其次是认证系统平台和监管机制问题。认证平台虽然由药学会及药监部门搭建，但是医药代表的工作场景是在医疗机构。医疗机构是否搭建学术交流沟通联络点？是否与相关执法部门的系统联网？是否对医院的品种进行盘点，确定医药代表人数及备案信息？是否出台学术拜访及交流会议活动的制度标准？相关机构是否对药企做明确的医药代表配备人数限定？医疗机构和相关政府部门都没有强制规定，需要在后期实践过程中一一落实。

至于监管机制问题，《医药代表备案管理办法（试行）》虽然已经阐述药企和药品上市许可持有人有相关责任要求，但没有明确医疗机构和医疗机构监管部门的相关职责，毕竟医药代表的工作主要围绕医疗机构，需要卫健委支持配合，要求医院明确配合备案制度，制定标准相对统一的配套政策。

四、医药代表开展学术推广的主要形式

《医药代表备案管理办法（试行）》明确列出了医药代表开展学术推广的五种形式，包括在医疗机构当面与医务人员和药事人员沟通，举办学会会议、讲座，提供学术资料，通过互联网或者电话会议沟通，医疗机构同意的其他形式。

医药代表不得：未经备案开展学术推广等活动；未经医疗机构同意开展学术推广等活动；承担药品销售任务，实施收款和处理购销票据等销售行为；参与统计医生个人开具的药品处方数量；对医疗机构内设部门和个人直接提供捐赠、资助、赞助；误导医生使用药品，夸大或者误导疗效，隐匿药品已知的不良反应信息或者隐瞒医生反馈的不良反应信息；有其他干预或者影响临床合理用药的行为。

药品上市许可持有人应当对所聘用或者授权的医药代表严格履行管理责任，严禁医药代表存在上述情形。对存在上述情形的医药代表，药品上市许可持有人应当及时予以纠正；情节严重的，应当暂停授权其开展学术推广等活动，并对其进行岗位培训，考核合格后重新确认授权。

五、如何提高沟通拜访效果

沟通是医药代表开展学术推广活动的重要手段，医药代表要潜心钻研业务，提高沟通效果。

（一）做好沟通拜访前的准备

有道是"不打无准备之仗，不打无把握之仗""有备无患"，还有人说"磨刀不误砍柴工"，不同的表达传递了一个相同的道理：准备很重要。医药代表在与医务人员和药事人员沟通拜访前做好准备，对提高沟通效果是很有必要的。一般来说，沟通前的准备包括五个方面，即把握沟通拜访的精髓、自我准备、准确掌握所代表药品的信息、对沟通对象做必要的了解、准备好沟通拜访材料。

1. 把握沟通拜访的精髓

沟通拜访的目的不只是把本公司的药品介绍给对方，还应该增加对方的利益，满足对方的需要，让对方认识到你所介绍的药品是他工作的帮手、助手，让对方有一种"这正是我所需要的"的感觉。准确理解这一精髓尤为重要！只有正确把握沟通拜访的精髓，对方才会视你为亲人。

2. 自我准备

（1）要掌握必要的沟通拜访礼仪。

（2）要进行适度的印象整饰。印象整饰就是指人们在交往中选择一定的装束、言辞、表情或动作，以期给人留下一个独特的印象的一种有控制的过程。从人际交往的角度看，第一印象非常重要，不管你现在与拜访对象多么熟悉，还是与拜访对象第一次见面，第一印象的作用都是不容忽视的。而决定形象的因素不外乎衣着、服饰、发型、仪容、礼仪、谈吐、气质等方面。为了给对方留下良好的第一印象，医药代表在沟通拜访前应注意适度的修饰，注意言谈举止。

（3）要相信自己。从某种意义上讲，大多数人都是天生的营销人员。从我们很小的时候起，我们就不断地把自己推销给周围的人，让他们喜欢自己，接纳自己，如我们说服别人借给自己某些东西，和别人达成某个交换物品的协议……相信自己会成功，这一点至关重要。并不是每个人都能明确地认识到自己的这种能力，但它确实存在，所以要信任自己。人的最大敌人是自己，超越自我是成功的必要因素。医药代表尤其要正视自己，鼓起勇气面对医务人员和药事人员，即使被拒绝也要坦然接受，再接再厉，在任何情况下都不要打退堂鼓，要树立信心。县委书记的好榜样焦裕禄同志"对群众的那股亲劲、抓工作的那股韧劲、干事业的那股拼劲"，运用到优秀的医药代表身上也是很恰当的。

（4）要设定目标。目标就是旗帜，就是方向。对一个没有目标的人来说，什么风向都不是顺风。树立一个适当的目标，是医药代表在沟通拜访前必要的心理准备之一。没有目标，是永远不可能达到胜利的彼岸的。每个人、每一项事业都需要有一套基本目标和信念。在药物学中有一个著名的试验：将100名感冒患者分为两组，分别给予特效药与安慰剂乳糖，并告知他们服用的是同一类特效药，结果两组的好转率均达到60%以上。对头痛患者也做过类似的测试，结果相同。这充分显示了暗示效果能对人们的心理产生巨大的作用，从而影响生理。作为一名医药代表，你的既定目标就是自我暗示。当你暗示自己"这次沟通拜访我要让科主任对我的药品有信心"，你往往会如愿以偿。当然这只是一个比较简单的目标罢了。

优秀的医药代表不仅常常使用自我暗示法，还要制定出详细的目标，并进一步定出一个实现目标的计划，在目标与计划的基础上计算好时间，以充裕的时间确保计划实现。在设定目标的时候要注意到目标必须切实、具体，必须提出可衡量其执行成效与结果的指标或参数，必须具有挑战性但经过努力有实现的可能，必须是结果导向的，必须具备时间的限制因素。

3. 准确掌握所代表药品的信息

（1）要了解你的药品。没有比医药代表对自己的药品不熟悉更糟糕的了。我们不能要求医药代表是药品专家,但医药代表一定要成为自己公司药品的专家。

医药代表要对公司药品方方面面的信息了如指掌。对于药品的专业数据不仅要心中有数,而且要能对答如流,这一点尤为重要。一定要让对方感觉到在他面前的人不仅是一名医药代表,更是一位这一类药品的内行甚至专家。这样一来,你所讲的一切就很专业、可信赖了。

(2)要相信你的药品。前面谈到医药代表要相信自己,这里强调的是医药代表要对自己的药品树立信心,因为你对药品的态度绝对可以影响医务人员和药事人员的选择。教育学上有一个著名的罗森塔尔实验可以说明这一点。该实验是由两位水平相当的教师分别给随机抽取的两组学生讲授完全相同的课程。所不同的是,其中一位老师被告知他所教的学生天资聪慧、思维敏捷,如果你对他们倾注所有的关注和爱并帮助他们树立信心,他们能解决任何棘手的问题。而另一位老师则被告知他的学生资质一般,所以我们只是期待一般的结果。一年后,所谓"聪明"组的学生比"一般"组的学生在学习成绩上整体领先。我们可以看到造成这样结果的原因只是教师对学生的认知不同,从而期望不同。那么,你不妨对自己的药品充满信心,这样你的行动一定会无形中影响到医务人员。记住,只有你自己信,才有可能让医务人员和药事人员信;只有你自己愿意用,才有可能让医务人员和药事人员帮助你扩大用的人群。

当然,详尽地了解药品信息是你增强信心的基础,必须认真准备手头的资料。准备资料的秘密在于让公司"死"的资料经过你的加工整理被赋予生命,成为活生生的资料。只有活泼、新鲜、充满热情的资料才能感动医务人员和药事人员。在当今这个信息爆炸的年代,人们会毫不珍惜同时也是无可奈何地丢弃许多信息。医药代表随便分发给医务人员和药事人员的宣传材料,医务人员和药事人员往往看都不看就丢进了垃圾桶。而如果你花心思,利用自己的智慧,手工制作出宣传品,你会对它非常珍惜,而这种情绪自然会感染医务人员和药事人员,同时,医务人员和药事人员也会感动于你付出的心血,从而愿意挤出时间来让你展示资料,倾听你的意见。

4. 对沟通对象做必要的了解

拜访的过程重在沟通,拜访效果的好坏取决于沟通质量的高低。了解医务人员和药事人员的背景资料有助于同他们沟通交流。这些资料包括:客户姓名、性别、职务及职称、年龄及生日、教育背景、联系电话、生活习惯、政治理念、参加学会或协会的名称、个性、休闲兴趣与爱好、对公司及竞争者的态度、家庭住址、家庭成员……当然,对不同级别、不同类型的医务人员和药事人员的了解,深度有所不同,上述内容有些是必需的,有些则是可选择的。

5. 准备好沟通拜访材料

沟通拜访材料主要包括产品资料、公司相关文件、宣传品、小礼品、拜访所需文具及工具。

准备完之后,再来回答以下问题,看是否真的该准备的都准备好了。

(1)你对自己的仪表满意吗?
(2)对象是谁?
(3)开场白是否准备好了?
(4)沟通拜访的材料准备好了吗?
(5)对方从你的沟通中能够获得哪些有价值的信息?
(6)沟通拜访的目的是什么?
(7)你准备怎样消除对方的疑义?
(8)如何为下次拜访制造机会?

(二)选择好拜访时间

重点拜访对象要预约拜访。贸然拜访工作繁忙的重点医务人员和药事人员,如科室主任,会干扰对方的工作计划,你认为紧急的事务对对方来说并不重要,最多的结果就是招致反感,给对方留下浪费别人时间的不良印象。所以,对于重点医务人员和药事人员要尽可能预约拜访。拜访时间约定好以后务必严格遵守,如期而至,不要迟到,更不能无故失约。

(三)恰当设定目标

明确对每位医务人员和药事人员进行拜访的目标和介绍产品的目标。不同医务人员和药事人员对产品的需求和理解程度都不同,医药代表如果只是做到带着同样的资料对医务人员和药事人员作同样的介绍,就想说服不同的医务人员和药事人员认可自己的产品是不可能的。只有提供个体化、差异化的服务,把每一位医务人员和药事人员都区别对待,才会获得对方的认同。

(四)尝试多样化的表达方式

表达方式多样化有利于增强表达效果。有一项研究结论值得医药代表关注:受训的人采用不同的学习方式及其组合,表现出的效果不同,他们会记住读过的知识的10%(如阅读医药代表提供的宣传资料),听到的知识的20%(如聆听医药代表的解释),看到的知识的30%(如观看医药代表所做的泡腾片的溶解演示),读、听、看到的知识的50%,读、听、看到并经他人解释过的知识的70%,读、听、看到、听人解释过且自己亲身实践过的知识的90%。所以,要通过多样化的表达让医务人员和药事人员记住你,记住你的产品。

(五)注意个人素质的提升

新入行的医药代表不应把成功的希望寄托在沟通拜访秘诀上,要明白"事事洞察皆学问""人情练达即文章"。要想在人前有出色表现,必须学习、学习、再学习,实践、实践、再实践,不断地思考、积累、储备、孕育,不停地丰富、发展、提升自己。只有这样,才能处变不惊、游刃有余,才能有深厚的知识积累和良好的个人素质的瞬间爆发。

六、医药代表的专业拜访技巧

(一)把握精彩开局

1. 珍惜前6秒钟

就一般经验而言,医药代表给拜访对象的第一印象通常来自于前6秒钟的时间。在人际交往中,人们相互接触多数是处于对视状态的。这就需要医药代表格外珍惜最初的6秒钟,通过目光了解对方的思想情绪和真实的意图,并善于用自己的目光传递你所要表达的信息。

(1) 注意使用目光礼节。目光礼节因民族和文化而异,所以要正确使用。例如,美国人在跟别人交谈时习惯于用眼光打量对方,认为这是自信、有礼貌的表现;如果谈话比较正式,他们还习惯于看着对方的眼睛,如果看着别处,则会被认为失礼。日本人面对面交谈时,目光一般落在对方的颈部。在我国,一般忌讳用眼睛死死地盯视别人,而应该用自然、柔和的眼光看着对方双眼和嘴部之间的区域,目光停留的时间占全部谈话时间的30%—60%。

(2) 注意目光的焦点。有关专家表示,你用眼睛看着对方身体的不同部位,对于你同对方的交往性质和交际效果会产生不同的影响。对于医药代表来说,这直接关系到你的拜访能否顺利进行,你的拜访意图能否实现。

一般来说,如果是商谈工作、洽谈业务、磋商交易和贸易谈判等场合,你的眼睛应看着对方脸上的"上三角部位",即以双眼为底线,上顶角到前额的部位。看着这个部位,会显得你严肃认真、富有诚意,这样就便于把握谈判的主动权和控制权。

如果是参加舞会或友谊集会,眼睛则应看着对方脸上的"下三角部位",即以双眼为上限,嘴角为下顶角,也就是在双眼和嘴之间。看着这个部位,你自己会显得轻松,而对方也会感觉友好,从而形成和谐的交流氛围。

2. 得体的开场白

打破冷淡气氛,顺利进行沟通,往往是新入行的医药代表很难解决又必须解决好的问题。

(1) 开场白应注意的问题。一般来说,最初的言语可能引起对方的关心,也可能打消对方的关心。尤其在初次访问时,对方的心里总是存有或多或少的抗拒心理,同时也有一种"见面也好,听听他说什么"的心理,这两种心理混合交织在一起。因此,他们凭最初的一言便可以决定是"拒绝"还是"听听看"。成功的开场对营造气氛、发现机会、切入主题、培养好感大有裨益,而笨拙的开场当时就有可能遭到回绝,所以要做好开场白。开场要注意以下两个问题。

①见面介绍的目的。一般而言,医务人员和药事人员都比较忙,别指望他们会跟你漫无目的地"盲聊"。要"三句话不离本行",直截了当地说明来意。

介绍目的的语言思路是先指出一个已知的或假设的医务人员和药事人员对药品的需求,然后说明自己公司的药品的某一个特性及带给患者的相应利益能满足该需求。例如,"王主任,您治疗不宜口服用药的消化道出血病人时,普通的口服抑酸剂使用不方便,患者不易接受,而××产品通过注射给药,起效迅速,患者易接受"。介绍要努力达到这种境界:不露出任何"请你买"的行踪,给客户以"这么好的东西,若不给我介绍的话,将是一件很遗憾的事"的感觉。

②创造融洽的会谈氛围。开场时"隔山打鸟"不行,要注意创造良好融洽的会谈气氛。

微笑。常言说得好:"伸手不打笑脸人""人无笑脸休开店"。微笑既表示友好、礼貌,又是自信、成熟的象征,能拉近人与人的距离,能使人解除心灵上的戒备。微笑是人际交往中最好的表情,一张和悦的笑脸洋溢着善意和关怀,表现出来的是你心中纯真的感情,接触到它的人立刻会受到影响和感染。微笑带来温馨,带来欢乐,带来一切。威廉·怀拉是英国推销人寿保险的顶尖高手,年收入高达百万美元,他的秘诀就在于拥有一张令客户无法抗拒的笑脸。

幽默。生活中有幽默,生活更有味道。幽默是打开沟通大门的钥匙,是消除窘境的润滑剂。它使人感到轻松愉快,又觉得意味深长。必要时"幽"上一"默",有利于让对方记住你,记住你公司的药品。

回应。注意对方的反应,适时询问。如果你发出了拜访的信号而对方对此表示漠然,你则需要进一步询问,如"医师,能不能给我一个拜访您的机会?"。

注意说话语气。你在语气中所透露的,往往比所讲的内容还多,从头到尾一字不差的一句话,语气、神态、声调不同,就会有不同的含义。医药代表应正确运用语调技巧,一旦出错,表达的意思将会相差甚远。例如,"你嘛,真是了不起啊!"如果用降抑调,说起来语气诚恳,表示赞美、称羡之意;如果用曲折调,说起来拐弯抹角,则表示讽刺之意。

眼睛看着对方。你的眼睛会说话。眼睛看着对方是你充满自信的表现,也是对对方的尊重,还可以传递其他信息,如疑问、思考、同意、感激、愤怒等。注意,同拜访对象特别是异性目光对视时,持续时间一般不要超过3秒钟。

(2)开场方式。开场应注意的问题解决好之后,接下来就要选择开场方式。开场方式主要有以下四种。

第一种是以提出问题开场。医药代表可找出一个和医务人员和药事人员的需要有关系的,同时又是本公司药品所能满足而会使他做正面答复的问题,如"您治疗高血压疾病时,会不会用到扩血管药物?……您在使用的过程中有没有担心病人的血压会下降?"

第二种是以讲述有趣之事开场。有时以讲一件有趣之事和一个笑话开场,也可以收到很好的效果。但在这样做的时候一定要明确目的不仅仅是想激起对方的快乐情绪。所讲的事一定要与你公司药品的用途有关,或者能够直接引导客户去考虑你的药品。

第三种是以引证别人的意见开场。如果你真的能够找到一个拜访对象认识的人,他曾告诉你该对象的名字,或者会告诉你该对象对于你公司药品的需要,那么你自然可这样说:"王医师,您的同事李医师要我前来拜访,跟您谈一个您可能感兴趣的问题。"这时,王医师可能立即就知道了你所提出的一切,这样你当然就已引起了他的注意而达到了你的目的了。同时,他自然也会对你感到比较亲切。可是,你一定要切忌虚构朋友的介绍。

第四种是以赠送礼品开场。小到印有公司标识的书签、图钉,细到写字用的垫子和镇纸等。你可以在送小礼品的同时顺便介绍你所"代表"的药品的有关信息。

3. 留心细节

拜访谈话中,医药代表必须留神观察拜访对象的表情,根据对方在谈话中的眼神、身体姿势、说话的语气及声调来推测可能发生的各种心理变化,从而分析出谈话效果。例如,若对方嘴角向后拉起,呈半开半闭的样子,或者随医药代表的陈述内容表现出各种各样的表情,说明对方已对交谈的内容产生了浓厚的兴趣。这时,医药代表应该趁热打铁,用亲切的口气进行深入的产品知识介绍。

与拜访对象谈话还应留意环境的变化,如有人在催促或等待他外出,那么,就应该在表达清楚意图后尽快告辞。

（二）探询

1. 询问的目的

询问是为了帮助医药代表发现医务人员和药事人员对自己产品的关注点。积极探询还是为了获得拜访的控制权。一般说来，医务人员和药事人员给医药代表的时间很有限，大多不超过10分钟，如果你将控制拜访节奏的主动权交给医务人员和药事人员，拜访结果就由对方随意决定，不可预料。医药代表积极探询会帮助医务人员和药事人员整理自己需求的思路，他会更清楚地考虑自己最关心的问题能否在你这里找到答案。

2. 如何提高询问质量

高质量的询问是指能够和对方引起共鸣的发问，因此，医药代表应做到和拜访对象有话想说且有话可说。为此，你有必要做到：事先准备好并切记问题；保持问题的连续性；简化问题的表述；克服羞怯心理；如果对方不愿回答，改换话题，见机行事；如果对方保持沉默，要弄清他是否在思考。

3. 询问的类型

询问可以是一个问题，也可以是其他获得资料的要求。询问一般分为两种类型：开放式问题和封闭式问题。一般说话从开放式问题开始，当拜访对象因被动接触无法接受时，即转入封闭式问题。

（1）开放式问题。开放式问题是指让医务人员和药事人员有思考的空间，并做详细说明，而不是迅速以一句话来回答的问题。其目的是鼓励医务人员自由作答。开放式问题常用"什么""为什么""怎么样"来开始。开放式问题又分为询问事实和询问感觉两种。询问事实通常以何人、何事、何时、何处、为何、多少等的问句去探询事实，其目的是为区别有关医务人员和药事人员的客观现状和客观事实，如"处理消化不良的患者，您常用哪些药？"询问感觉的问题是通过邀请医务人员和药事人员发表个人见解，来发现他主观认为重要的事情和心中的想法，如"对我们这个新产品，主任您怎么看？"。

（2）封闭式问题。封闭式问题是只能以"是"或"不是"作答的问题。封闭式问题常用"是不是""有没有""是否"来开头，如"主任，你们医院是否把××作为难治性感染首选的抗生素？"等待客户回答"是"或"否"后再将谈话引入假设的需求，争取获取对方的认同。

（三）聆听

史蒂芬·柯维在《与成功有约》中写道："从小到大，我们接受的教育多偏向读写的训练，说也占其中一部分，可是从来没有教导我们如何去听。然而听懂别人说话，尤其是从对方的立场去聆听，实非易事。"这段话值得医药代表深思。事实上，在医药代表与医务人员和药事人员的交流过程中，普遍存在着医药代表夸夸其谈，对方颔首不语的现象。事实上，聆听是医药代表的基本功。

1. 聆听的层次

史蒂芬·柯维从聆听的效果上把聆听分为五个层次：第一层是最低层，是"听而不闻"，犹如耳边风；第二层是"虚应地听"，表面上略有反应，如"嗯……是的……对"，其实心不在焉；第三层是"选择地听"，只听适合自己口味的；第四层是"专注地听"，每句话都听见了，但是否听懂了，则不可知；第五层是最高层次，是"设身处地地聆听"，听懂了对方的"话中话""弦外音"，明白了他的观点、感受与内心世界。医药代表聆听医务人员和药事人员说话应该达到聆听的最高境界，即"设身处地地聆听"。

2. 聆听的目的和原则

医药代表聆听的目的是让医务人员和药事人员充分表述自己的意见，及时支持、肯定医务人员和药事人员的建议，让他感受到被尊重、感觉到愉快，体会到拜访的价值；聆听也是为了设身处地地分析医务人员和药事人员关心的药品，鉴别、判定医务人员和药事人员的优势需求；聆听还是为了表达你真诚为对方服务的态度。

聆听的原则是听清、听懂、有反馈。

3. 聆听的形式

医药代表不仅要能听到医务人员和药事人员说出来的，还能听到对方不想说出来的和想说又说不出来的，这就必须灵活运用不同的聆听形式。从形式上说，聆听有反应性聆听和设身处地地聆听两种。

（1）反应性聆听。反应性聆听是医药代表以言语或非言语的方式向医务人员和药事人员确认其所说的内容你确实已听到的一种聆听形式。它是一种单纯的反应，表现为给对方以积极的表情或肯定的话语，如"我同意……""你讲得实在太好了！能否再详细说说……"。

（2）设身处地地聆听。设身处地地聆听是医药代表不仅仅对医务人员和药事人员的话语做出反应，不断感觉医务人员和药事人员透露的信息含义，而且主动地参与到医务人员和药事人员的思路中去的一种聆听形式。相对于反应性聆听，设身处地地聆听又可称为感觉式聆听，如"您的意思是……""教授，您看我是否能这样理解……"。医药代表应善于使用这种聆听方式，以提高拜访沟通的效果。

4. 聆听的要领和步骤

（1）聆听的要领。聆听不仅仅要用耳，还要用眼，更要用心。只有抓住聆听的要领，才能正确理解别人。聆听的要领是：①少说多听；②耐心专一；③多思考；④诚恳虚心；

⑤必要时做记录;⑥接纳别人;⑦不先入为主;⑧留心其眼神及其他肢体语言;⑨设身处地,适当提问。

(2) 聆听的步骤:听到→分析甄别→反馈回应。

5. 如何提高聆听技巧

说话是一门艺术,聆听也是一门艺术。提高聆听技巧必须做到以下几点:

(1) 认识聆听的重要性,激起听的兴趣;

(2) 去除心中所有杂念,靠近说话者,身体前倾,全身心投入;

(3) 抓大放小,不要因某一具体问题分散注意力;

(4) 紧跟说话者的思路,巧妙、恰如其分地提问;

(5) 不以貌取人;

(6) 注意关联词和关键词;

(7) 消除对对方的成见;

(8) 当难以理解对方的意图时,恰当提问;

(9) 不轻易打断别人;

(10) 与对方作目光接触和交流。

(四)如何介绍药品

介绍药品、普及新药知识是最能体现医药代表专业能力的一项工作。医药代表应该提供医务人员和药事人员最需要的内容。

1. 药品简介

药品简介内容包括药品的商品名、化学名、含量、强度、作用机制、适应证及治疗剂量等基本信息。应熟悉、正确无误地予以介绍,更应突出产品的特点与优势,如"其独特的……""其优点是……"。

2. 药品的特性和利益

药品的特性是指药物本身的理化特性、经证明的特点或与其他药品不同之处。药品的功效指药品的特性能够做什么或有什么作用,即产品的一般性利益,如药物的适应证:他汀类能够降低胆固醇,对高血脂患者治疗有益。药品的利益是药品所具有的、为医务人员或患者认可的价值或好处。一个药品往往具有多种特性,而一个特性又可以生发出多个功效与利益,但是具体落实到不同的科室、不同的适应证,医药代表必须作选择性阐述,并紧紧围绕医务人员的需求。

3. 药品特性利益转化技巧

医务人员最关心的是药品能为他的临床治疗解决什么问题,所以医药代表应巧妙地实现药品特性利益转化。

（1）进行换位思考，站在医师的立场，设身处地地把握他们的需求和他们期望的药品与服务的价值。

（2）利益的描述切合医师、患者的需要，多以"您""您的病人""你们科""您的医院"等为主语开始，必须具体而不空泛。

（3）陈述的利益须简要、针对性强。一次不要陈述太多利益。一项药品推销研究显示，医务人员在医药代表拜访后能记住药品一个利益的占51.3%，两个利益的占21.1%，三个利益的占14.5%。

（4）解释药品利益时可以从疗效、安全性、依从性、经济性等方面来进行。一般情况下可以把一个特性转化为医师几个方面的需要。例如，"安全性"可以说副作用少，没有什么特别需要注意的禁忌证，可用于危急患者，没有危及生命的不良反应，从没有因不良反应而停止使用的临床报道等。

（5）把握由特性转化为利益的关键。介绍时要说明与医务人员和患者真实需要有关的特性和利益。必要时及时运用资料再次强调这些利益，引导医师评价产品的相关利益。例如，"头孢他啶的半衰期很长，所以使用很方便（特性）。这样您就只需要每天给患者注射一次，无须像其他抗生素一样定时注射（利益）。您的患者甚至不需住院，只需门诊注射就行了（利益）。"

（6）把握将特性转化为利益的方法。最具吸引力的叙述词是：因为……（特性），它可以……（功效），对您而言……（利益），以告诉医务人员你的陈述显示你明白其需要，而你公司的药品正好能满足他的需要。

4．如何取得最佳的陈述效果

医药代表要获得最佳的陈述效果必须坚守以下表达原则：

（1）紧紧围绕医务人员的需求；

（2）在说出任何一个字前，先在心里想好你究竟要传达什么；

（3）记住你介绍的是"利益"，而非"特性"；

（4）使用一般性的字眼，专业术语不宜多；

（5）尊重对方；

（6）简明扼要，重点突出；

（7）让医务人员参与进来；

（8）语言和非语言表达并用；

（9）尽可能做到生动形象，可用图片、礼品等实物加强力量；

（10）提供例证（资料等）说明利益。

5．如何使用药品临床报告和证明文献

使用文献资料的目的是消除医务人员的疑惑，起证实作用。

当需要辅助证明一种特效或观点时，当医务人员对某种特效产生怀疑或对某种特效无兴趣时，医药代表均需要引用文献，加以论证。

引用药品临床报告和证明文献时要注意：① 材料必须具有较高的层次和权威性；② 对文献相当熟悉；③ 有与医务人员探讨文献的知识准备和技巧；④ 临床资料比实验室数据更有说服力；⑤ 事先应多演练（包括准备与医务人员讨论的目的或论题，讨论的重点，文献的结论是什么，什么出版物，出版社及出版时间，作者名称及单位、任职等）。

第二节　药店代表的实战技巧

一、药店代表的岗位职责、工作目标、工作理念与工作要求

（一）药店代表的岗位职责

（1）建立、完善药店档案，进行药店级别划分和分类管理。

（2）"跑街"，每天至少跑10—15家药店，进行常规理货，掌握产品的购销情况。

（3）疏通进货渠道，保证公司产品在最短的时间内铺上目标药店柜台，并达到公司要求的铺货率。

（4）进行店员教育，传递产品信息，培训产品知识。

（5）终端陈列的维护，以达到公司要求的陈列标准。

（6）按公司要求监管好销售责任区域内的产品价格，严禁串货。

（7）解决销售中的产品疑问，作好售后服务。

（8）正确使用二八定律，制订重点终端的拜访计划。

（9）积极组织并参加产品促销活动或公关活动。

（10）及时、准确地完成各种报表。

（11）了解竞争产品情况，掌握竞争企业推销员的拜访和推销手段，并及时向上级主管汇报。

（二）药店代表的工作目标

药店代表工作的最终目的是销售产品，增加产品的销量。为达到这个目的，要实

现四大目标。

1. 渠道管理目标

终端工作是长期的、连续的，同时又是艰苦的，它不仅需要大量的人力、物力、财力，而且需要企业建立一套行之有效的销售管理体系。

对付终端串货的一个有效的手段就是进行渠道管理，而渠道管理的基础是终端管理。如果终端在你的服务与监管之下，服从你的管理，不会乱拿货，只从你指定的经销商处拿货，也不会出现缺货或脱销，就说明你的渠道管理目标实现了。

2. 销量管理目标

药店代表要认真做好责任区域内的跑单工作，保证在你管理的终端销售量能达到公司规定的数量。如果是新开发的市场，销量应该是持续上升的。如果是成熟的市场，销量应该是稳定的，只会随季节合理地变动。

3. 理念认同目标

通过药店代表的工作，使终端药店对公司、对当地经销商、对药店代表的市场操作理念予以认同，认同企业的发展方向，认同企业的营销战略，认同企业的服务方式，使企业深得终端的信赖与支持，和终端的合作达到一种相互配合与促进的默契。

4. 第一推荐目标

店员经过药店代表的良好培训，不但丰富产品知识，而且对产品产生"偏爱"，对消费者首推你的产品。

（三）药店代表的工作理念

终端药店直接面对消费者，是药品变为消费品的一道龙门，也是医药企业实际销量的源头。药店代表要想使自己经营的产品越过龙门，变为现实的销量，必须树立正确的工作理念。

1. 内容上应该销售与市场并重

销售与市场应该同时存在，只有有了稳固的市场，才会有长久的销售。药店代表不能单纯注重送货、结账等系列业务工作，不能把产品的销售量作为自己唯一的标准，而应该兼做市场的开发、维护和体系网络建设，帮助市场圈子里的客户做大做强，共同发展，实现"做网络"与"做销售"双胜利，协调发展。倘若只注重销售，轻视市场，必将导致"有销售无市场"的局面，丧失销售的后劲和依托。

2. 载体上应该大小产品并进

大产品，也就是零售价（供货价）较高的品种，在药店代表销售业绩中占较大比例。批发企业经营的品种呈多元化格局，若药店代表专挑这样的产品做，很容易让自己变为单个品种的专职代表，甚至陷入"在一棵树上吊死"的境地。小产品就是零售价较低的品种，比较畅销，有助于形成快进快出的销售格局，可以减少积压和库存，有利于减少货款流失的风险。况且，我们并不能单纯地认为高价位的产品就是大产品，低价位的产品就是小产品，而应以经营该品种所能带来的利润率大小为标准，因为零售价（供货价）高低并不一定与利润率大小成正比。

3．方式上应该刺激与管理并用

药店代表要视顾客为"上帝"，虔诚地满足他们的合理化要求，如讨价还价、礼品配送等，同时，对客户的监控一刻也不能放松，也就是说，在把客户"当上帝一样敬"的同时，又要"当贼一样防"，防止他们"移情别恋"，借我们的政策销他人的产品，甚至一夜之间搬迁、倒闭。政策激励像暴风骤雨，立竿见影，但去得也快；周到、及时、全方位的服务、管理犹如春雨，润物无声，能起到潜移默化的作用，来得慢，但持续时间长。药店代表应该"激励"和"管理"两手抓，且两手都要硬，才能相互呼应，相得益彰。

4．环节上应该中间与两头并举

终端工作有三个环节：①企业供给终端的产品；②与企业直接建立买卖关系的终端；③与终端建立买卖关系的消费者。有些药店代表只是抓住了中间，即与企业直接建立买卖关系的终端，却忽视了两头，即供给终端的产品和与终端建立买卖关系的消费者，从而使自己既不能全面地熟悉产品，系统地向客户推广、介绍，又不能建立典型的消费者档案资料，方便售后服务工作的开展，更无法赢得顾客对该产品（品牌）的忠诚和争取回头客。所以，药店代表应该抓住中间，兼顾两头，这样才能创造更好的销售业绩。

5．对象上应该大户与小户并抓

大客户（重点终端）不是以终端整体的销售额、营业面积大小和店员人数多少为衡量标准，而是以它与企业所发生的业务占其整体业务量的比例大小，以及由这笔业务带来的利润大小为衡量标准。一般来说，药店代表不能唯大是从，只看大客户的脸色行事，而应该灵活把握"抓大放小"的客户开发原则。这是因为小客户也有它的价值，有开发的必要性。首先，小客户可以发展成为大客户；其次，小客户可以弥补企业终端网络的空白；最后，小客户不一定业务小、利润少。因此，药店代表应明确"抓"不是唯一，"放"不是抛弃。

(四)药店代表的工作要求

1. 维护公司形象

"形象是企业的第二生命",这里的企业自然包括医药企业(公司),因此,当企业出现生产经营问题,如产品问题、推广问题或渠道问题等时,药店代表不能和客户一起抱怨,不能宣传公司的不足,而应站在公司的角度向客户解释,力求妥善处理。实在解决不了的,应将终端的意见如实带回公司。作为药店代表要时刻牢记,去药店拜访由你个人来完成,但这不是你的个人行为,你代表的是公司的行为,此时的"你"已不是过去的"你"了。

2. 保持与公司上下的良好关系

人际关系不是生产力,但在现实生活中,它具有类似于生产力的性质。药店代表必须建立并保持与周围人的良好关系,特别是与上司的关系,以诚待人,以心交人,以礼与人,尊敬上司,团结同事。

3. 坚守信用

"君子一言,驷马难追""人而无信,不知其可""人无信不立"。药店代表天天和终端打交道,如果不了解事情的全部,或没有得到公司领导的承诺而随意给零售药店许诺,事后又无法兑换诺言,就会丧失信誉,因为在零售药店的眼中,你的信誉就是公司的信誉。

4. 不贬低竞争对手

有竞争才有压力,才有动力,不要把竞争看成坏事,不要把你和竞争对手的关系看成你死我活的较量,而是看谁活得更好。竞争对手的产品一定有其优势,终端药店最清楚每个产品的优劣势,如果你妄加评论可能引起对方的反感。可以把竞争对手的产品和服务与自己的进行对比,让终端自己去体会、去判断、去选择。所以,竞争对手是用来尊敬的,应学习人家的长处。

二、药店代表的必备素质

(一)坚定执着的信念

如果你本身就不相信自己,对自己没有信心,那么就不可能让客户对你有信心。所以,药店代表要有坚持不懈的精神和不怕挫折的态度,要时刻保持充沛的精神与活力,时刻以整洁得体的仪表仪容及彬彬有礼、谦让而不卑恭的形象面对自己的客户,不断塑造自身良好的气质与稳健的风度。要时刻树立真诚、友善、豁达、乐观的良好习惯和处世待人态度，不断磨炼自己的意志和人生观。要树立明确的立场，药店代表不是卖药，而是可靠的媒介，促成药店、消费者和公司之间的合作，让消费者客观公正地了解药品，为消费者带来独特的、具体的好处。

（二）善于开展亲情服务

人是感情动物，亲情在任何时候都是必不可少的。在当前情况下，由于竞争压力加大，亲情友情越来越被淡化，但这更显亲情友情的珍贵。亲情服务是沟通客户关系的良好润滑剂，只有亲情服务到位，成功的销售才能水到渠成、瓜熟蒂落。亲情服务包括见面时的问寒问暖，一些家常话题的讨论，定期的电话问候和拜访、回访、生日祝福等。

（三）充分了解自己的产品

要时刻树立不断学习的思想，努力涉猎各种知识，不断提高自己的知识含量与专业化水准。药店代表推广、宣传的药品一般是新药，另有部分是新剂型或老药品的新用途，其间有许多理论及新的应用概念，完整准确地推介你所推广药品的新理念是让消费者接纳药品的关键。

首先，要了解围绕新品种的功效理论以及该药与相关药品的发展历史。

其次，要了解新药品在应用中实际效果的理论基础或在实际应用中的具体情况。只有熟悉和掌握新药品的功效和临床知识，才能从各方面回答客户可能的疑问。药店代表必须不断通过各种途径，利用扎实的医药基础知识及临床经验，不断有目的地去检索、收集有关最新资料，并充分应用于药品的推广活动之中。

（四）妥善处理价格疑问

药店代表的最终目的是促销产品，而对于客户来说产品的价格才是重点，明明有便宜的同类药品，为什么非要买更贵的呢？这就需要我们让消费者了解到我们比同类药品的优势。比如说，我们的药品有见效快、疗程短的特点，就可以强化疗程，弱化价格，用治疗、巩固和改善的疗程特点避免对价格的过多解释，让消费者认识到我们的总体价钱比同类药品要低。

（五）学会讲"理"

药店代表的"理"，包括产品的好处——效果、安全性、副作用、使用方便性，非产品的好处——临床研究的机会、相关医学信息的更新、学术交流的机会、其他社交活动、合理的价格或公费情况等。

三、终端药店促销的内容和方法

广告宣传可拉动市场,但终端促销同样能创造需求。如今,越来越多的医药企业注意到了终端促销的作用,努力提高终端药店的铺货率和创造店内药品占有率。

(一)终端药店促销的内容

终端药店促销包括终端观察和终端支援两个方面。

1. 终端观察

终端观察就是药店代表通过对消费者、药店店员和竞争对手的观察,收集必要的信息,制定自己的营销对策。观察的内容主要有:消费者生活形态的变化及其对购买行为和药品选择的影响,消费者在店头的活动规律,终端药店店员对各品牌的态度及推荐率,终端药店的场地条件、照明、路线规划、商品组合及服务态度等,竞争对手和终端促销活动及对终端药店和消费者的影响等。

2. 终端支援

终端支援包括店外支援和店内支援。店外支援是指医药企业为提高终端药店的经营效率给药店店员提供的各种信息资料,如产品知识小册子、商圈动态资料等;经营上的知识,如促销计划、存货控制等;金钱上的激励,如销售奖金、业绩竞赛等。店内支援包括药品陈列与展示,如做特殊陈列、争取更大的陈列面和更好的陈列位置等,强化品牌在终端的展露度,使消费者易看、易拿;POP(卖点广告)广告,如广告张贴与悬挂、背景音乐播放等,营造产品热销氛围;现场促销活动,如折扣、咨询等,以刺激更多消费者购买。

(二)终端药店促销的方法

1. 商品化工作

商品化工作就是在市场上,通过陈列与展示,把企业生产出来的产品转化为具有诱人魅力的商品,让消费者易看、易选、易拿,并在吸引他们注意力的同时促使其购买,再将商品转化为消费品,简单地说就是实现产品、商品、消费品的"三品"转化。

医药企业的产品卖给零售药店后,药店代表的责任就是协助药店再次卖出"我们"的产品。商品化陈列就是吸引消费者、创造购买欲望的手段。医药企业生产出来的产品,通过药店的陈列与展示,转化为具有附加价值及魅力的商品,从而促进销售,最终变为消费品。

药品陈列包括两个重点:一是药品陈列展示化,二是陈列展示生动化。陈列应注意的问题主要有八个。

（1）占据最佳陈列位置。现代营销理论认为，购买者的方便程度在很大程度上影响着产品的销量，所以，产品的摆放位置对销售起着重要作用。

在介绍最佳陈列位置之前，先让我们了解一下消费者在购买现场的行为习惯和认知定式：

① 90%的人不喜欢走很多路或回头路；

② 人们不愿意俯身、踮脚、挺身等；

③ 人们不愿意去嘈杂、不清洁的地方或黑暗的角落；

④ 人们的视线喜欢平视，不喜欢仰视和俯视；

⑤ 人们直行时视线喜欢侧向右面；

⑥ 人们喜欢逛商店时左转，逆时针行走；

⑦ 在商店，消费者的平均速度为每秒移动一米，人的眼睛看东西如果小于三分之一秒是不能留下印象的。

只有认识到顾客的心理，才能把适当的产品，以适当的标价，在适当的时间，陈列在适当的位置上，起到聚焦顾客的注意力、提高产品的知名度、增加终端销售业绩的作用。

比较理想的陈列方式是开架自选购药，这种方式使得药店与消费者之间更具互动性，使消费者能够更快地、以更简单便捷的方式挑选自己所需的药品。最好的陈列位置就是消费者最容易拿到的位置：消费者水平视线与肩膀之间的范围。

传统的药店一般都不开架，设有前后两排货柜，通常最好的位置是指消费者进药店第一眼看到的位置、柜台上层中间的位置、店员的后方柜台、最贴近玻璃的位置。

（2）尽量扩大并充分利用陈列空间。多一个陈列位就意味着多一个产品被售出的机会。所以，药店代表除了在正常的货架位置进行销售之外，应力求寻找第二或第三陈列位。在开架自选药店，第二或第三陈列位较多，如走道边落地陈列、陈列架收银台旁等。在传统药店，由于空间限制，第二陈列一般在柜面上。

（3）努力增加产品陈列面。零售市场的调查表明，增加产品陈列面可以增加产品售出的机会。因为产品陈列面越大，看到产品的人越多，产品被购买的概率就越大。有一项调查显示，销售量可随着陈列面的增加而增加，陈列面扩大1、2、3、4倍，销售量分别增加15%、30%、60%、100%。

因此，药店代表应努力增加产品在终端药店的陈列面。在陈列过程中要注意：将药品的正面朝外；因一个陈列面容易被价签挡住品牌，所以，至少应保证占有两个陈列面；如果是自选药店，最好留出1—2个陈列缺口，以传递给消费者此产品正在热销中的心理信息。

（4）系列产品集中陈列。陈列时要将本公司的产品或同一品牌不同规格的产品陈列在一起，避免重复堆放、分类混乱，一方面可增加系列产品的展示效果，引起消费者的注意；另一方面还可以带动新产品或销售弱势产品的销售。

（5）陈列药品的所有规格。陈列时要做到规格齐全，以便消费者根据实际需要选择，否则消费者可能因找不到合适的规格而转向其他品牌。当然，如果陈列面积有限，药店代表应陈列回转速度快的产品。

（6）保持陈列产品的价值。保持产品外观清洁，随时补充货源，及时更换损坏品、瑕疵品或到期品，如有滞销品，应想办法处理，不能任其蒙尘而有损品牌形象。总之，要保证陈列药品以最好的面貌（整齐、清洁、新鲜）出现在顾客面前，以维护品牌形象，刺激消费者的购买欲望。

（7）POP广告支援。POP广告是在终端药店最直接地将广告信息传达给消费者的一种广告方式，如若与良好的产品陈列配合，可立即起到提示和说服作用，被人们称为"第二推销员"。

（8）人员导购。较大的制药企业一般都直接派出或与终端药店一起合作，在销售现场安排人员推销，这就是导购人员。导购人员是企业（产品）与消费者（终端）之间最短、最直接的沟通桥梁，通过他们，企业可以获取来自市场一线的、第一手的有价值的资料，也可以向消费者直接传达有关企业及产品的信息，展示企业的品牌形象。因此，一个出色的导购人员其实是身兼数职的，他既是销售促进者，又是企业形象的代言人，还是消费者的老师和朋友，对于提高企业产品的终端适应能力、促进终端销售具有十分重要的影响。

2. POP广告

随着经济的发展及人民生活、消费水平的提高，人们对购物环境的要求也在不断提高，在销售终端，人们不仅希望买到的商品称心如意，而且希望终端环境舒适优雅、赏心悦目、富有情调，而POP广告正满足了人们的这一需求。设计新颖、图案精美、色彩夺目、制作精良的POP广告能制造出良好的店内气氛，使消费者享受到购物的兴趣，影响其购买行为。

POP广告的促销作用是全方位的。对消费者来说，POP广告可以告知顾客新产品上市的信息，传达商品内容，使顾客认知产品并记住品牌、特性；告知顾客商品的使用方法；在消费者对产品有所了解的情况下，POP广告可强化其购买动机，尽快完成购买行为；帮助消费者选择商品等。对终端药店来说，POP广告可以促使消费者产生购买冲动，提高终端销售量；营造轻松愉快的购买气氛；代替店员说明商品特性、使用方法等。对医药企业来说，POP广告可以传递新产品信息，表明新产品的性能、价格，唤起消费者的购买欲，吸引消费者的注意力；突出产品优点，特别是在开展赠品活动时，可以充分利用POP广告的媒体特性。

一般终端药店的POP广告分为两大类：店外POP广告和店内POP广告。店外POP广告形式有招牌、橱窗广告、户外灯箱等；店内POP的形式较多，如购物袋、促销广告衫、吊旗、海报、不干胶招贴、陈列架、动态模型、充气物、宣传册、广告录像、仿实物模型、产品空盒陈列、展板、弹卡、立牌等。

3．现场促销活动

在销售现场开展促销活动是终端药店市场促销的重要内容。现场促销活动的主要形式有样品促销、礼品促销、折价促销、咨询等。

4．赢得店员的支持

如今，市场上同类药品很多，且新药品不断推出，药品的技术含量也越来越高，普通消费者已很难凭自己的知识和经验来判断药品的质量和效用，在购买终端，他们很自然地把店员当作医药专家。在顾客面对众多同类药品犹豫不决、无从选择的时候，店员的一两句评价、三言两语的简单提示，就可能对顾客的购买行为产生决定性的影响。所以，医药企业应该树立终端店员就是企业"第一顾客"的观念，对店员进行产品知识培训，让他们了解、认可本企业及产品，获得对企业的好感，特别是了解本企业产品的优点，以便能准确、熟练地向顾客推荐。药店代表也要树立"推销自我"的观念，努力在终端店员中塑造"可亲、可信、可交、可爱"的形象，加强与店员的交流、沟通，做到生意场上是盟友，生意场下是朋友。

四、药店代表的销售技巧

（一）购货折扣

购货折扣就是医药企业在一定期限内对终端药店购买特定产品或购买达到某一特定数量时给予特殊的价格折让。这种促销方式适合于新产品开拓市场。

1．购货折扣的形式

购货折扣的形式可分为三种：数量折扣、现金折扣和实现定额目标折扣。

（1）数量折扣。

数量折扣指按终端药店购买数量的多少分别给予不同比例的折扣。采购量愈大，折扣愈多。这种折扣主要用于鼓励大量购买。

（2）现金折扣。

现金折扣就是对当时或按约定日期付款的终端给予一定比例的折扣，主要用于鼓励提早付款，加快资金周转，减少呆账和利息损失。

（3）实现定额目标折扣。

这一折扣方式一般用于半年或年末结算时，如果终端药店达到一个事先设定的目标，就给予一定的折扣。这种折扣主要用于鼓励终端定向购买。这种形式颇为通行，且自然成为终端药店努力实现定额目标的有力动机。

2．使用购货折扣这种促销方式需注意的问题

使用这种促销方式应注意以下四个问题。

（1）折扣促销可能直接有损于企业的利润。

折扣促销可能直接有损于企业的利润，特别是当折扣的政策渐渐成为厂家之间的竞争手段之时，对企业的利润影响更大。因为任何一种产品，如果折扣后药品价格降了5%，则需增加33%的销量才能维持原有利润水平；如果降价10%，则需增加100%的销量。

（2）促销活动结束后，销量可能有一个下降的过程。

折扣只是短期的激励，既不能帮助终端药店，也不能帮助消费者提高对促销药品的忠诚度，它只能吸引对价格敏感的消费者，当促销活动结束时，这类消费者随时可能转移到更低价格的同类产品。

（3）折扣的固定化。

经常性的折扣易被终端作为利润列入常规收益，而一旦如此，药店就会期待固定化的折扣。长此下去，便失去了预期的"鼓励"功能。所以，应明确折扣标准及时效性，避免经常化。

（4）折扣的转让。

最好让终端药店拿出一部分折扣回馈给顾客。

（二）神秘顾客活动

1．概念

神秘顾客活动指医药企业派出人员假扮顾客，对店员提问和咨询，以检验店员对产品的认识状况和推荐率的促销形式。

2．注意事项

使用神秘顾客促销应注意以下五个问题。

（1）神秘顾客即企业派出人员，应对产品有较全面、较深入的了解，尤其要清楚产品区别于竞争品牌的特性和利益。

（2）应该在活动前2—3周通知终端店员，尤其是目标店员，以促使其进入状态，提高企业销售药品的推荐率。

（3）如果店员反应得当，对企业产品介绍恰当、推荐及时，应立即说明来意，并

当场给予奖励，赠送礼品。礼品要精美适用，受店员喜爱。

（4）同一药店不宜反复拜访，一般最多不超过3次，且间隔时间要拉开，以免店员失去兴趣和热情。

（5）要及时总结、检查被推荐的原因，以及店员所推荐的是否是产品的卖点或特性，以便对企业的市场推广活动提供参考信息。

（三）小礼品或试用品激励

1．概念

这种活动指医药企业专门制作带有企业标志的小礼品或产品的试用品供药店代表在拜访客户时发放，以带动企业产品销售的促销形式。

2．注意事项

"千里送鹅毛，礼轻情义重"，送礼品事"小"，加强与终端店员的联络，加深其对你和你的药品的印象事"大"，所以，药店代表分发小礼品时要亲手交给店员，让他们感受到你对他们的关注，不要委托他人转交。

药品是特殊商品，试用品也不例外，所以，送试用品的同时别忘了送产品说明书或使用方法介绍（试用品多为保健品之类，而一般不适用于处方药）。

（四）销售积分竞赛

1．概念

销售积分竞赛是医药企业根据终端药店和店员售出产品积分多少给予不同等次奖励的一种促销方式。这种方式旨在鼓励药店参与促销的积极性，提高终端店员的推荐率。

2．操作及注意事项

采用这种方式时，通常可把促销产品用盒数作为统计单位来设置一定的分值。在竞赛中，看哪家药店的哪名店员推荐成功率高，销量大，积分多，从而评出不同等次的奖励；同时，可设相应的总体销售奖，奖励店经理和柜组长，只要药店总体销售量达标，就给予激励。

使用销售积分竞赛促销应注意以下六个问题。

（1）所选择药店在地理位置、营业面积等方面要相近，也就是对各个药店应相对公平，这样有利于提高活动效果。

（2）竞赛前的准备、计划、评比办法及对所有参赛药店的解释、告知均要详尽。

（3）应与终端药店商定一个共同的销售量下限。这个下限应参考以往销售状况再加一个适宜的增长比例，让终端意识到必须有一个"额外"的增长量。

（4）必须建立详细、准确的客户档案。由于活动涉及诸多数据信息，并直接联系着奖励的发放，所以，一定要作好客户档案数据的管理。

（5）兑奖要及时。每兑一次奖，积分归零，重新计算积分。

（6）积分办法应明确，兑奖可灵活，同一终端店员在自愿的基础上积分可合并领奖。

（五）陈列竞赛

1．概念与作用

陈列竞赛是通过研究产品陈列对人的随即购买行为的影响，为提升产品品牌形象，扩大产品销售而进行的产品摆放促销形式。陈列竞赛是医药企业和终端药店双方互利互惠，而不是企业主动、药店被动的促销活动。陈列的理想境界是生动化。有关陈列生动化的要素在本章前文已详细介绍过，这里就不再重复。

2．注意事项

陈列竞赛的实际操作中应注意以下八个问题。

（1）做好竞赛前期药店资料调研收集，了解活动举办地药店的分布、分级、营业情况及连锁店的多少和连锁店对陈列竞赛的态度。在调研的基础上选定参加竞赛的终端药店，发放陈列竞赛邀请函，签好回执。

（2）陈列竞赛计划和预算方案应尽可能详细，可操作性强，要达到一个不懂任何陈列竞赛的人根据计划就可操作的程度。活动计划应包括活动目的、活动时间、活动安排（包括准备期和实施期）、人员职责和考核方法、竞赛评比细则、评比方式、奖励、费用预算等内容。

（3）药店代表应将竞赛评分标准等参赛事宜详尽地告知参赛药店，积极参与并协调店员搞好陈列活动。

（4）竞赛评委会应包括当地有影响的批发零售商、大区经理、当地销售主管、新闻媒体人员和企业人员，一般为5—6人。

（5）为了保证陈列活动既能达到基本的陈列水准，又不限制灵活有创意的发挥，评分可设基本分和附加分，取两项之和为最后的评定标准，以鼓励终端最大限度地发挥，提高比赛效果。

（6）保证竞赛的公平、公正性。评分标准应公开，可采取销售主管抽查评分和评委会现场评分相结合的方式，并拍照存档备查。

（7）颁奖一定要及时，以显示企业的良好信誉。

（8）做好陈列竞赛效果评估。陈列竞赛的效果主要应体现在销售量上，可设计专门表格来记录，如某某药店某某药品陈列竞赛前、中、后销量变化表。

促销活动是一种极富创造性的活动，每一种促销形式都需要在实践中不断发展、完善。我们应该在实际工作中围绕企业的整体营销目标，灵活运用各种促销技巧，并且勇于创新、善于创新，这样才能取得理想的效果。

五、店员教育

（一）店员教育的概念及必要性

1. 店员教育的概念

店员教育是指药店代表将药品的相关信息传递给终端店员，丰富店员的产品知识，以期在终端销售中增加自己产品推荐率的一种教育培训活动。

2. 店员教育的必要性

药品是特殊商品，具有特定的功效、作用、适用范围和用法与用量。这就要求其直接经营者——药店店员熟悉并掌握这些药品的基本信息和比较优势，以便正确地解答顾客的疑问并能够准确地向顾客推荐。值得我们关注的是，目前在终端药店，店员的医药学专业知识储备仍然不足，大大限定了他们对药品的了解程度以及融会贯通程度。事实上，店员对药品及药品宣传要点的认知也主要是通过药店代表介绍获得的，所以，店员教育应该是药店代表的核心任务之一。

店员培训也往往被认为是最能考验药店代表综合能力、最有挑战性的工作。药店代表要确保终端店员熟知自己产品的适用范围和竞争优势，并给其一个推荐的理由。另外，药店代表还要通过自己富有情感化、个性化的工作取得店员的主动推荐。

（二）店员教育的形式和内容

1. 店员教育的形式

店员教育的形式多种多样，有药店代表在日常拜访中进行的"一对一"或小规模店员教育会方式；有以一个城市或城区为单位，采取电影招待会、店员联谊会或店员答谢会的方式进行的店员集中教育；还有以有奖问答的方式逐店进行的店员教育。无论采取哪种形式，都要求做到场面活跃、气氛热烈、内容精练、重点突出，并分发小礼品，时间一般应控制在30分钟之内。本节将以小规模店员教育为例介绍店员培训的实施过程。

2. 店员教育的内容

店员教育培训的目的是密切医药企业与终端药店的关系，使店员熟悉产品知识，以提高产品的店员推荐率，特别是第一推荐率。所以，店员教育的内容应包括以下几个方面：

（1）公司介绍；

（2）相关的医药学知识；

（3）产品介绍，如产品最突出的卖点、产品与竞争品牌的比较优势（尤其是优于竞争品牌的特性和利益）、产品的正确使用方法及注意事项、产品可能的副作用及其解释、消费者可能问到的问题及回答等；

（4）与药店服务有关的内容，如怎样增强推荐的信服力、怎样进行产品陈列、怎样让进店的顾客都有消费，等等。

（三）小规模店员教育会

1. 背景

当发现自己的产品在某一药店的销量与该店所处的位置、药店规模和实力明显不符时，或自己的产品在品牌、陈列、宣传、价格等方面不逊色于竞争产品，而销量明显低于竞争产品时，原因往往在于终端推荐率，此时，应及时召开小规模店员教育会。

2. 时间

召开小规模店员教育会应事先征得店长（或店经理）和柜组长的同意，并与之商定会议的时间、地点和参加人员等。就会议时间来说，一般宜选择在两班店员交接班时。可约好接班的店员提前20分钟到达，先对这一批店员进行培训，然后换另一班，这时要注意协调好两班的工作。

3. 地点

地点一般由店长（或店经理）安排，通常选择店长（或店经理）办公室或药店会议室。

4. 参加人员

参加人员包括店长（或店经理）、柜组长、目标店员等。

5. 程序

首先欢迎致谢，然后介绍产品知识，接着安排一些有奖抢答或趣味游戏等活动，以加深店员对所介绍的产品的印象，最后发放资料和纪念品，并请店员多推荐该产品。

（四）教育培训后的回访

店员教育培训后，药店代表还要做好跟进回访工作，以再次熟悉店员，让店员重温你的产品，再次加深印象，也便于日后开展更深层次的推广活动。

附录一　中华人民共和国药品管理法

（1984年9月20日第六届全国人民代表大会常务委员会第七次会议通过　2001年2月28日第九届全国人民代表大会常务委员会第二十次会议第一次修订　根据2013年12月28日第十二届全国人民代表大会常务委员会第六次会议《关于修改〈中华人民共和国海洋环境保护法〉等七部法律的决定》第一次修正　根据2015年4月24日第十二届全国人民代表大会常务委员会第十四次会议《关于修改〈中华人民共和国药品管理法〉的决定》第二次修正　2019年8月26日第十三届全国人民代表大会常务委员会第十二次会议第二次修订）

目　录

第一章　总　　则
第二章　药品研制和注册
第三章　药品上市许可持有人
第四章　药品生产
第五章　药品经营
第六章　医疗机构药事管理
第七章　药品上市后管理
第八章　药品价格和广告
第九章　药品储备和供应
第十章　监督管理
第十一章　法律责任
第十二章　附　　则

第一章　总　则

第一条　为了加强药品管理，保证药品质量，保障公众用药安全和合法权益，保护和促进公众健康，制定本法。

第二条 在中华人民共和国境内从事药品研制、生产、经营、使用和监督管理活动，适用本法。

本法所称药品，是指用于预防、治疗、诊断人的疾病，有目的地调节人的生理机能并规定有适应证或者功能主治、用法和用量的物质，包括中药、化学药和生物制品等。

第三条 药品管理应当以人民健康为中心，坚持风险管理、全程管控、社会共治的原则，建立科学、严格的监督管理制度，全面提升药品质量，保障药品的安全、有效、可及。

第四条 国家发展现代药和传统药，充分发挥其在预防、医疗和保健中的作用。国家保护野生药材资源和中药品种，鼓励培育地道中药材。

第五条 国家鼓励研究和创制新药，保护公民、法人和其他组织研究、开发新药的合法权益。

第六条 国家对药品管理实行药品上市许可持有人制度。药品上市许可持有人依法对药品研制、生产、经营、使用全过程中药品的安全性、有效性和质量可控性负责。

第七条 从事药品研制、生产、经营、使用活动，应当遵守法律、法规、规章、标准和规范，保证全过程信息真实、准确、完整和可追溯。

第八条 国务院药品监督管理部门主管全国药品监督管理工作。国务院有关部门在各自职责范围内负责与药品有关的监督管理工作。国务院药品监督管理部门配合国务院有关部门，执行国家药品行业发展规划和产业政策。

省、自治区、直辖市人民政府药品监督管理部门负责本行政区域内的药品监督管理工作。设区的市级、县级人民政府承担药品监督管理职责的部门（以下称药品监督管理部门）负责本行政区域内的药品监督管理工作。县级以上地方人民政府有关部门在各自职责范围内负责与药品有关的监督管理工作。

第九条 县级以上地方人民政府对本行政区域内的药品监督管理工作负责，统一领导、组织、协调本行政区域内的药品监督管理工作以及药品安全突发事件应对工作，建立健全药品监督管理工作机制和信息共享机制。

第十条 县级以上人民政府应当将药品安全工作纳入本级国民经济和社会发展规划，将药品安全工作经费列入本级政府预算，加强药品监督管理能力建设，为药品安全工作提供保障。

第十一条 药品监督管理部门设置或者指定的药品专业技术机构，承担依法实施药品监督管理所需的审评、检验、核查、监测与评价等工作。

第十二条 国家建立健全药品追溯制度。国务院药品监督管理部门应当制定统一的药品追溯标准和规范，推进药品追溯信息互通互享，实现药品可追溯。

国家建立药物警戒制度，对药品不良反应及其他与用药有关的有害反应进行监测、识别、评估和控制。

第十三条 各级人民政府及其有关部门、药品行业协会等应当加强药品安全宣传教育，开展药品安全法律法规等知识的普及工作。

新闻媒体应当开展药品安全法律法规等知识的公益宣传，并对药品违法行为进行舆论监督。有关药品的宣传报道应当全面、科学、客观、公正。

第十四条 药品行业协会应当加强行业自律，建立健全行业规范，推动行业诚信体系建设，引导和督促会员依法开展药品生产经营等活动。

第十五条 县级以上人民政府及其有关部门对在药品研制、生产、经营、使用和监督管理工作中做出突出贡献的单位和个人，按照国家有关规定给予表彰、奖励。

第二章 药品研制和注册

第十六条 国家支持以临床价值为导向、对人的疾病具有明确或者特殊疗效的药物创新，鼓励具有新的治疗机理、治疗严重危及生命的疾病或者罕见病、对人体具有多靶向系统性调节干预功能等的新药研制，推动药品技术进步。

国家鼓励运用现代科学技术和传统中药研究方法开展中药科学技术研究和药物开发，建立和完善符合中药特点的技术评价体系，促进中药传承创新。

国家采取有效措施，鼓励儿童用药品的研制和创新，支持开发符合儿童生理特征的儿童用药品新品种、剂型和规格，对儿童用药品予以优先审评审批。

第十七条 从事药品研制活动，应当遵守药物非临床研究质量管理规范、药物临床试验质量管理规范，保证药品研制全过程持续符合法定要求。

药物非临床研究质量管理规范、药物临床试验质量管理规范由国务院药品监督管理部门会同国务院有关部门制定。

第十八条 开展药物非临床研究，应当符合国家有关规定，有与研究项目相适应的人员、场地、设备、仪器和管理制度，保证有关数据、资料和样品的真实性。

第十九条 开展药物临床试验，应当按照国务院药品监督管理部门的规定如实报送研制方法、质量指标、药理及毒理试验结果等有关数据、资料和样品，经国务院药品监督管理部门批准。国务院药品监督管理部门应当自受理临床试验申请之日起六十个工作日内决定是否同意并通知临床试验申办者，逾期未通知的，视为同意。其中，开展生物等效性试验的，报国务院药品监督管理部门备案。

开展药物临床试验，应当在具备相应条件的临床试验机构进行。药物临床试验机构实行备案管理，具体办法由国务院药品监督管理部门、国务院卫生健康主管部门共同制定。

第二十条　开展药物临床试验，应当符合伦理原则，制定临床试验方案，经伦理委员会审查同意。

伦理委员会应当建立伦理审查工作制度，保证伦理审查过程独立、客观、公正，监督规范开展药物临床试验，保障受试者合法权益，维护社会公共利益。

第二十一条　实施药物临床试验，应当向受试者或者其监护人如实说明和解释临床试验的目的和风险等详细情况，取得受试者或者其监护人自愿签署的知情同意书，并采取有效措施保护受试者合法权益。

第二十二条　药物临床试验期间，发现存在安全性问题或者其他风险的，临床试验申办者应当及时调整临床试验方案、暂停或者终止临床试验，并向国务院药品监督管理部门报告。必要时，国务院药品监督管理部门可以责令调整临床试验方案、暂停或者终止临床试验。

第二十三条　对正在开展临床试验的用于治疗严重危及生命且尚无有效治疗手段的疾病的药物，经医学观察可能获益，并且符合伦理原则的，经审查、知情同意后可以在开展临床试验的机构内用于其他病情相同的患者。

第二十四条　在中国境内上市的药品，应当经国务院药品监督管理部门批准，取得药品注册证书；但是，未实施审批管理的中药材和中药饮片除外。实施审批管理的中药材、中药饮片品种目录由国务院药品监督管理部门会同国务院中医药主管部门制定。

申请药品注册，应当提供真实、充分、可靠的数据、资料和样品，证明药品的安全性、有效性和质量可控性。

第二十五条　对申请注册的药品，国务院药品监督管理部门应当组织药学、医学和其他技术人员进行审评，对药品的安全性、有效性和质量可控性以及申请人的质量管理、风险防控和责任赔偿等能力进行审查；符合条件的，颁发药品注册证书。

国务院药品监督管理部门在审批药品时，对化学原料药一并审评审批，对相关辅料、直接接触药品的包装材料和容器一并审评，对药品的质量标准、生产工艺、标签和说明书一并核准。

本法所称辅料，是指生产药品和调配处方时所用的赋形剂和附加剂。

第二十六条　对治疗严重危及生命且尚无有效治疗手段的疾病以及公共卫生方面急需的药品，药物临床试验已有数据显示疗效并能预测其临床价值的，可以附条件批准，并在药品注册证书中载明相关事项。

第二十七条　国务院药品监督管理部门应当完善药品审评审批工作制度，加强能力建设，建立健全沟通交流、专家咨询等机制，优化审评审批流程，提高审评审批效率。

批准上市药品的审评结论和依据应当依法公开，接受社会监督。对审评审批中知悉的商业秘密应当保密。

第二十八条 药品应当符合国家药品标准。经国务院药品监督管理部门核准的药品质量标准高于国家药品标准的，按照经核准的药品质量标准执行；没有国家药品标准的，应当符合经核准的药品质量标准。

国务院药品监督管理部门颁布的《中华人民共和国药典》和药品标准为国家药品标准。

国务院药品监督管理部门会同国务院卫生健康主管部门组织药典委员会，负责国家药品标准的制定和修订。

国务院药品监督管理部门设置或者指定的药品检验机构负责标定国家药品标准品、对照品。

第二十九条 列入国家药品标准的药品名称为药品通用名称。已经作为药品通用名称的，该名称不得作为药品商标使用。

第三章　药品上市许可持有人

第三十条 药品上市许可持有人是指取得药品注册证书的企业或者药品研制机构等。

药品上市许可持有人应当依照本法规定，对药品的非临床研究、临床试验、生产经营、上市后研究、不良反应监测及报告与处理等承担责任。其他从事药品研制、生产、经营、储存、运输、使用等活动的单位和个人依法承担相应责任。

药品上市许可持有人的法定代表人、主要负责人对药品质量全面负责。

第三十一条 药品上市许可持有人应当建立药品质量保证体系，配备专门人员独立负责药品质量管理。

药品上市许可持有人应当对受托药品生产企业、药品经营企业的质量管理体系进行定期审核，监督其持续具备质量保证和控制能力。

第三十二条 药品上市许可持有人可以自行生产药品，也可以委托药品生产企业生产。

药品上市许可持有人自行生产药品的，应当依照本法规定取得药品生产许可证；委托生产的，应当委托符合条件的药品生产企业。药品上市许可持有人和受托生产企业应当签订委托协议和质量协议，并严格履行协议约定的义务。

国务院药品监督管理部门制定药品委托生产质量协议指南，指导、监督药品上市许可持有人和受托生产企业履行药品质量保证义务。

血液制品、麻醉药品、精神药品、医疗用毒性药品、药品类易制毒化学品不得委托生产；但是，国务院药品监督管理部门另有规定的除外。

第三十三条 药品上市许可持有人应当建立药品上市放行规程，对药品生产企业出厂放行的药品进行审核，经质量受权人签字后方可放行。不符合国家药品标准的，不得放行。

第三十四条 药品上市许可持有人可以自行销售其取得药品注册证书的药品，也可以委托药品经营企业销售。药品上市许可持有人从事药品零售活动的，应当取得药品经营许可证。

药品上市许可持有人自行销售药品的，应当具备本法第五十二条规定的条件；委托销售的，应当委托符合条件的药品经营企业。药品上市许可持有人和受托经营企业应当签订委托协议，并严格履行协议约定的义务。

第三十五条 药品上市许可持有人、药品生产企业、药品经营企业委托储存、运输药品的，应当对受托方的质量保证能力和风险管理能力进行评估，与其签订委托协议，约定药品质量责任、操作规程等内容，并对受托方进行监督。

第三十六条 药品上市许可持有人、药品生产企业、药品经营企业和医疗机构应当建立并实施药品追溯制度，按照规定提供追溯信息，保证药品可追溯。

第三十七条 药品上市许可持有人应当建立年度报告制度，每年将药品生产销售、上市后研究、风险管理等情况按照规定向省、自治区、直辖市人民政府药品监督管理部门报告。

第三十八条 药品上市许可持有人为境外企业的，应当由其指定的在中国境内的企业法人履行药品上市许可持有人义务，与药品上市许可持有人承担连带责任。

第三十九条 中药饮片生产企业履行药品上市许可持有人的相关义务，对中药饮片生产、销售实行全过程管理，建立中药饮片追溯体系，保证中药饮片安全、有效、可追溯。

第四十条 经国务院药品监督管理部门批准，药品上市许可持有人可以转让药品上市许可。受让方应当具备保障药品安全性、有效性和质量可控性的质量管理、风险防控和责任赔偿等能力，履行药品上市许可持有人义务。

第四章 药品生产

第四十一条 从事药品生产活动,应当经所在地省、自治区、直辖市人民政府药品监督管理部门批准,取得药品生产许可证。无药品生产许可证的,不得生产药品。

药品生产许可证应当标明有效期和生产范围,到期重新审查发证。

第四十二条 从事药品生产活动,应当具备以下条件:

(一)有依法经过资格认定的药学技术人员、工程技术人员及相应的技术工人;

(二)有与药品生产相适应的厂房、设施和卫生环境;

(三)有能对所生产药品进行质量管理和质量检验的机构、人员及必要的仪器设备;

(四)有保证药品质量的规章制度,并符合国务院药品监督管理部门依据本法制定的药品生产质量管理规范要求。

第四十三条 从事药品生产活动,应当遵守药品生产质量管理规范,建立健全药品生产质量管理体系,保证药品生产全过程持续符合法定要求。

药品生产企业的法定代表人、主要负责人对本企业的药品生产活动全面负责。

第四十四条 药品应当按照国家药品标准和经药品监督管理部门核准的生产工艺进行生产。生产、检验记录应当完整准确,不得编造。

中药饮片应当按照国家药品标准炮制;国家药品标准没有规定的,应当按照省、自治区、直辖市人民政府药品监督管理部门制定的炮制规范炮制。省、自治区、直辖市人民政府药品监督管理部门制定的炮制规范应当报国务院药品监督管理部门备案。不符合国家药品标准或者不按照省、自治区、直辖市人民政府药品监督管理部门制定的炮制规范炮制的,不得出厂、销售。

第四十五条 生产药品所需的原料、辅料,应当符合药用要求、药品生产质量管理规范的有关要求。

生产药品,应当按照规定对供应原料、辅料等的供应商进行审核,保证购进、使用的原料、辅料等符合前款规定要求。

第四十六条 直接接触药品的包装材料和容器,应当符合药用要求,符合保障人体健康、安全的标准。

对不合格的直接接触药品的包装材料和容器,由药品监督管理部门责令停止使用。

第四十七条 药品生产企业应当对药品进行质量检验。不符合国家药品标准的,不得出厂。

药品生产企业应当建立药品出厂放行规程，明确出厂放行的标准、条件。符合标准、条件的，经质量受权人签字后方可放行。

第四十八条 药品包装应当适合药品质量的要求，方便储存、运输和医疗使用。

发运中药材应当有包装。在每件包装上，应当注明品名、产地、日期、供货单位，并附有质量合格的标志。

第四十九条 药品包装应当按照规定印有或者贴有标签并附有说明书。

标签或者说明书应当注明药品的通用名称、成分、规格、上市许可持有人及其地址、生产企业及其地址、批准文号、产品批号、生产日期、有效期、适应证或者功能主治、用法、用量、禁忌、不良反应和注意事项。标签、说明书中的文字应当清晰，生产日期、有效期等事项应当显著标注，容易辨识。

麻醉药品、精神药品、医疗用毒性药品、放射性药品、外用药品和非处方药的标签、说明书，应当印有规定的标志。

第五十条 药品上市许可持有人、药品生产企业、药品经营企业和医疗机构中直接接触药品的工作人员，应当每年进行健康检查。患有传染病或者其他可能污染药品的疾病的，不得从事直接接触药品的工作。

第五章　药品经营

第五十一条 从事药品批发活动，应当经所在地省、自治区、直辖市人民政府药品监督管理部门批准，取得药品经营许可证。从事药品零售活动，应当经所在地县级以上地方人民政府药品监督管理部门批准，取得药品经营许可证。无药品经营许可证的，不得经营药品。

药品经营许可证应当标明有效期和经营范围，到期重新审查发证。

药品监督管理部门实施药品经营许可，除依据本法第五十二条规定的条件外，还应当遵循方便群众购药的原则。

第五十二条 从事药品经营活动应当具备以下条件：

（一）有依法经过资格认定的药师或者其他药学技术人员；

（二）有与所经营药品相适应的营业场所、设备、仓储设施和卫生环境；

（三）有与所经营药品相适应的质量管理机构或者人员；

（四）有保证药品质量的规章制度，并符合国务院药品监督管理部门依据本法制定的药品经营质量管理规范要求。

第五十三条 从事药品经营活动，应当遵守药品经营质量管理规范，建立健全药品经营质量管理体系，保证药品经营全过程持续符合法定要求。

国家鼓励、引导药品零售连锁经营。从事药品零售连锁经营活动的企业总部，应当建立统一的质量管理制度，对所属零售企业的经营活动履行管理责任。

药品经营企业的法定代表人、主要负责人对本企业的药品经营活动全面负责。

第五十四条 国家对药品实行处方药与非处方药分类管理制度。具体办法由国务院药品监督管理部门会同国务院卫生健康主管部门制定。

第五十五条 药品上市许可持有人、药品生产企业、药品经营企业和医疗机构应当从药品上市许可持有人或者具有药品生产、经营资格的企业购进药品；但是，购进未实施审批管理的中药材除外。

第五十六条 药品经营企业购进药品，应当建立并执行进货检查验收制度，验明药品合格证明和其他标识；不符合规定要求的，不得购进和销售。

第五十七条 药品经营企业购销药品，应当有真实、完整的购销记录。购销记录应当注明药品的通用名称、剂型、规格、产品批号、有效期、上市许可持有人、生产企业、购销单位、购销数量、购销价格、购销日期及国务院药品监督管理部门规定的其他内容。

第五十八条 药品经营企业零售药品应当准确无误，并正确说明用法、用量和注意事项；调配处方应当经过核对，对处方所列药品不得擅自更改或者代用。对有配伍禁忌或者超剂量的处方，应当拒绝调配；必要时，经处方医师更正或者重新签字，方可调配。

药品经营企业销售中药材，应当标明产地。

依法经过资格认定的药师或者其他药学技术人员负责本企业的药品管理、处方审核和调配、合理用药指导等工作。

第五十九条 药品经营企业应当制定和执行药品保管制度，采取必要的冷藏、防冻、防潮、防虫、防鼠等措施，保证药品质量。

药品入库和出库应当执行检查制度。

第六十条 城乡集市贸易市场可以出售中药材，国务院另有规定的除外。

第六十一条 药品上市许可持有人、药品经营企业通过网络销售药品，应当遵守本法药品经营的有关规定。具体管理办法由国务院药品监督管理部门会同国务院卫生健康主管部门等部门制定。

疫苗、血液制品、麻醉药品、精神药品、医疗用毒性药品、放射性药品、药品类易制毒化学品等国家实行特殊管理的药品不得在网络上销售。

第六十二条 药品网络交易第三方平台提供者应当按照国务院药品监督管理部门的规定，向所在地省、自治区、直辖市人民政府药品监督管理部门备案。

第三方平台提供者应当依法对申请进入平台经营的药品上市许可持有人、药品经营企业的资质等进行审核，保证其符合法定要求，并对发生在平台的药品经营行为进行管理。

第三方平台提供者发现进入平台经营的药品上市许可持有人、药品经营企业有违反本法规定行为的，应当及时制止并立即报告所在地县级人民政府药品监督管理部门；发现严重违法行为的，应当立即停止提供网络交易平台服务。

第六十三条 新发现和从境外引种的药材，经国务院药品监督管理部门批准后，方可销售。

第六十四条 药品应当从允许药品进口的口岸进口，并由进口药品的企业向口岸所在地药品监督管理部门备案。海关凭药品监督管理部门出具的进口药品通关单办理通关手续。无进口药品通关单的，海关不得放行。

口岸所在地药品监督管理部门应当通知药品检验机构按照国务院药品监督管理部门的规定对进口药品进行抽查检验。

允许药品进口的口岸由国务院药品监督管理部门会同海关总署提出，报国务院批准。

第六十五条 医疗机构因临床急需进口少量药品的，经国务院药品监督管理部门或者国务院授权的省、自治区、直辖市人民政府批准，可以进口。进口的药品应当在指定医疗机构内用于特定医疗目的。

个人自用携带入境少量药品，按照国家有关规定办理。

第六十六条 进口、出口麻醉药品和国家规定范围内的精神药品，应当持有国务院药品监督管理部门颁发的进口准许证、出口准许证。

第六十七条 禁止进口疗效不确切、不良反应大或者因其他原因危害人体健康的药品。

第六十八条 国务院药品监督管理部门对下列药品在销售前或者进口时，应当指定药品检验机构进行检验；未经检验或者检验不合格的，不得销售或者进口：

（一）首次在中国境内销售的药品；

（二）国务院药品监督管理部门规定的生物制品；

（三）国务院规定的其他药品。

第六章　医疗机构药事管理

第六十九条 医疗机构应当配备依法经过资格认定的药师或者其他药学技术人员，

负责本单位的药品管理、处方审核和调配、合理用药指导等工作。非药学技术人员不得直接从事药剂技术工作。

第七十条 医疗机构购进药品，应当建立并执行进货检查验收制度，验明药品合格证明和其他标识；不符合规定要求的，不得购进和使用。

第七十一条 医疗机构应当有与所使用药品相适应的场所、设备、仓储设施和卫生环境，制定和执行药品保管制度，采取必要的冷藏、防冻、防潮、防虫、防鼠等措施，保证药品质量。

第七十二条 医疗机构应当坚持安全有效、经济合理的用药原则，遵循药品临床应用指导原则、临床诊疗指南和药品说明书等合理用药，对医师处方、用药医嘱的适宜性进行审核。

医疗机构以外的其他药品使用单位，应当遵守本法有关医疗机构使用药品的规定。

第七十三条 依法经过资格认定的药师或者其他药学技术人员调配处方，应当进行核对，对处方所列药品不得擅自更改或者代用。对有配伍禁忌或者超剂量的处方，应当拒绝调配；必要时，经处方医师更正或者重新签字，方可调配。

第七十四条 医疗机构配制制剂，应当经所在地省、自治区、直辖市人民政府药品监督管理部门批准，取得医疗机构制剂许可证。无医疗机构制剂许可证的，不得配制制剂。

医疗机构制剂许可证应当标明有效期，到期重新审查发证。

第七十五条 医疗机构配制制剂，应当有能够保证制剂质量的设施、管理制度、检验仪器和卫生环境。

医疗机构配制制剂，应当按照经核准的工艺进行，所需的原料、辅料和包装材料等应当符合药用要求。

第七十六条 医疗机构配制的制剂，应当是本单位临床需要而市场上没有供应的品种，并应当经所在地省、自治区、直辖市人民政府药品监督管理部门批准；但是，法律对配制中药制剂另有规定的除外。

医疗机构配制的制剂应当按照规定进行质量检验；合格的，凭医师处方在本单位使用。经国务院药品监督管理部门或者省、自治区、直辖市人民政府药品监督管理部门批准，医疗机构配制的制剂可以在指定的医疗机构之间调剂使用。

医疗机构配制的制剂不得在市场上销售。

第七章 药品上市后管理

第七十七条 药品上市许可持有人应当制定药品上市后风险管理计划,主动开展药品上市后研究,对药品的安全性、有效性和质量可控性进行进一步确证,加强对已上市药品的持续管理。

第七十八条 对附条件批准的药品,药品上市许可持有人应当采取相应风险管理措施,并在规定期限内按照要求完成相关研究;逾期未按照要求完成研究或者不能证明其获益大于风险的,国务院药品监督管理部门应当依法处理,直至注销药品注册证书。

第七十九条 对药品生产过程中的变更,按照其对药品安全性、有效性和质量可控性的风险和产生影响的程度,实行分类管理。属于重大变更的,应当经国务院药品监督管理部门批准,其他变更应当按照国务院药品监督管理部门的规定备案或者报告。

药品上市许可持有人应当按照国务院药品监督管理部门的规定,全面评估、验证变更事项对药品安全性、有效性和质量可控性的影响。

第八十条 药品上市许可持有人应当开展药品上市后不良反应监测,主动收集、跟踪分析疑似药品不良反应信息,对已识别风险的药品及时采取风险控制措施。

第八十一条 药品上市许可持有人、药品生产企业、药品经营企业和医疗机构应当经常考察本单位所生产、经营、使用的药品质量、疗效和不良反应。发现疑似不良反应的,应当及时向药品监督管理部门和卫生健康主管部门报告。具体办法由国务院药品监督管理部门会同国务院卫生健康主管部门制定。

对已确认发生严重不良反应的药品,由国务院药品监督管理部门或者省、自治区、直辖市人民政府药品监督管理部门根据实际情况采取停止生产、销售、使用等紧急控制措施,并应当在五日内组织鉴定,自鉴定结论作出之日起十五日内依法作出行政处理决定。

第八十二条 药品存在质量问题或者其他安全隐患的,药品上市许可持有人应当立即停止销售,告知相关药品经营企业和医疗机构停止销售和使用,召回已销售的药品,及时公开召回信息,必要时应当立即停止生产,并将药品召回和处理情况向省、自治区、直辖市人民政府药品监督管理部门和卫生健康主管部门报告。药品生产企业、药品经营企业和医疗机构应当配合。

药品上市许可持有人依法应当召回药品而未召回的,省、自治区、直辖市人民政府药品监督管理部门应当责令其召回。

第八十三条 药品上市许可持有人应当对已上市药品的安全性、有效性和质量可控性定期开展上市后评价。必要时，国务院药品监督管理部门可以责令药品上市许可持有人开展上市后评价或者直接组织开展上市后评价。

经评价，对疗效不确切、不良反应大或者因其他原因危害人体健康的药品，应当注销药品注册证书。

已被注销药品注册证书的药品，不得生产或者进口、销售和使用。

已被注销药品注册证书、超过有效期等的药品，应当由药品监督管理部门监督销毁或者依法采取其他无害化处理等措施。

第八章 药品价格和广告

第八十四条 国家完善药品采购管理制度，对药品价格进行监测，开展成本价格调查，加强药品价格监督检查，依法查处价格垄断、哄抬价格等药品价格违法行为，维护药品价格秩序。

第八十五条 依法实行市场调节价的药品，药品上市许可持有人、药品生产企业、药品经营企业和医疗机构应当按照公平、合理和诚实信用、质价相符的原则制定价格，为用药者提供价格合理的药品。

药品上市许可持有人、药品生产企业、药品经营企业和医疗机构应当遵守国务院药品价格主管部门关于药品价格管理的规定，制定和标明药品零售价格，禁止暴利、价格垄断和价格欺诈等行为。

第八十六条 药品上市许可持有人、药品生产企业、药品经营企业和医疗机构应当依法向药品价格主管部门提供其药品的实际购销价格和购销数量等资料。

第八十七条 医疗机构应当向患者提供所用药品的价格清单，按照规定如实公布其常用药品的价格，加强合理用药管理。具体办法由国务院卫生健康主管部门制定。

第八十八条 禁止药品上市许可持有人、药品生产企业、药品经营企业和医疗机构在药品购销中给予、收受回扣或者其他不正当利益。

禁止药品上市许可持有人、药品生产企业、药品经营企业或者代理人以任何名义给予使用其药品的医疗机构的负责人、药品采购人员、医师、药师等有关人员财物或者其他不正当利益。禁止医疗机构的负责人、药品采购人员、医师、药师等有关人员以任何名义收受药品上市许可持有人、药品生产企业、药品经营企业或者代理人给予的财物或者其他不正当利益。

第八十九条 药品广告应当经广告主所在地省、自治区、直辖市人民政府确定的广告审查机关批准；未经批准的，不得发布。

第九十条 药品广告的内容应当真实、合法，以国务院药品监督管理部门核准的药品说明书为准，不得含有虚假的内容。

药品广告不得含有表示功效、安全性的断言或者保证；不得利用国家机关、科研单位、学术机构、行业协会或者专家、学者、医师、药师、患者等的名义或者形象作推荐、证明。

非药品广告不得有涉及药品的宣传。

第九十一条 药品价格和广告，本法未作规定的，适用《中华人民共和国价格法》、《中华人民共和国反垄断法》、《中华人民共和国反不正当竞争法》、《中华人民共和国广告法》等的规定。

第九章 药品储备和供应

第九十二条 国家实行药品储备制度，建立中央和地方两级药品储备。

发生重大灾情、疫情或者其他突发事件时，依照《中华人民共和国突发事件应对法》的规定，可以紧急调用药品。

第九十三条 国家实行基本药物制度，遴选适当数量的基本药物品种，加强组织生产和储备，提高基本药物的供给能力，满足疾病防治基本用药需求。

第九十四条 国家建立药品供求监测体系，及时收集和汇总分析短缺药品供求信息，对短缺药品实行预警，采取应对措施。

第九十五条 国家实行短缺药品清单管理制度。具体办法由国务院卫生健康主管部门会同国务院药品监督管理部门等部门制定。

药品上市许可持有人停止生产短缺药品的，应当按照规定向国务院药品监督管理部门或者省、自治区、直辖市人民政府药品监督管理部门报告。

第九十六条 国家鼓励短缺药品的研制和生产，对临床急需的短缺药品、防治重大传染病和罕见病等疾病的新药予以优先审评审批。

第九十七条 对短缺药品，国务院可以限制或者禁止出口。必要时，国务院有关部门可以采取组织生产、价格干预和扩大进口等措施，保障药品供应。

药品上市许可持有人、药品生产企业、药品经营企业应当按照规定保障药品的生产和供应。

第十章 监督管理

第九十八条 禁止生产（包括配制，下同）、销售、使用假药、劣药。

有下列情形之一的，为假药：

（一）药品所含成分与国家药品标准规定的成分不符；

（二）以非药品冒充药品或者以他种药品冒充此种药品；

（三）变质的药品；

（四）药品所标明的适应证或者功能主治超出规定范围。

有下列情形之一的，为劣药：

（一）药品成分的含量不符合国家药品标准；

（二）被污染的药品；

（三）未标明或者更改有效期的药品；

（四）未注明或者更改产品批号的药品；

（五）超过有效期的药品；

（六）擅自添加防腐剂、辅料的药品；

（七）其他不符合药品标准的药品。

禁止未取得药品批准证明文件生产、进口药品；禁止使用未按照规定审评、审批的原料药、包装材料和容器生产药品。

第九十九条 药品监督管理部门应当依照法律、法规的规定对药品研制、生产、经营和药品使用单位使用药品等活动进行监督检查，必要时可以对为药品研制、生产、经营、使用提供产品或者服务的单位和个人进行延伸检查，有关单位和个人应当予以配合，不得拒绝和隐瞒。

药品监督管理部门应当对高风险的药品实施重点监督检查。

对有证据证明可能存在安全隐患的，药品监督管理部门根据监督检查情况，应当采取告诫、约谈、限期整改以及暂停生产、销售、使用、进口等措施，并及时公布检查处理结果。

药品监督管理部门进行监督检查时，应当出示证明文件，对监督检查中知悉的商业秘密应当保密。

第一百条 药品监督管理部门根据监督管理的需要，可以对药品质量进行抽查检验。抽查检验应当按照规定抽样，并不得收取任何费用；抽样应当购买样品。所需费用按照国务院规定列支。

对有证据证明可能危害人体健康的药品及其有关材料，药品监督管理部门可以查封、扣押，并在七日内作出行政处理决定；药品需要检验的，应当自检验报告书发出之日起十五日内作出行政处理决定。

第一百零一条 国务院和省、自治区、直辖市人民政府的药品监督管理部门应当定期公告药品质量抽查检验结果；公告不当的，应当在原公告范围内予以更正。

第一百零二条 当事人对药品检验结果有异议的，可以自收到药品检验结果之日起七日内向原药品检验机构或者上一级药品监督管理部门设置或者指定的药品检验机构申请复验，也可以直接向国务院药品监督管理部门设置或者指定的药品检验机构申请复验。受理复验的药品检验机构应当在国务院药品监督管理部门规定的时间内作出复验结论。

第一百零三条 药品监督管理部门应当对药品上市许可持有人、药品生产企业、药品经营企业和药物非临床安全性评价研究机构、药物临床试验机构等遵守药品生产质量管理规范、药品经营质量管理规范、药物非临床研究质量管理规范、药物临床试验质量管理规范等情况进行检查，监督其持续符合法定要求。

第一百零四条 国家建立职业化、专业化药品检查员队伍。检查员应当熟悉药品法律法规，具备药品专业知识。

第一百零五条 药品监督管理部门建立药品上市许可持有人、药品生产企业、药品经营企业、药物非临床安全性评价研究机构、药物临床试验机构和医疗机构药品安全信用档案，记录许可颁发、日常监督检查结果、违法行为查处等情况，依法向社会公布并及时更新；对有不良信用记录的，增加监督检查频次，并可以按照国家规定实施联合惩戒。

第一百零六条 药品监督管理部门应当公布本部门的电子邮件地址、电话，接受咨询、投诉、举报，并依法及时答复、核实、处理。对查证属实的举报，按照有关规定给予举报人奖励。

药品监督管理部门应当对举报人的信息予以保密，保护举报人的合法权益。举报人举报所在单位的，该单位不得以解除、变更劳动合同或者其他方式对举报人进行打击报复。

第一百零七条 国家实行药品安全信息统一公布制度。国家药品安全总体情况、药品安全风险警示信息、重大药品安全事件及其调查处理信息和国务院确定需要统一公布的其他信息由国务院药品监督管理部门统一公布。药品安全风险警示信息和重大药品安全事件及其调查处理信息的影响限于特定区域的，也可以由有关省、自治区、直辖市人民政府药品监督管理部门公布。未经授权不得发布上述信息。

公布药品安全信息，应当及时、准确、全面，并进行必要的说明，避免误导。

任何单位和个人不得编造、散布虚假药品安全信息。

第一百零八条 县级以上人民政府应当制定药品安全事件应急预案。药品上市许可持有人、药品生产企业、药品经营企业和医疗机构等应当制定本单位的药品安全事件处置方案，并组织开展培训和应急演练。

发生药品安全事件，县级以上人民政府应当按照应急预案立即组织开展应对工作；有关单位应当立即采取有效措施进行处置，防止危害扩大。

第一百零九条 药品监督管理部门未及时发现药品安全系统性风险，未及时消除监督管理区域内药品安全隐患的，本级人民政府或者上级人民政府药品监督管理部门应当对其主要负责人进行约谈。

地方人民政府未履行药品安全职责，未及时消除区域性重大药品安全隐患的，上级人民政府或者上级人民政府药品监督管理部门应当对其主要负责人进行约谈。

被约谈的部门和地方人民政府应当立即采取措施，对药品监督管理工作进行整改。

约谈情况和整改情况应当纳入有关部门和地方人民政府药品监督管理工作评议、考核记录。

第一百一十条 地方人民政府及其药品监督管理部门不得以要求实施药品检验、审批等手段限制或者排斥非本地区药品上市许可持有人、药品生产企业生产的药品进入本地区。

第一百一十一条 药品监督管理部门及其设置或者指定的药品专业技术机构不得参与药品生产经营活动，不得以其名义推荐或者监制、监销药品。

药品监督管理部门及其设置或者指定的药品专业技术机构的工作人员不得参与药品生产经营活动。

第一百一十二条 国务院对麻醉药品、精神药品、医疗用毒性药品、放射性药品、药品类易制毒化学品等有其他特殊管理规定的，依照其规定。

第一百一十三条 药品监督管理部门发现药品违法行为涉嫌犯罪的，应当及时将案件移送公安机关。

对依法不需要追究刑事责任或者免予刑事处罚，但应当追究行政责任的，公安机关、人民检察院、人民法院应当及时将案件移送药品监督管理部门。

公安机关、人民检察院、人民法院商请药品监督管理部门、生态环境主管部门等部门提供检验结论、认定意见以及对涉案药品进行无害化处理等协助的，有关部门应当及时提供，予以协助。

第十一章　法律责任

第一百一十四条　违反本法规定，构成犯罪的，依法追究刑事责任。

第一百一十五条　未取得药品生产许可证、药品经营许可证或者医疗机构制剂许可证生产、销售药品的，责令关闭，没收违法生产、销售的药品和违法所得，并处违法生产、销售的药品（包括已售出和未售出的药品，下同）货值金额十五倍以上三十倍以下的罚款；货值金额不足十万元的，按十万元计算。

第一百一十六条　生产、销售假药的，没收违法生产、销售的药品和违法所得，责令停产停业整顿，吊销药品批准证明文件，并处违法生产、销售的药品货值金额十五倍以上三十倍以下的罚款；货值金额不足十万元的，按十万元计算；情节严重的，吊销药品生产许可证、药品经营许可证或者医疗机构制剂许可证，十年内不受理其相应申请；药品上市许可持有人为境外企业的，十年内禁止其药品进口。

第一百一十七条　生产、销售劣药的，没收违法生产、销售的药品和违法所得，并处违法生产、销售的药品货值金额十倍以上二十倍以下的罚款；违法生产、批发的药品货值金额不足十万元的，按十万元计算，违法零售的药品货值金额不足一万元的，按一万元计算；情节严重的，责令停产停业整顿直至吊销药品批准证明文件、药品生产许可证、药品经营许可证或者医疗机构制剂许可证。

生产、销售的中药饮片不符合药品标准，尚不影响安全性、有效性的，责令限期改正，给予警告；可以处十万元以上五十万元以下的罚款。

第一百一十八条　生产、销售假药，或者生产、销售劣药且情节严重的，对法定代表人、主要负责人、直接负责的主管人员和其他责任人员，没收违法行为发生期间自本单位所获收入，并处所获收入百分之三十以上三倍以下的罚款，终身禁止从事药品生产经营活动，并可以由公安机关处五日以上十五日以下的拘留。

对生产者专门用于生产假药、劣药的原料、辅料、包装材料、生产设备予以没收。

第一百一十九条　药品使用单位使用假药、劣药的，按照销售假药、零售劣药的规定处罚；情节严重的，法定代表人、主要负责人、直接负责的主管人员和其他责任人员有医疗卫生人员执业证书的，还应当吊销执业证书。

第一百二十条　知道或者应当知道属于假药、劣药或者本法第一百二十四条第一款第一项至第五项规定的药品，而为其提供储存、运输等便利条件的，没收全部储存、运输收入，并处违法收入一倍以上五倍以下的罚款；情节严重的，并处违法收入五倍以上十五倍以下的罚款；违法收入不足五万元的，按五万元计算。

第一百二十一条 对假药、劣药的处罚决定，应当依法载明药品检验机构的质量检验结论。

第一百二十二条 伪造、变造、出租、出借、非法买卖许可证或者药品批准证明文件的，没收违法所得，并处违法所得一倍以上五倍以下的罚款；情节严重的，并处违法所得五倍以上十五倍以下的罚款，吊销药品生产许可证、药品经营许可证、医疗机构制剂许可证或者药品批准证明文件，对法定代表人、主要负责人、直接负责的主管人员和其他责任人员，处二万元以上二十万元以下的罚款，十年内禁止从事药品生产经营活动，并可以由公安机关处五日以上十五日以下的拘留；违法所得不足十万元的，按十万元计算。

第一百二十三条 提供虚假的证明、数据、资料、样品或者采取其他手段骗取临床试验许可、药品生产许可、药品经营许可、医疗机构制剂许可或者药品注册等许可的，撤销相关许可，十年内不受理其相应申请，并处五十万元以上五百万元以下的罚款；情节严重的，对法定代表人、主要负责人、直接负责的主管人员和其他责任人员，处二万元以上二十万元以下的罚款，十年内禁止从事药品生产经营活动，并可以由公安机关处五日以上十五日以下的拘留。

第一百二十四条 违反本法规定，有下列行为之一的，没收违法生产、进口、销售的药品和违法所得以及专门用于违法生产的原料、辅料、包装材料和生产设备，责令停产停业整顿，并处违法生产、进口、销售的药品货值金额十五倍以上三十倍以下的罚款；货值金额不足十万元的，按十万元计算；情节严重的，吊销药品批准证明文件直至吊销药品生产许可证、药品经营许可证或者医疗机构制剂许可证，对法定代表人、主要负责人、直接负责的主管人员和其他责任人员，没收违法行为发生期间自本单位所获收入，并处所获收入百分之三十以上三倍以下的罚款，十年直至终身禁止从事药品生产经营活动，并可以由公安机关处五日以上十五日以下的拘留：

（一）未取得药品批准证明文件生产、进口药品；

（二）使用采取欺骗手段取得的药品批准证明文件生产、进口药品；

（三）使用未经审评审批的原料药生产药品；

（四）应当检验而未经检验即销售药品；

（五）生产、销售国务院药品监督管理部门禁止使用的药品；

（六）编造生产、检验记录；

（七）未经批准在药品生产过程中进行重大变更。

销售前款第一项至第三项规定的药品，或者药品使用单位使用前款第一项至第五项规定的药品的，依照前款规定处罚；情节严重的，药品使用单位的法定代表人、主要负责人、直接负责的主管人员和其他责任人员有医疗卫生人员执业证书的，还应当吊销执业证书。

未经批准进口少量境外已合法上市的药品，情节较轻的，可以依法减轻或者免予处罚。

第一百二十五条 违反本法规定，有下列行为之一的，没收违法生产、销售的药品和违法所得以及包装材料、容器，责令停产停业整顿，并处五十万元以上五百万元以下的罚款；情节严重的，吊销药品批准证明文件、药品生产许可证、药品经营许可证，对法定代表人、主要负责人、直接负责的主管人员和其他责任人员处二万元以上二十万元以下的罚款，十年直至终身禁止从事药品生产经营活动：

（一）未经批准开展药物临床试验；

（二）使用未经审评的直接接触药品的包装材料或者容器生产药品，或者销售该类药品；

（三）使用未经核准的标签、说明书。

第一百二十六条 除本法另有规定的情形外，药品上市许可持有人、药品生产企业、药品经营企业、药物非临床安全性评价研究机构、药物临床试验机构等未遵守药品生产质量管理规范、药品经营质量管理规范、药物非临床研究质量管理规范、药物临床试验质量管理规范等的，责令限期改正，给予警告；逾期不改正的，处十万元以上五十万元以下的罚款；情节严重的，处五十万元以上二百万元以下的罚款，责令停产停业整顿直至吊销药品批准证明文件、药品生产许可证、药品经营许可证等，药物非临床安全性评价研究机构、药物临床试验机构等五年内不得开展药物非临床安全性评价研究、药物临床试验，对法定代表人、主要负责人、直接负责的主管人员和其他责任人员，没收违法行为发生期间自本单位所获收入，并处所获收入百分之十以上百分之五十以下的罚款，十年直至终身禁止从事药品生产经营等活动。

第一百二十七条 违反本法规定，有下列行为之一的，责令限期改正，给予警告；逾期不改正的，处十万元以上五十万元以下的罚款：

（一）开展生物等效性试验未备案；

（二）药物临床试验期间，发现存在安全性问题或者其他风险，临床试验申办者未及时调整临床试验方案、暂停或者终止临床试验，或者未向国务院药品监督管理部门报告；

（三）未按照规定建立并实施药品追溯制度；

（四）未按照规定提交年度报告；

（五）未按照规定对药品生产过程中的变更进行备案或者报告；

（六）未制定药品上市后风险管理计划；

（七）未按照规定开展药品上市后研究或者上市后评价。

第一百二十八条 除依法应当按照假药、劣药处罚的外,药品包装未按照规定印有、贴有标签或者附有说明书,标签、说明书未按照规定注明相关信息或者印有规定标志的,责令改正,给予警告;情节严重的,吊销药品注册证书。

第一百二十九条 违反本法规定,药品上市许可持有人、药品生产企业、药品经营企业或者医疗机构未从药品上市许可持有人或者具有药品生产、经营资格的企业购进药品的,责令改正,没收违法购进的药品和违法所得,并处违法购进药品货值金额两倍以上十倍以下的罚款;情节严重的,并处货值金额十倍以上三十倍以下的罚款,吊销药品批准证明文件、药品生产许可证、药品经营许可证或者医疗机构执业许可证;货值金额不足五万元的,按五万元计算。

第一百三十条 违反本法规定,药品经营企业购销药品未按照规定进行记录,零售药品未正确说明用法、用量等事项,或者未按照规定调配处方的,责令改正,给予警告;情节严重的,吊销药品经营许可证。

第一百三十一条 违反本法规定,药品网络交易第三方平台提供者未履行资质审核、报告、停止提供网络交易平台服务等义务的,责令改正,没收违法所得,并处二十万元以上二百万元以下的罚款;情节严重的,责令停业整顿,并处二百万元以上五百万元以下的罚款。

第一百三十二条 进口已获得药品注册证书的药品,未按照规定向允许药品进口的口岸所在地药品监督管理部门备案的,责令限期改正,给予警告;逾期不改正的,吊销药品注册证书。

第一百三十三条 违反本法规定,医疗机构将其配制的制剂在市场上销售的,责令改正,没收违法销售的制剂和违法所得,并处违法销售制剂货值金额两倍以上五倍以下的罚款;情节严重的,并处货值金额五倍以上十五倍以下的罚款;货值金额不足五万元的,按五万元计算。

第一百三十四条 药品上市许可持有人未按照规定开展药品不良反应监测或者报告疑似药品不良反应的,责令限期改正,给予警告;逾期不改正的,责令停产停业整顿,并处十万元以上一百万元以下的罚款。

药品经营企业未按照规定报告疑似药品不良反应的,责令限期改正,给予警告;逾期不改正的,责令停产停业整顿,并处五万元以上五十万元以下的罚款。

医疗机构未按照规定报告疑似药品不良反应的,责令限期改正,给予警告;逾期不改正的,处五万元以上五十万元以下的罚款。

第一百三十五条 药品上市许可持有人在省、自治区、直辖市人民政府药品监督管理部门责令其召回后,拒不召回的,处应召回药品货值金额五倍以上十倍以下的罚款;货值金额不足十万元的,按十万元计算;情节严重的,吊销药品批准证明文件、药品生产许可证、药品经营许可证,对法定代表人、主要负责人、直接负责的主管人员和其他责任人员,处二万元以上二十万元以下的罚款。药品生产企业、药品经营企业、医疗机构拒不配合召回的,处十万元以上五十万元以下的罚款。

第一百三十六条 药品上市许可持有人为境外企业的,其指定的在中国境内的企业法人未依照本法规定履行相关义务的,适用本法有关药品上市许可持有人法律责任的规定。

第一百三十七条 有下列行为之一的,在本法规定的处罚幅度内从重处罚:

(一)以麻醉药品、精神药品、医疗用毒性药品、放射性药品、药品类易制毒化学品冒充其他药品,或者以其他药品冒充上述药品;

(二)生产、销售以孕产妇、儿童为主要使用对象的假药、劣药;

(三)生产、销售的生物制品属于假药、劣药;

(四)生产、销售假药、劣药,造成人身伤害后果;

(五)生产、销售假药、劣药,经处理后再犯;

(六)拒绝、逃避监督检查,伪造、销毁、隐匿有关证据材料,或者擅自动用查封、扣押物品。

第一百三十八条 药品检验机构出具虚假检验报告的,责令改正,给予警告,对单位并处二十万元以上一百万元以下的罚款;对直接负责的主管人员和其他直接责任人员依法给予降级、撤职、开除处分,没收违法所得,并处五万元以下的罚款;情节严重的,撤销其检验资格。药品检验机构出具的检验结果不实,造成损失的,应当承担相应的赔偿责任。

第一百三十九条 本法第一百一十五条至第一百三十八条规定的行政处罚,由县级以上人民政府药品监督管理部门按照职责分工决定;撤销许可、吊销许可证件的,由原批准、发证的部门决定。

第一百四十条 药品上市许可持有人、药品生产企业、药品经营企业或者医疗机构违反本法规定聘用人员的,由药品监督管理部门或者卫生健康主管部门责令解聘,处五万元以上二十万元以下的罚款。

第一百四十一条 药品上市许可持有人、药品生产企业、药品经营企业或者医疗机构在药品购销中给予、收受回扣或者其他不正当利益的,药品上市许可持有人、药品生产企业、药品经营企业或者代理人给予使用其药品的医疗机构的负责人、药品采购人员、医师、药师等有关人员财物或者其他不正当利益的,由市场监督管理部门没收违法所得,并处三十万元以上三百万元以下的罚款;情节严重的,吊销药品上市许可持有人、药品生产企业、药品经营企业营业执照,并由药品监督管理部门吊销药品批准证明文件、药品生产许可证、药品经营许可证。

药品上市许可持有人、药品生产企业、药品经营企业在药品研制、生产、经营中向国家工作人员行贿的，对法定代表人、主要负责人、直接负责的主管人员和其他责任人员终身禁止从事药品生产经营活动。

第一百四十二条 药品上市许可持有人、药品生产企业、药品经营企业的负责人、采购人员等有关人员在药品购销中收受其他药品上市许可持有人、药品生产企业、药品经营企业或者代理人给予的财物或者其他不正当利益的，没收违法所得，依法给予处罚；情节严重的，五年内禁止从事药品生产经营活动。

医疗机构的负责人、药品采购人员、医师、药师等有关人员收受药品上市许可持有人、药品生产企业、药品经营企业或者代理人给予的财物或者其他不正当利益的，由卫生健康主管部门或者本单位给予处分，没收违法所得；情节严重的，还应当吊销其执业证书。

第一百四十三条 违反本法规定，编造、散布虚假药品安全信息，构成违反治安管理行为的，由公安机关依法给予治安管理处罚。

第一百四十四条 药品上市许可持有人、药品生产企业、药品经营企业或者医疗机构违反本法规定，给用药者造成损害的，依法承担赔偿责任。

因药品质量问题受到损害的，受害人可以向药品上市许可持有人、药品生产企业请求赔偿损失，也可以向药品经营企业、医疗机构请求赔偿损失。接到受害人赔偿请求的，应当实行首负责任制，先行赔付；先行赔付后，可以依法追偿。

生产假药、劣药或者明知是假药、劣药仍然销售、使用的，受害人或者其近亲属除请求赔偿损失外，还可以请求支付价款十倍或者损失三倍的赔偿金；增加赔偿的金额不足一千元的，为一千元。

第一百四十五条 药品监督管理部门或者其设置、指定的药品专业技术机构参与药品生产经营活动的，由其上级主管机关责令改正，没收违法收入；情节严重的，对直接负责的主管人员和其他直接责任人员依法给予处分。

药品监督管理部门或者其设置、指定的药品专业技术机构的工作人员参与药品生产经营活动的，依法给予处分。

第一百四十六条 药品监督管理部门或者其设置、指定的药品检验机构在药品监督检验中违法收取检验费用的，由政府有关部门责令退还，对直接负责的主管人员和其他直接责任人员依法给予处分；情节严重的，撤销其检验资格。

第一百四十七条 违反本法规定，药品监督管理部门有下列行为之一的，应当撤销相关许可，对直接负责的主管人员和其他直接责任人员依法给予处分：

（一）不符合条件而批准进行药物临床试验；

（二）对不符合条件的药品颁发药品注册证书；

(三）对不符合条件的单位颁发药品生产许可证、药品经营许可证或者医疗机构制剂许可证。

第一百四十八条 违反本法规定，县级以上地方人民政府有下列行为之一的，对直接负责的主管人员和其他直接责任人员给予记过或者记大过处分；情节严重的，给予降级、撤职或者开除处分：

（一）瞒报、谎报、缓报、漏报药品安全事件；

（二）未及时消除区域性重大药品安全隐患，造成本行政区域内发生特别重大药品安全事件，或者连续发生重大药品安全事件；

（三）履行职责不力，造成严重不良影响或者重大损失。

第一百四十九条 违反本法规定，药品监督管理等部门有下列行为之一的，对直接负责的主管人员和其他直接责任人员给予记过或者记大过处分；情节较重的，给予降级或者撤职处分；情节严重的，给予开除处分：

（一）瞒报、谎报、缓报、漏报药品安全事件；

（二）对发现的药品安全违法行为未及时查处；

（三）未及时发现药品安全系统性风险，或者未及时消除监督管理区域内药品安全隐患，造成严重影响；

（四）其他不履行药品监督管理职责，造成严重不良影响或者重大损失。

第一百五十条 药品监督管理人员滥用职权、徇私舞弊、玩忽职守的，依法给予处分。

查处假药、劣药违法行为有失职、渎职行为的，对药品监督管理部门直接负责的主管人员和其他直接责任人员依法从重给予处分。

第一百五十一条 本章规定的货值金额以违法生产、销售药品的标价计算；没有标价的，按照同类药品的市场价格计算。

第十二章　附　　则

第一百五十二条 中药材种植、采集和饲养的管理，依照有关法律、法规的规定执行。

第一百五十三条 地区性民间习用药材的管理办法，由国务院药品监督管理部门会同国务院中医药主管部门制定。

第一百五十四条 中国人民解放军和中国人民武装警察部队执行本法的具体办法，由国务院、中央军事委员会依据本法制定。

第一百五十五条 本法自2019年12月1日起施行。

附录二　中华人民共和国药品管理法实施条例

（2002年8月4日中华人民共和国国务院令第360号公布　根据2016年2月6日国务院第666号令《国务院关于修改部分行政法规的决定》修订）

第一章　总　　则

第一条　根据《中华人民共和国药品管理法》（以下简称《药品管理法》），制定本条例。

第二条　国务院药品监督管理部门设置国家药品检验机构。

省、自治区、直辖市人民政府药品监督管理部门可以在本行政区域内设置药品检验机构。地方药品检验机构的设置规划由省、自治区、直辖市人民政府药品监督管理部门提出，报省、自治区、直辖市人民政府批准。

国务院和省、自治区、直辖市人民政府的药品监督管理部门可以根据需要，确定符合药品检验条件的检验机构承担药品检验工作。

第二章　药品生产企业管理

第三条　开办药品生产企业，申办人应当向拟办企业所在地省、自治区、直辖市人民政府药品监督管理部门提出申请。省、自治区、直辖市人民政府药品监督管理部门应当自收到申请之日起30个工作日内，依据《药品管理法》第八条规定的开办条件组织验收；验收合格的，发给《药品生产许可证》。

第四条　药品生产企业变更《药品生产许可证》许可事项的，应当在许可事项发生变更30日前，向原发证机关申请《药品生产许可证》变更登记；未经批准，不得变更许可事项。原发证机关应当自收到申请之日起15个工作日内作出决定。

第五条 省级以上人民政府药品监督管理部门应当按照《药品生产质量管理规范》和国务院药品监督管理部门规定的实施办法和实施步骤，组织对药品生产企业的认证工作；符合《药品生产质量管理规范》的，发给认证证书。其中，生产注射剂、放射性药品和国务院药品监督管理部门规定的生物制品的药品生产企业的认证工作，由国务院药品监督管理部门负责。

《药品生产质量管理规范》认证证书的格式由国务院药品监督管理部门统一规定。

第六条 新开办药品生产企业、药品生产企业新建药品生产车间或者新增生产剂型的，应当自取得药品生产证明文件或者经批准正式生产之日起30日内，按照规定向药品监督管理部门申请《药品生产质量管理规范》认证。受理申请的药品监督管理部门应当自收到企业申请之日起6个月内，组织对申请企业是否符合《药品生产质量管理规范》进行认证；认证合格的，发给认证证书。

第七条 国务院药品监督管理部门应当设立《药品生产质量管理规范》认证检查员库。《药品生产质量管理规范》认证检查员必须符合国务院药品监督管理部门规定的条件。进行《药品生产质量管理规范》认证，必须按照国务院药品监督管理部门的规定，从《药品生产质量管理规范》认证检查员库中随机抽取认证检查员组成认证检查组进行认证检查。

第八条 《药品生产许可证》有效期为5年。有效期届满，需要继续生产药品的，持证企业应当在许可证有效期届满前6个月，按照国务院药品监督管理部门的规定申请换发《药品生产许可证》。

药品生产企业终止生产药品或者关闭的，《药品生产许可证》由原发证部门缴销。

第九条 药品生产企业生产药品所使用的原料药，必须具有国务院药品监督管理部门核发的药品批准文号或者进口药品注册证书、医药产品注册证书；但是，未实施批准文号管理的中药材、中药饮片除外。

第十条 依据《药品管理法》第十三条规定，接受委托生产药品的，受托方必须是持有与其受托生产的药品相适应的《药品生产质量管理规范》认证证书的药品生产企业。

疫苗、血液制品和国务院药品监督管理部门规定的其他药品，不得委托生产。

第三章 药品经营企业管理

第十一条 开办药品批发企业，申办人应当向拟办企业所在地省、自治区、直辖市人民政府药品监督管理部门提出申请。省、自治区、直辖市人民政府药品监督管理部门应当自收到申请之日起30个工作日内，依据国务院药品监督管理部门规定的设置标准作出是否同意筹建的决定。申办人完成拟办企业筹建后，应当向原审批部门申请验收。原审批部门应当自收到申请之日起30个工作日内，依据《药品管理法》第十五条规定的开办条件组织验收；符合条件的，发给《药品经营许可证》。

第十二条 开办药品零售企业，申办人应当向拟办企业所在地设区的市级药品监督管理机构或者省、自治区、直辖市人民政府药品监督管理部门直接设置的县级药品监督管理机构提出申请。受理申请的药品监督管理机构应当自收到申请之日起30个工作日内，依据国务院药品监督管理部门的规定，结合当地常住人口数量、地域、交通状况和实际需要进行审查，作出是否同意筹建的决定。申办人完成拟办企业筹建后，应当向原审批机构申请验收。原审批机构应当自收到申请之日起15个工作日内，依据《药品管理法》第十五条规定的开办条件组织验收；符合条件的，发给《药品经营许可证》。

第十三条 省、自治区、直辖市人民政府药品监督管理部门和设区的市级药品监督管理机构负责组织药品经营企业的认证工作。药品经营企业应当按照国务院药品监督管理部门规定的实施办法和实施步骤，通过省、自治区、直辖市人民政府药品监督管理部门或者设区的市级药品监督管理机构组织的《药品经营质量管理规范》的认证，取得认证证书。《药品经营质量管理规范》认证证书的格式由国务院药品监督管理部门统一规定。

新开办药品批发企业和药品零售企业，应当自取得《药品经营许可证》之日起30日内，向发给其《药品经营许可证》的药品监督管理部门或者药品监督管理机构申请《药品经营质量管理规范》认证。受理申请的药品监督管理部门或者药品监督管理机构应当自收到申请之日起3个月内，按照国务院药品监督管理部门的规定，组织对申请认证的药品批发企业或者药品零售企业是否符合《药品经营质量管理规范》进行认证；认证合格的，发给认证证书。

第十四条 省、自治区、直辖市人民政府药品监督管理部门应当设立《药品经营质量管理规范》认证检查员库。《药品经营质量管理规范》认证检查员必须符合国务院药品监督管理部门规定的条件。进行《药品经营质量管理规范》认证，必须按照国务院药品监督管理部门的规定，从《药品经营质量管理规范》认证检查员库中随机抽取认证检查员组成认证检查组进行认证检查。

第十五条 国家实行处方药和非处方药分类管理制度。国家根据非处方药品的安全性，将非处方药分为甲类非处方药和乙类非处方药。

经营处方药、甲类非处方药的药品零售企业，应当配备执业药师或者其他依法经资格认定的药学技术人员。经营乙类非处方药的药品零售企业，应当配备经设区的市级药品监督管理机构或者省、自治区、直辖市人民政府药品监督管理部门直接设置的县级药品监督管理机构组织考核合格的业务人员。

第十六条 药品经营企业变更《药品经营许可证》许可事项的，应当在许可事项发生变更30日前，向原发证机关申请《药品经营许可证》变更登记；未经批准，不得变更许可事项。原发证机关应当自收到企业申请之日起15个工作日内作出决定。

第十七条 《药品经营许可证》有效期为5年。有效期届满，需要继续经营药品的，持证企业应当在许可证有效期届满前6个月，按照国务院药品监督管理部门的规定申请换发《药品经营许可证》。

药品经营企业终止经营药品或者关闭的，《药品经营许可证》由原发证机关缴销。

第十八条 交通不便的边远地区城乡集市贸易市场没有药品零售企业的，当地药品零售企业经所在地县（市）药品监督管理机构批准并到工商行政管理部门办理登记注册后，可以在该城乡集市贸易市场内设点并在批准经营的药品范围内销售非处方药品。

第十九条 通过互联网进行药品交易的药品生产企业、药品经营企业、医疗机构及其交易的药品，必须符合《药品管理法》和本条例的规定。互联网药品交易服务的管理办法，由国务院药品监督管理部门会同国务院有关部门制定。

第四章　医疗机构的药剂管理

第二十条 医疗机构设立制剂室，应当向所在地省、自治区、直辖市人民政府卫生行政部门提出申请，经审核同意后，报同级人民政府药品监督管理部门审批；省、自治区、直辖市人民政府药品监督管理部门验收合格的，予以批准，发给《医疗机构制剂许可证》。

省、自治区、直辖市人民政府卫生行政部门和药品监督管理部门应当在各自收到申请之日起30个工作日内，作出是否同意或者批准的决定。

第二十一条 医疗机构变更《医疗机构制剂许可证》许可事项的，应当在许可事项发生变更30日前，依照本条例第二十条的规定向原审核、批准机关申请《医疗机构制剂许可证》变更登记；未经批准，不得变更许可事项。原审核、批准机关应当在各自收到申请之日起15个工作日内作出决定。

医疗机构新增配制剂型或者改变配制场所的，应当经所在地省、自治区、直辖市人民政府药品监督管理部门验收合格后，依照前款规定办理《医疗机构制剂许可证》

变更登记。

第二十二条 《医疗机构制剂许可证》有效期为5年。有效期届满，需要继续配制制剂的，医疗机构应当在许可证有效期届满前6个月，按照国务院药品监督管理部门的规定申请换发《医疗机构制剂许可证》。

医疗机构终止配制制剂或者关闭的，《医疗机构制剂许可证》由原发证机关缴销。

第二十三条 医疗机构配制制剂，必须按照国务院药品监督管理部门的规定报送有关资料和样品，经所在地省、自治区、直辖市人民政府药品监督管理部门批准，并发给制剂批准文号后，方可配制。

第二十四条 医疗机构配制的制剂不得在市场上销售或者变相销售，不得发布医疗机构制剂广告。

发生灾情、疫情、突发事件或者临床急需而市场没有供应时，经国务院或者省、自治区、直辖市人民政府的药品监督管理部门批准，在规定期限内，医疗机构配制的制剂可以在指定的医疗机构之间调剂使用。

国务院药品监督管理部门规定的特殊制剂的调剂使用以及省、自治区、直辖市之间医疗机构制剂的调剂使用，必须经国务院药品监督管理部门批准。

第二十五条 医疗机构审核和调配处方的药剂人员必须是依法经资格认定的药学技术人员。

第二十六条 医疗机构购进药品，必须有真实、完整的药品购进记录。药品购进记录必须注明药品的通用名称、剂型、规格、批号、有效期、生产厂商、供货单位、购货数量、购进价格、购货日期以及国务院药品监督管理部门规定的其他内容。

第二十七条 医疗机构向患者提供的药品应当与诊疗范围相适应，并凭执业医师或者执业助理医师的处方调配。

计划生育技术服务机构采购和向患者提供药品，其范围应当与经批准的服务范围相一致，并凭执业医师或者执业助理医师的处方调配。

个人设置的门诊部、诊所等医疗机构不得配备常用药品和急救药品以外的其他药品。常用药品和急救药品的范围和品种，由所在地的省、自治区、直辖市人民政府卫生行政部门会同同级人民政府药品监督管理部门规定。

第五章 药品管理

第二十八条 药物非临床安全性评价研究机构必须执行《药物非临床研究质量管理规范》，药物临床试验机构必须执行《药物临床试验质量管理规范》。《药物非临床研究质量管理规范》、《药物临床试验质量管理规范》由国务院药品监督管理部门分别商国务院科学技术行政部门和国务院卫生行政部门制定。

第二十九条 药物临床试验、生产药品和进口药品，应当符合《药品管理法》及本条例的规定，经国务院药品监督管理部门审查批准；国务院药品监督管理部门可以委托省、自治区、直辖市人民政府药品监督管理部门对申报药物的研制情况及条件进行审查，对申报资料进行形式审查，并对试制的样品进行检验。具体办法由国务院药品监督管理部门制定。

第三十条 研制新药，需要进行临床试验的，应当依照《药品管理法》第二十九条的规定，经国务院药品监督管理部门批准。

药物临床试验申请经国务院药品监督管理部门批准后，申报人应当在经依法认定的具有药物临床试验资格的机构中选择承担药物临床试验的机构，并将该临床试验机构报国务院药品监督管理部门和国务院卫生行政部门备案。

药物临床试验机构进行药物临床试验，应当事先告知受试者或者其监护人真实情况，并取得其书面同意。

第三十一条 生产已有国家标准的药品，应当按照国务院药品监督管理部门的规定，向省、自治区、直辖市人民政府药品监督管理部门或者国务院药品监督管理部门提出申请，报送有关技术资料并提供相关证明文件。省、自治区、直辖市人民政府药品监督管理部门应当自受理申请之日起30个工作日内进行审查，提出意见后报送国务院药品监督管理部门审核，并同时将审查意见通知申报方。国务院药品监督管理部门经审核符合规定的，发给药品批准文号。

第三十二条 变更研制新药、生产药品和进口药品已获批准证明文件及其附件中载明事项的，应当向国务院药品监督管理部门提出补充申请；国务院药品监督管理部门经审核符合规定的，应当予以批准。其中，不改变药品内在质量的，应当向省、自治区、直辖市人民政府药品监督管理部门提出补充申请；省、自治区、直辖市人民政府药品监督管理部门经审核符合规定的，应当予以批准，并报国务院药品监督管理部门备案。不改变药品内在质量的补充申请事项由国务院药品监督管理部门制定。

第三十三条 国务院药品监督管理部门根据保护公众健康的要求，可以对药品生产企业生产的新药品种设立不超过5年的监测期；在监测期内，不得批准其他企业生产和进口。

第三十四条 国家对获得生产或者销售含有新型化学成分药品许可的生产者或者销售者提交的自行取得且未披露的试验数据和其他数据实施保护，任何人不得对该未披露的试验数据和其他数据进行不正当的商业利用。

自药品生产者或者销售者获得生产、销售新型化学成分药品的许可证明文件之日起6年内,对其他申请人未经已获得许可的申请人同意,使用前款数据申请生产、销售新型化学成分药品许可的,药品监督管理部门不予许可;但是,其他申请人提交自行取得数据的除外。

除下列情形外,药品监督管理部门不得披露本条第一款规定的数据:

(一)公共利益需要;

(二)已采取措施确保该类数据不会被不正当地进行商业利用。

第三十五条 申请进口的药品,应当是在生产国家或者地区获得上市许可的药品;未在生产国家或者地区获得上市许可的,经国务院药品监督管理部门确认该药品品种安全、有效而且临床需要的,可以依照《药品管理法》及本条例的规定批准进口。

进口药品,应当按照国务院药品监督管理部门的规定申请注册。国外企业生产的药品取得《进口药品注册证》,中国香港、澳门和台湾地区企业生产的药品取得《医药产品注册证》后,方可进口。

第三十六条 医疗机构因临床急需进口少量药品的,应当持《医疗机构执业许可证》向国务院药品监督管理部门提出申请;经批准后,方可进口。进口的药品应当在指定医疗机构内用于特定医疗目的。

第三十七条 进口药品到岸后,进口单位应当持《进口药品注册证》或者《医药产品注册证》以及产地证明原件、购货合同副本、装箱单、运单、货运发票、出厂检验报告书、说明书等材料,向口岸所在地药品监督管理部门备案。口岸所在地药品监督管理部门经审查,提交的材料符合要求的,发给《进口药品通关单》。进口单位凭《进口药品通关单》向海关办理报关验放手续。

口岸所在地药品监督管理部门应当通知药品检验机构对进口药品逐批进行抽查检验;但是,有《药品管理法》第四十一条规定情形的除外。

第三十八条 疫苗类制品、血液制品、用于血源筛查的体外诊断试剂以及国务院药品监督管理部门规定的其他生物制品在销售前或者进口时,应当按照国务院药品监督管理部门的规定进行检验或者审核批准;检验不合格或者未获批准的,不得销售或者进口。

第三十九条 国家鼓励培育中药材。对集中规模化栽培养殖、质量可以控制并符合国务院药品监督管理部门规定条件的中药材品种,实行批准文号管理。

第四十条 国务院药品监督管理部门对已批准生产、销售的药品进行再评价,根据药品再评价结果,可以采取责令修改药品说明书,暂停生产、销售和使用的措施;对不良反应大或者其他原因危害人体健康的药品,应当撤销该药品批准证明文件。

第四十一条 国务院药品监督管理部门核发的药品批准文号、《进口药品注册证》、《医药产品注册证》的有效期为5年。有效期届满,需要继续生产或者进口的,应当在有效期届满前6个月申请再注册。药品再注册时，应当按照国务院药品监督管理部门的规定报送相关资料。有效期届满，未申请再注册或者经审查不符合国务院药品监督管理部门关于再注册的规定的，注销其药品批准文号、《进口药品注册证》或者《医药产品注册证》。

药品批准文号的再注册由省、自治区、直辖市人民政府药品监督管理部门审批，并报国务院药品监督管理部门备案；《进口药品注册证》、《医药产品注册证》的再注册由国务院药品监督管理部门审批。

第四十二条　非药品不得在其包装、标签、说明书及有关宣传资料上进行含有预防、治疗、诊断人体疾病等有关内容的宣传；但是，法律、行政法规另有规定的除外。

第六章　药品包装的管理

第四十三条　药品生产企业使用的直接接触药品的包装材料和容器，必须符合药用要求和保障人体健康、安全的标准，并经国务院药品监督管理部门批准注册。

直接接触药品的包装材料和容器的管理办法、产品目录和药用要求与标准，由国务院药品监督管理部门组织制定并公布。

第四十四条　生产中药饮片，应当选用与药品性质相适应的包装材料和容器；包装不符合规定的中药饮片，不得销售。中药饮片包装必须印有或者贴有标签。

中药饮片的标签必须注明品名、规格、产地、生产企业、产品批号、生产日期，实施批准文号管理的中药饮片还必须注明药品批准文号。

第四十五条　药品包装、标签、说明书必须依照《药品管理法》第五十四条和国务院药品监督管理部门的规定印制。

药品商品名称应当符合国务院药品监督管理部门的规定。

第四十六条　医疗机构配制制剂所使用的直接接触药品的包装材料和容器、制剂的标签和说明书应当符合《药品管理法》第六章和本条例的有关规定，并经省、自治区、直辖市人民政府药品监督管理部门批准。

第七章　药品价格和广告的管理

第四十七条　政府价格主管部门依照《价格法》第二十八条的规定实行药品价格

监测时，为掌握、分析药品价格变动和趋势，可以指定部分药品生产企业、药品经营企业和医疗机构作为价格监测定点单位；定点单位应当给予配合、支持，如实提供有关信息资料。

第四十八条 发布药品广告，应当向药品生产企业所在地省、自治区、直辖市人民政府药品监督管理部门报送有关材料。省、自治区、直辖市人民政府药品监督管理部门应当自收到有关材料之日起10个工作日内作出是否核发药品广告批准文号的决定；核发药品广告批准文号的，应当同时报国务院药品监督管理部门备案。具体办法由国务院药品监督管理部门制定。

发布进口药品广告，应当依照前款规定向进口药品代理机构所在地省、自治区、直辖市人民政府药品监督管理部门申请药品广告批准文号。

在药品生产企业所在地和进口药品代理机构所在地以外的省、自治区、直辖市发布药品广告的，发布广告的企业应当在发布前向发布地省、自治区、直辖市人民政府药品监督管理部门备案。接受备案的省、自治区、直辖市人民政府药品监督管理部门发现药品广告批准内容不符合药品广告管理规定的，应当交由原核发部门处理。

第四十九条 经国务院或者省、自治区、直辖市人民政府的药品监督管理部门决定，责令暂停生产、销售和使用的药品，在暂停期间不得发布该品种药品广告；已经发布广告的，必须立即停止。

第五十条 未经省、自治区、直辖市人民政府药品监督管理部门批准的药品广告，使用伪造、冒用、失效的药品广告批准文号的广告，或者因其他广告违法活动被撤销药品广告批准文号的广告，发布广告的企业、广告经营者、广告发布者必须立即停止该药品广告的发布。

对违法发布药品广告，情节严重的，省、自治区、直辖市人民政府药品监督管理部门可以予以公告。

第八章 药品监督

第五十一条 药品监督管理部门（含省级人民政府药品监督管理部门依法设立的药品监督管理机构，下同）依法对药品的研制、生产、经营、使用实施监督检查。

第五十二条 药品抽样必须由两名以上药品监督检查人员实施，并按照国务院药品监督管理部门的规定进行抽样；被抽检方应当提供抽检样品，不得拒绝。

药品被抽检单位没有正当理由，拒绝抽查检验的，国务院药品监督管理部门和被抽检单位所在地省、自治区、直辖市人民政府药品监督管理部门可以宣布停止该单位拒绝抽检的药品上市销售和使用。

第五十三条 对有掺杂、掺假嫌疑的药品，在国家药品标准规定的检验方法和检验项目不能检验时，药品检验机构可以补充检验方法和检验项目进行药品检验；经国务院药品监督管理部门批准后，使用补充检验方法和检验项目所得出的检验结果，可以作为药品监督管理部门认定药品质量的依据。

第五十四条 国务院和省、自治区、直辖市人民政府的药品监督管理部门应当根据药品质量抽查检验结果，定期发布药品质量公告。药品质量公告应当包括抽验药品的品名、检品来源、生产企业、生产批号、药品规格、检验机构、检验依据、检验结果、不合格项目等内容。药品质量公告不当的，发布部门应当自确认公告不当之日起5日内，在原公告范围内予以更正。

当事人对药品检验机构的检验结果有异议，申请复验的，应当向负责复验的药品检验机构提交书面申请、原药品检验报告书。复验的样品从原药品检验机构留样中抽取。

第五十五条 药品监督管理部门依法对有证据证明可能危害人体健康的药品及其有关证据材料采取查封、扣押的行政强制措施的，应当自采取行政强制措施之日起7日内作出是否立案的决定；需要检验的，应当自检验报告书发出之日起15日内作出是否立案的决定；不符合立案条件的，应当解除行政强制措施；需要暂停销售和使用的，应当由国务院或者省、自治区、直辖市人民政府的药品监督管理部门作出决定。

第五十六条 药品抽查检验，不得收取任何费用。

当事人对药品检验结果有异议，申请复验的，应当按照国务院有关部门或者省、自治区、直辖市人民政府有关部门的规定，向复验机构预先支付药品检验费用。复验结论与原检验结论不一致的，复验检验费用由原药品检验机构承担。

第五十七条 依据《药品管理法》和本条例的规定核发证书、进行药品注册、药品认证和实施药品审批检验及其强制性检验，可以收取费用。具体收费标准由国务院财政部门、国务院价格主管部门制定。

第九章 法律责任

第五十八条 药品生产企业、药品经营企业有下列情形之一的，由药品监督管理部门依照《药品管理法》第七十九条的规定给予处罚：

（一）开办药品生产企业、药品生产企业新建药品生产车间、新增生产剂型，在国务院药品监督管理部门规定的时间内未通过《药品生产质量管理规范》认证，仍进行药品生产的；

(二) 开办药品经营企业,在国务院药品监督管理部门规定的时间内未通过《药品经营质量管理规范》认证,仍进行药品经营的。

第五十九条 违反《药品管理法》第十三条的规定,擅自委托或者接受委托生产药品的,对委托方和受托方均依照《药品管理法》第七十四条的规定给予处罚。

第六十条 未经批准,擅自在城乡集市贸易市场设点销售药品或者在城乡集市贸易市场设点销售的药品超出批准经营的药品范围的,依照《药品管理法》第七十三条的规定给予处罚。

第六十一条 未经批准,医疗机构擅自使用其他医疗机构配制的制剂的,依照《药品管理法》第八十条的规定给予处罚。

第六十二条 个人设置的门诊部、诊所等医疗机构向患者提供的药品超出规定的范围和品种的,依照《药品管理法》第七十三条的规定给予处罚。

第六十三条 医疗机构使用假药、劣药的,依照《药品管理法》第七十四条、第七十五条的规定给予处罚。

第六十四条 违反《药品管理法》第二十九条的规定,擅自进行临床试验的,对承担药物临床试验的机构,依照《药品管理法》第七十九条的规定给予处罚。

第六十五条 药品申报者在申报临床试验时,报送虚假研制方法、质量标准、药理及毒理试验结果等有关资料和样品的,国务院药品监督管理部门对该申报药品的临床试验不予批准,对药品申报者给予警告;情节严重的,3年内不受理该药品申报者申报该品种的临床试验申请。

第六十六条 生产没有国家药品标准的中药饮片,不符合省、自治区、直辖市人民政府药品监督管理部门制定的炮制规范的;医疗机构不按照省、自治区、直辖市人民政府药品监督管理部门批准的标准配制制剂的,依照《药品管理法》第七十五条的规定给予处罚。

第六十七条 药品监督管理部门及其工作人员违反规定,泄露生产者、销售者为获得生产、销售含有新型化学成分药品许可而提交的未披露试验数据或者其他数据,造成申请人损失的,由药品监督管理部门依法承担赔偿责任;药品监督管理部门赔偿损失后,应当责令故意或者有重大过失的工作人员承担部分或者全部赔偿费用,并对直接责任人员依法给予行政处分。

第六十八条 药品生产企业、药品经营企业生产、经营的药品及医疗机构配制的制剂,其包装、标签、说明书违反《药品管理法》及本条例规定的,依照《药品管理法》第八十六条的规定给予处罚。

第六十九条 药品生产企业、药品经营企业和医疗机构变更药品生产经营许可事项，应当办理变更登记手续而未办理的，由原发证部门给予警告，责令限期补办变更登记手续；逾期不补办的，宣布其《药品生产许可证》、《药品经营许可证》和《医疗机构制剂许可证》无效；仍从事药品生产经营活动的，依照《药品管理法》第七十三条的规定给予处罚。

第七十条 篡改经批准的药品广告内容的，由药品监督管理部门责令广告主立即停止该药品广告的发布，并由原审批的药品监督管理部门依照《药品管理法》第九十二条的规定给予处罚。

药品监督管理部门撤销药品广告批准文号后，应当自作出行政处理决定之日起5个工作日内通知广告监督管理机关。广告监督管理机关应当自收到药品监督管理部门通知之日起15个工作日内，依照《中华人民共和国广告法》的有关规定作出行政处理决定。

第七十一条 发布药品广告的企业在药品生产企业所在地或者进口药品代理机构所在地以外的省、自治区、直辖市发布药品广告，未按照规定向发布地省、自治区、直辖市人民政府药品监督管理部门备案的，由发布地的药品监督管理部门责令限期改正；逾期不改正的，停止该药品品种在发布地的广告发布活动。

第七十二条 未经省、自治区、直辖市人民政府药品监督管理部门批准，擅自发布药品广告的，药品监督管理部门发现后，应当通知广告监督管理部门依法查处。

第七十三条 违反《药品管理法》和本条例的规定，有下列行为之一的，由药品监督管理部门在《药品管理法》和本条例规定的处罚幅度内从重处罚：

（一）以麻醉药品、精神药品、医疗用毒性药品、放射性药品冒充其他药品，或者以其他药品冒充上述药品的；

（二）生产、销售以孕产妇、婴幼儿及儿童为主要使用对象的假药、劣药的；

（三）生产、销售的生物制品、血液制品属于假药、劣药的；

（四）生产、销售、使用假药、劣药，造成人员伤害后果的；

（五）生产、销售、使用假药、劣药，经处理后重犯的；

（六）拒绝、逃避监督检查，或者伪造、销毁、隐匿有关证据材料的，或者擅自动用查封、扣押物品的。

第七十四条 药品监督管理部门设置的派出机构，有权作出《药品管理法》和本条例规定的警告、罚款、没收违法生产、销售的药品和违法所得的行政处罚。

第七十五条 药品经营企业、医疗机构未违反《药品管理法》和本条例的有关规定，并有充分证据证明其不知道所销售或者使用的药品是假药、劣药的，应当没收其销售或者使用的假药、劣药和违法所得；但是，可以免除其他行政处罚。

第七十六条 依照《药品管理法》和本条例的规定没收的物品，由药品监督管理部门按照规定监督处理。

第十章 附 则

第七十七条 本条例下列用语的含义：

药品合格证明和其他标识，是指药品生产批准证明文件、药品检验报告书、药品的包装、标签和说明书。

新药，是指未曾在中国境内上市销售的药品。

处方药，是指凭执业医师和执业助理医师处方方可购买、调配和使用的药品。

非处方药，是指由国务院药品监督管理部门公布的，不需凭执业医师和执业助理医师处方，消费者可以自行判断、购买和使用的药品。

医疗机构制剂，是指医疗机构根据本单位临床需要经批准而配制、自用的固定处方制剂。

药品认证，是指药品监督管理部门对药品研制、生产、经营、使用单位实施相应质量管理规范进行检查、评价并决定是否发给相应认证证书的过程。

药品经营方式，是指药品批发和药品零售。

药品经营范围，是指经药品监督管理部门核准经营药品的品种类别。

药品批发企业，是指将购进的药品销售给药品生产企业、药品经营企业、医疗机构的药品经营企业。

药品零售企业，是指将购进的药品直接销售给消费者的药品经营企业。

第七十八条 《药品管理法》第四十一条中"首次在中国销售的药品"，是指国内或者国外药品生产企业第一次在中国销售的药品，包括不同药品生产企业生产的相同品种。

第七十九条 《药品管理法》第五十九条第二款"禁止药品的生产企业、经营企业或者其代理人以任何名义给予使用其药品的医疗机构的负责人、药品采购人员、医师等有关人员以财物或者其他利益"中的"财物或者其他利益"，是指药品的生产企业、经营企业或者其代理人向医疗机构的负责人、药品采购人员、医师等有关人员提供的目的在于影响其药品采购或者药品处方行为的不正当利益。

第八十条 本条例自2002年9月15日起施行。

附录三　药品、医疗器械、保健食品、特殊医学用途配方食品广告审查管理暂行办法

（2019年12月24日国家市场监督管理总局令第21号公布）

第一条　为加强药品、医疗器械、保健食品和特殊医学用途配方食品广告监督管理，规范广告审查工作，维护广告市场秩序，保护消费者合法权益，根据《中华人民共和国广告法》等法律、行政法规，制定本办法。

第二条　药品、医疗器械、保健食品和特殊医学用途配方食品广告的审查适用本办法。

未经审查不得发布药品、医疗器械、保健食品和特殊医学用途配方食品广告。

第三条　药品、医疗器械、保健食品和特殊医学用途配方食品广告应当真实、合法，不得含有虚假或者引人误解的内容。

广告主应当对药品、医疗器械、保健食品和特殊医学用途配方食品广告内容的真实性和合法性负责。

第四条　国家市场监督管理总局负责组织指导药品、医疗器械、保健食品和特殊医学用途配方食品广告审查工作。

各省、自治区、直辖市市场监督管理部门、药品监督管理部门（以下称广告审查机关）负责药品、医疗器械、保健食品和特殊医学用途配方食品广告审查，依法可以委托其他行政机关具体实施广告审查。

第五条　药品广告的内容应当以国务院药品监督管理部门核准的说明书为准。药品广告涉及药品名称、药品适应证或者功能主治、药理作用等内容的，不得超出说明书范围。

药品广告应当显著标明禁忌、不良反应，处方药广告还应当显著标明"本广告仅供医学药学专业人士阅读"，非处方药广告还应当显著标明非处方药标识（OTC）和"请按药品说明书或者在药师指导下购买和使用"。

第六条　医疗器械广告的内容应当以药品监督管理部门批准的注册证书或者备案凭证、注册或者备案的产品说明书内容为准。医疗器械广告涉及医疗器械名称、适用范围、作用机理或者结构及组成等内容的，不得超出注册证书或者备案凭证、注册或者备案的产品说明书范围。

推荐给个人自用的医疗器械的广告,应当显著标明"请仔细阅读产品说明书或者在医务人员的指导下购买和使用"。医疗器械产品注册证书中有禁忌内容、注意事项的,广告应当显著标明"禁忌内容或者注意事项详见说明书"。

第七条 保健食品广告的内容应当以市场监督管理部门批准的注册证书或者备案凭证、注册或者备案的产品说明书内容为准,不得涉及疾病预防、治疗功能。保健食品广告涉及保健功能、产品功效成分或者标志性成分及含量、适宜人群或者食用量等内容的,不得超出注册证书或者备案凭证、注册或者备案的产品说明书范围。

保健食品广告应当显著标明"保健食品不是药物,不能代替药物治疗疾病",声明本品不能代替药物,并显著标明保健食品标志、适宜人群和不适宜人群。

第八条 特殊医学用途配方食品广告的内容应当以国家市场监督管理总局批准的注册证书和产品标签、说明书为准。特殊医学用途配方食品广告涉及产品名称、配方、营养学特征、适用人群等内容的,不得超出注册证书、产品标签、说明书范围。

特殊医学用途配方食品广告应当显著标明适用人群、"不适用于非目标人群使用"、"请在医生或者临床营养师指导下使用"。

第九条 药品、医疗器械、保健食品和特殊医学用途配方食品广告应当显著标明广告批准文号。

第十条 药品、医疗器械、保健食品和特殊医学用途配方食品广告中应当显著标明的内容,其字体和颜色必须清晰可见、易于辨认,在视频广告中应当持续显示。

第十一条 药品、医疗器械、保健食品和特殊医学用途配方食品广告不得违反《中华人民共和国广告法》第九条、第十六条、第十七条、第十八条、第十九条规定,不得包含下列情形:

(一)使用或者变相使用国家机关、国家机关工作人员、军队单位或者军队人员的名义或者形象,或者利用军队装备、设施等从事广告宣传。

(二)使用科研单位、学术机构、行业协会或者专家、学者、医师、药师、临床营养师、患者等的名义或者形象作推荐、证明。

(三)违反科学规律,明示或者暗示可以治疗所有疾病、适应所有症状、适应所有人群,或者正常生活和治疗病症所必需等内容。

(四)引起公众对所处健康状况和所患疾病产生不必要的担忧和恐惧,或者使公众误解不使用该产品会患某种疾病或者加重病情的内容。

(五)含有"安全"、"安全无毒副作用"、"毒副作用小";明示或者暗示成分为"天然",因而安全性有保证等内容。

(六)含有"热销、抢购、试用"、"家庭必备、免费治疗、免费赠送"等诱导性内容,"评比、排序、推荐、指定、选用、获奖"等综合性评价内容,"无效退款、保险公司保险"

等保证性内容，怂恿消费者任意、过量使用药品、保健食品和特殊医学用途配方食品的内容。

（七）含有医疗机构的名称、地址、联系方式、诊疗项目、诊疗方法以及有关义诊、医疗咨询电话、开设特约门诊等医疗服务的内容。

（八）法律、行政法规规定不得含有的其他内容。

第十二条 药品、医疗器械、保健食品和特殊医学用途配方食品注册证明文件或者备案凭证持有人及其授权同意的生产、经营企业为广告申请人（以下简称申请人）。

申请人可以委托代理人办理药品、医疗器械、保健食品和特殊医学用途配方食品广告审查申请。

第十三条 药品、特殊医学用途配方食品广告审查申请应当依法向生产企业或者进口代理人等广告主所在地广告审查机关提出。

医疗器械、保健食品广告审查申请应当依法向生产企业或者进口代理人所在地广告审查机关提出。

第十四条 申请药品、医疗器械、保健食品、特殊医学用途配方食品广告审查，应当依法提交《广告审查表》、与发布内容一致的广告样件，以及下列合法有效的材料：

（一）申请人的主体资格相关材料，或者合法有效的登记文件；

（二）产品注册证明文件或者备案凭证、注册或者备案的产品标签和说明书，以及生产许可文件；

（三）广告中涉及的知识产权相关有效证明材料。

经授权同意作为申请人的生产、经营企业，还应当提交合法的授权文件；委托代理人进行申请的，还应当提交委托书和代理人的主体资格相关材料。

第十五条 申请人可以到广告审查机关受理窗口提出申请，也可以通过信函、传真、电子邮件或者电子政务平台提交药品、医疗器械、保健食品和特殊医学用途配方食品广告申请。

广告审查机关收到申请人提交的申请后，应当在五个工作日内作出受理或者不予受理决定。申请材料齐全、符合法定形式的，应当予以受理，出具《广告审查受理通知书》。申请材料不齐全、不符合法定形式的，应当一次性告知申请人需要补正的全部内容。

第十六条 广告审查机关应当对申请人提交的材料进行审查，自受理之日起十个工作日内完成审查工作。经审查，对符合法律、行政法规和本办法规定的广告，应当作出审查批准的决定，编发广告批准文号。

对不符合法律、行政法规和本办法规定的广告，应当作出不予批准的决定，送达申请人并说明理由，同时告知其享有依法申请行政复议或者提起行政诉讼的权利。

第十七条　经审查批准的药品、医疗器械、保健食品和特殊医学用途配方食品广告，广告审查机关应当通过本部门网站以及其他方便公众查询的方式，在十个工作日内向社会公开。公开的信息应当包括广告批准文号、申请人名称、广告发布内容、广告批准文号有效期、广告类别、产品名称、产品注册证明文件或者备案凭证编号等内容。

第十八条　药品、医疗器械、保健食品和特殊医学用途配方食品广告批准文号的有效期与产品注册证明文件、备案凭证或者生产许可文件最短的有效期一致。

产品注册证明文件、备案凭证或者生产许可文件未规定有效期的，广告批准文号有效期为两年。

第十九条　申请人有下列情形的，不得继续发布审查批准的广告，并应当主动申请注销药品、医疗器械、保健食品和特殊医学用途配方食品广告批准文号：

（一）主体资格证照被吊销、撤销、注销的；

（二）产品注册证明文件、备案凭证或者生产许可文件被撤销、注销的；

（三）法律、行政法规规定应当注销的其他情形。

广告审查机关发现申请人有前款情形的，应当依法注销其药品、医疗器械、保健食品和特殊医学用途配方食品广告批准文号。

第二十条　广告主、广告经营者、广告发布者应当严格按照审查通过的内容发布药品、医疗器械、保健食品和特殊医学用途配方食品广告，不得进行剪辑、拼接、修改。

已经审查通过的广告内容需要改动的，应当重新申请广告审查。

第二十一条　下列药品、医疗器械、保健食品和特殊医学用途配方食品不得发布广告：

（一）麻醉药品、精神药品、医疗用毒性药品、放射性药品、药品类易制毒化学品，以及戒毒治疗的药品、医疗器械；

（二）军队特需药品、军队医疗机构配制的制剂；

（三）医疗机构配制的制剂；

（四）依法停止或者禁止生产、销售或者使用的药品、医疗器械、保健食品和特殊医学用途配方食品；

（五）法律、行政法规禁止发布广告的情形。

第二十二条　本办法第二十一条规定以外的处方药和特殊医学用途配方食品中的特定全营养配方食品广告只能在国务院卫生行政部门和国务院药品监督管理部门共同指定的医学、药学专业刊物上发布。

不得利用处方药或者特定全营养配方食品的名称为各种活动冠名进行广告宣传。不得使用与处方药名称或者特定全营养配方食品名称相同的商标、企业字号在医学、药学专业刊物以外的媒介变相发布广告，也不得利用该商标、企业字号为各种活动冠名进行广告宣传。

特殊医学用途婴儿配方食品广告不得在大众传播媒介或者公共场所发布。

第二十三条 药品、医疗器械、保健食品和特殊医学用途配方食品广告中只宣传产品名称（含药品通用名称和药品商品名称）的，不再对其内容进行审查。

第二十四条 经广告审查机关审查通过并向社会公开的药品广告，可以依法在全国范围内发布。

第二十五条 违反本办法第十条规定，未显著、清晰表示广告中应当显著标明内容的，按照《中华人民共和国广告法》第五十九条处罚。

第二十六条 有下列情形之一的，按照《中华人民共和国广告法》第五十八条处罚：

（一）违反本办法第二条第二款规定，未经审查发布药品、医疗器械、保健食品和特殊医学用途配方食品广告；

（二）违反本办法第十九条规定或者广告批准文号已超过有效期，仍继续发布药品、医疗器械、保健食品和特殊医学用途配方食品广告；

（三）违反本办法第二十条规定，未按照审查通过的内容发布药品、医疗器械、保健食品和特殊医学用途配方食品广告。

第二十七条 违反本办法第十一条第二项至第五项规定，发布药品、医疗器械、保健食品和特殊医学用途配方食品广告的，依照《中华人民共和国广告法》第五十八条的规定处罚；构成虚假广告的，依照《中华人民共和国广告法》第五十五条的规定处罚。

第二十八条 违反本办法第十一条第六项至第八项规定，发布药品、医疗器械、保健食品和特殊医学用途配方食品广告的，《中华人民共和国广告法》及其他法律法规有规定的，依照相关规定处罚，没有规定的，由县级以上市场监督管理部门责令改正；对负有责任的广告主、广告经营者、广告发布者处以违法所得三倍以下罚款，但最高不超过三万元；没有违法所得的，可处一万元以下罚款。

第二十九条 违反本办法第十一条第一项、第二十一条、第二十二条规定的，按照《中华人民共和国广告法》第五十七条处罚。

第三十条 有下列情形之一的，按照《中华人民共和国广告法》第六十五条处罚：

（一）隐瞒真实情况或者提供虚假材料申请药品、医疗器械、保健食品和特殊医学用途配方食品广告审查的；

（二）以欺骗、贿赂等不正当手段取得药品、医疗器械、保健食品和特殊医学用途配方食品广告批准文号的。

第三十一条 市场监督管理部门对违反本办法规定的行为作出行政处罚决定后，

应当依法通过国家企业信用信息公示系统向社会公示。

第三十二条 广告审查机关的工作人员玩忽职守、滥用职权、徇私舞弊的,依法给予处分。构成犯罪的,依法追究刑事责任。

第三十三条 本办法涉及的文书格式范本由国家市场监督管理总局统一制定。

第三十四条 本办法自2020年3月1日起施行。1996年12月30日原国家工商行政管理局令第72号公布的《食品广告发布暂行规定》,2007年3月3日原国家工商行政管理总局、原国家食品药品监督管理局令第27号公布的《药品广告审查发布标准》,2007年3月13日原国家食品药品监督管理局、原国家工商行政管理总局令第27号发布的《药品广告审查办法》,2009年4月7日原卫生部、原国家工商行政管理总局、原国家食品药品监督管理局令第65号发布的《医疗器械广告审查办法》,2009年4月28日原国家工商行政管理总局、原卫生部、原国家食品药品监督管理局令第40号公布的《医疗器械广告审查发布标准》同时废止。

附录四　互联网药品信息服务管理办法

（2004年7月8日国家食品药品监督管理局令第9号公布　根据2017年11月7日国家食品药品监督管理总局局务会议《关于修改部分规章的决定》修正）

第一条　为加强药品监督管理，规范互联网药品信息服务活动，保证互联网药品信息的真实、准确，根据《中华人民共和国药品管理法》《互联网信息服务管理办法》，制定本办法。

第二条　在中华人民共和国境内提供互联网药品信息服务活动，适用本办法。

本办法所称互联网药品信息服务，是指通过互联网向上网用户提供药品（含医疗器械）信息的服务活动。

第三条　互联网药品信息服务分为经营性和非经营性两类。

经营性互联网药品信息服务是指通过互联网向上网用户有偿提供药品信息等服务的活动。

非经营性互联网药品信息服务是指通过互联网向上网用户无偿提供公开的、共享性药品信息等服务的活动。

第四条　国家食品药品监督管理总局对全国提供互联网药品信息服务活动的网站实施监督管理。

省、自治区、直辖市食品药品监督管理部门对本行政区域内提供互联网药品信息服务活动的网站实施监督管理。

第五条　拟提供互联网药品信息服务的网站，应当在向国务院信息产业主管部门或者省级电信管理机构申请办理经营许可证或者办理备案手续之前，按照属地监督管理的原则，向该网站主办单位所在地省、自治区、直辖市食品药品监督管理部门提出申请，经审核同意后取得提供互联网药品信息服务的资格。

第六条　各省、自治区、直辖市食品药品监督管理部门对本辖区内申请提供互联网药品信息服务的互联网站进行审核，符合条件的核发《互联网药品信息服务资格证书》。

第七条　《互联网药品信息服务资格证书》的格式由国家食品药品监督管理总局统

一制定。

第八条 提供互联网药品信息服务的网站，应当在其网站主页显著位置标注《互联网药品信息服务资格证书》的证书编号。

第九条 提供互联网药品信息服务网站所登载的药品信息必须科学、准确，必须符合国家的法律、法规和国家有关药品、医疗器械管理的相关规定。

提供互联网药品信息服务的网站不得发布麻醉药品、精神药品、医疗用毒性药品、放射性药品、戒毒药品和医疗机构制剂的产品信息。

第十条 提供互联网药品信息服务的网站发布的药品（含医疗器械）广告，必须经过食品药品监督管理部门审查批准。

提供互联网药品信息服务的网站发布的药品（含医疗器械）广告要注明广告审查批准文号。

第十一条 申请提供互联网药品信息服务，除应当符合《互联网信息服务管理办法》规定的要求外，还应当具备下列条件：

（一）互联网药品信息服务的提供者应当为依法设立的企事业单位或者其他组织；

（二）具有与开展互联网药品信息服务活动相适应的专业人员、设施及相关制度；

（三）有两名以上熟悉药品、医疗器械管理法律、法规和药品、医疗器械专业知识，或者依法经资格认定的药学、医疗器械技术人员。

第十二条 提供互联网药品信息服务的申请应当以一个网站为基本单元。

第十三条 申请提供互联网药品信息服务，应当填写国家食品药品监督管理总局统一制发的《互联网药品信息服务申请表》，向网站主办单位所在地省、自治区、直辖市食品药品监督管理部门提出申请，同时提交以下材料：

（一）企业营业执照复印件。

（二）网站域名注册的相关证书或者证明文件。从事互联网药品信息服务网站的中文名称，除与主办单位名称相同的以外，不得以"中国""中华""全国"等冠名；除取得药品招标代理机构资格证书的单位开办的互联网站外，其他提供互联网药品信息服务的网站名称中不得出现"电子商务""药品招商""药品招标"等内容。

（三）网站栏目设置说明（申请经营性互联网药品信息服务的网站需提供收费栏目及收费方式的说明）。

（四）网站对历史发布信息进行备份和查阅的相关管理制度及执行情况说明。

（五）食品药品监督管理部门在线浏览网站上所有栏目、内容的方法及操作说明。

（六）药品及医疗器械相关专业技术人员学历证明或者其专业技术资格证书复印件、网站负责人身份证复印件及简历。

（七）健全的网络与信息安全保障措施，包括网站安全保障措施、信息安全保密管理制度、用户信息安全管理制度。

（八）保证药品信息来源合法、真实、安全的管理措施、情况说明及相关证明。

第十四条 省、自治区、直辖市食品药品监督管理部门在收到申请材料之日起5日内做出受理与否的决定，受理的，发给受理通知书；不受理的，书面通知申请人并说明理由，同时告知申请人享有依法申请行政复议或者提起行政诉讼的权利。

第十五条 对于申请材料不规范、不完整的，省、自治区、直辖市食品药品监督管理部门自申请之日起5日内一次告知申请人需要补正的全部内容；逾期不告知的，自收到材料之日起即为受理。

第十六条 省、自治区、直辖市食品药品监督管理部门自受理之日起20日内对申请提供互联网药品信息服务的材料进行审核，并作出同意或者不同意的决定。同意的，由省、自治区、直辖市食品药品监督管理部门核发《互联网药品信息服务资格证书》，同时报国家食品药品监督管理总局备案并发布公告；不同意的，应当书面通知申请人并说明理由，同时告知申请人享有依法申请行政复议或者提起行政诉讼的权利。

国家食品药品监督管理总局对各省、自治区、直辖市食品药品监督管理部门的审核工作进行监督。

第十七条 《互联网药品信息服务资格证书》有效期为5年。有效期届满，需要继续提供互联网药品信息服务的，持证单位应当在有效期届满前6个月内，向原发证机关申请换发《互联网药品信息服务资格证书》。原发证机关进行审核后，认为符合条件的，予以换发新证；认为不符合条件的，发给不予换发新证的通知并说明理由，原《互联网药品信息服务资格证书》由原发证机关收回并公告注销。

省、自治区、直辖市食品药品监督管理部门根据申请人的申请，应当在《互联网药品信息服务资格证书》有效期届满前作出是否准予其换证的决定。逾期未作出决定的，视为准予换证。

第十八条 《互联网药品信息服务资格证书》可以根据互联网药品信息服务提供者的书面申请，由原发证机关收回，原发证机关应当报国家食品药品监督管理总局备案并发布公告。被收回《互联网药品信息服务资格证书》的网站不得继续从事互联网药品信息服务。

第十九条 互联网药品信息服务提供者变更下列事项之一的，应当向原发证机关申请办理变更手续，填写《互联网药品信息服务项目变更申请表》，同时提供下列相关证明文件：

（一）《互联网药品信息服务资格证书》中审核批准的项目（互联网药品信息服务提供者单位名称、网站名称、IP地址等）；

（二）互联网药品信息服务提供者的基本项目（地址、法定代表人、企业负责人等）；

(三)网站提供互联网药品信息服务的基本情况(服务方式、服务项目等)。

第二十条 省、自治区、直辖市食品药品监督管理部门自受理变更申请之日起20个工作日内作出是否同意变更的审核决定。同意变更的,将变更结果予以公告并报国家食品药品监督管理总局备案;不同意变更的,以书面形式通知申请人并说明理由。

第二十一条 省、自治区、直辖市食品药品监督管理部门对申请人的申请进行审查时,应当公示审批过程和审批结果。申请人和利害关系人可以对直接关系其重大利益的事项提交书面意见进行陈述和申辩。依法应当听证的,按照法定程序举行听证。

第二十二条 未取得或者超出有效期使用《互联网药品信息服务资格证书》从事互联网药品信息服务的,由国家食品药品监督管理总局或者省、自治区、直辖市食品药品监督管理部门给予警告,并责令其停止从事互联网药品信息服务;情节严重的,移送相关部门,依照有关法律、法规给予处罚。

第二十三条 提供互联网药品信息服务的网站不在其网站主页的显著位置标注《互联网药品信息服务资格证书》的证书编号的,国家食品药品监督管理总局或者省、自治区、直辖市食品药品监督管理部门给予警告,责令限期改正;在限定期限内拒不改正的,对提供非经营性互联网药品信息服务的网站处以500元以下罚款,对提供经营性互联网药品信息服务的网站处以5000元以上1万元以下罚款。

第二十四条 互联网药品信息服务提供者违反本办法,有下列情形之一的,由国家食品药品监督管理总局或者省、自治区、直辖市食品药品监督管理部门给予警告,责令限期改正;情节严重的,对提供非经营性互联网药品信息服务的网站处以1000元以下罚款,对提供经营性互联网药品信息服务的网站处以1万元以上3万元以下罚款;构成犯罪的,移送司法部门追究刑事责任:

(一)已经获得《互联网药品信息服务资格证书》,但提供的药品信息直接撮合药品网上交易的;

(二)已经获得《互联网药品信息服务资格证书》,但超出审核同意的范围提供互联网药品信息服务的;

(三)提供不真实互联网药品信息服务并造成不良社会影响的;

(四)擅自变更互联网药品信息服务项目的。

第二十五条 互联网药品信息服务提供者在其业务活动中,违法使用《互联网药品信息服务资格证书》的,由国家食品药品监督管理总局或者省、自治区、直辖市食品药品监督管理部门依照有关法律、法规的规定处罚。

第二十六条 省、自治区、直辖市食品药品监督管理部门违法对互联网药品信息服务申请作出审核批准的,原发证机关应当撤销原批准的《互联网药品信息服务资格证书》,由此给申请人的合法权益造成损害的,由原发证机关依照国家赔偿法的规定给予赔偿;对直接负责的主管人员和其他直接责任人员,由其所在单位或者上级机关依法给予行政处分。

第二十七条 省、自治区、直辖市食品药品监督管理部门应当对提供互联网药品信息服务的网站进行监督检查,并将检查情况向社会公告。

第二十八条 本办法由国家食品药品监督管理总局负责解释。

第二十九条 本办法自公布之日起施行。《互联网药品信息服务管理暂行规定》(国家药品监督管理局令第26号)同时废止。

附录五　国家药监局关于发布医药代表备案管理办法（试行）的公告（2020年第105号）

为规范医药代表学术推广行为，促进医药产业健康有序发展，国家药监局组织制定了《医药代表备案管理办法（试行）》，现予发布。

特此公告。

国家药监局

2020年9月22日

医药代表备案管理办法（试行）

第一条　为规范医药代表学术推广行为，促进医药产业健康有序发展，根据中共中央办公厅　国务院办公厅印发《关于深化审评审批制度改革鼓励药品医疗器械创新的意见》和国务院办公厅印发《关于进一步改革完善药品生产流通使用政策的若干意见》，制定本办法。

第二条　本办法所称医药代表，是指代表药品上市许可持有人在中华人民共和国境内从事药品信息传递、沟通、反馈的专业人员。

医药代表主要工作任务：

（一）拟订医药产品推广计划和方案；

（二）向医务人员传递医药产品相关信息；

（三）协助医务人员合理使用本企业医药产品；

（四）收集、反馈药品临床使用情况及医院需求信息。

第三条　医药代表可通过下列形式开展学术推广等活动：

（一）在医疗机构当面与医务人员和药事人员沟通；

（二）举办学术会议、讲座；

（三）提供学术资料；

（四）通过互联网或者电话会议沟通；

（五）医疗机构同意的其他形式。

第四条 药品上市许可持有人对医药代表的备案和管理负责；药品上市许可持有人为境外企业的，由其指定的境内代理人履行相应责任。

第五条 药品上市许可持有人应当与医药代表签订劳动合同或者授权书，并在国家药品监督管理局指定的备案平台备案医药代表信息。药品上市许可持有人应当按照本办法规定及时做好医药代表备案信息的维护，按要求录入、变更、确认、注销其医药代表信息。

第六条 备案平台可以查验核对备案的医药代表信息，公示药品上市许可持有人或者医药代表的失信及相关违法违规信息，发布有关工作通知公告、政策法规。

备案平台由国家药品监督管理局委托中国药学会建设和维护。

第七条 药品上市许可持有人应当在备案平台上提交下列备案信息：

（一）药品上市许可持有人的名称、统一社会信用代码；

（二）医药代表的姓名、性别、照片；

（三）身份证件种类及号码，所学专业、学历；

（四）劳动合同或者授权书的起止日期；

（五）医药代表负责推广的药品类别和治疗领域等；

（六）药品上市许可持有人对其备案信息真实性的声明。

提交完备案信息后，备案平台自动生成医药代表备案号。

第八条 药品上市许可持有人应当在本公司网站上公示所聘用或者授权的医药代表信息。如本公司没有网站的，应当在相关行业协会网站上公示。

药品上市许可持有人应当公示下列信息：

（一）医药代表备案号；

（二）药品上市许可持有人的名称、统一社会信用代码；

（三）医药代表的姓名、性别、照片；

（四）医药代表负责推广的药品类别和治疗领域等；

（五）劳动合同或者授权书的起止日期。

第九条 医药代表备案信息有变更的，药品上市许可持有人应当在30个工作日内完成备案信息变更，并同步变更网站上公示的信息。

境外药品上市许可持有人变更境内代理人的，由新指定的境内代理人重新确认其名下已备案的医药代表信息。

对不再从事相关工作或者停止授权的医药代表，药品上市许可持有人应当在30个工作日内删除其备案信息。

第十条 药品上市许可持有人被吊销、撤销或者注销药品批准证明文件或者《药品生产许可证》的,药品上市许可持有人应当在行政机关作出行政处罚或者行政决定后30个工作日内删除其备案的医药代表信息。

第十一条 医药代表在医疗机构开展学术推广等活动应当遵守卫生健康部门的有关规定,并获得医疗机构同意。

第十二条 药品上市许可持有人不得有下列情形:

(一)未按规定备案医药代表信息,不及时变更、删除备案信息;

(二)鼓励、暗示医药代表从事违法违规行为;

(三)向医药代表分配药品销售任务,要求医药代表实施收款和处理购销票据等销售行为;

(四)要求医药代表或者其他人员统计医生个人开具的药品处方数量;

(五)在备案中提供虚假信息。

第十三条 医药代表不得有下列情形:

(一)未经备案开展学术推广等活动;

(二)未经医疗机构同意开展学术推广等活动;

(三)承担药品销售任务,实施收款和处理购销票据等销售行为;

(四)参与统计医生个人开具的药品处方数量;

(五)对医疗机构内设部门和个人直接提供捐赠、资助、赞助;

(六)误导医生使用药品,夸大或者误导疗效,隐匿药品已知的不良反应信息或者隐瞒医生反馈的不良反应信息;

(七)其他干预或者影响临床合理用药的行为。

药品上市许可持有人应当对所聘用或者授权的医药代表严格履行管理责任,严禁医药代表存在上述情形。对存在上述情形的医药代表,药品上市许可持有人应当及时予以纠正;情节严重的,应当暂停授权其开展学术推广等活动,并对其进行岗位培训,考核合格后重新确认授权。

第十四条 药品上市许可持有人或者医药代表给予使用其药品的有关人员财物或者其他不正当利益的,依照《中华人民共和国药品管理法》《中华人民共和国反不正当竞争法》等相关法律法规进行调查处理。

第十五条 医疗机构不得允许未经备案的人员对本医疗机构医务人员或者药事人员开展学术推广等相关活动;医疗机构可在备案平台查验核对医药代表备案信息。

第十六条 行业(学)协会等社会机构应当积极发挥行业监督和自律的作用;鼓励行业(学)协会等社会机构依据本办法制定行业规范及其行为准则,建立监督机制、信用分级管理机制和联合奖惩措施。

第十七条 本办法自2020年12月1日起施行。

主要参考文献

［1］王方华．营销管理［M］．2版．北京：机械工业出版社，2012．

［2］吴健安．市场营销学［M］．合肥：安徽人民出版社，1995．

［3］蔡寅二．市场营销学［M］．大连：东北财经大学出版社，1993．

［4］肖辉．实用公共关系学［M］．北京：北京大学出版社，2001．

［5］付晓明．超级销售细节训练［M］．北京：北京科学技术出版社，2004．

［6］赵文明．营销智慧168［M］．北京：机械工业出版社，2006．

［7］张大禄，胡旭，包绍卿．药品经营策略与技巧［M］．北京：中国医药科技出版社，2003．

［8］武汉群．就得这样做销售［M］．北京：中国商业出版社，2005．

［9］马宝琳．医药营销与处方药学术推广［M］．北京：企业管理出版社，2013．

［10］史立臣．医药新营销：制药企业、医药商业企业营销模式转型［M］．北京：企业管理出版社，2017．

［11］傅鸿鹏．中国药物政策研究进展［M］．北京：中国协和医科大学出版社，2017．

［12］李斌．《"健康中国2030"规划纲要》辅导读本［M］．北京：人民卫生出版社，2017．

［13］刘黎红，乔德阳．药品市场营销技术［M］．北京：化学工业出版社，2018．

［14］邹晓徽，宁剑锋，朱文虎．做医生信赖的医药代表：药品合规推广方法与工具［M］．沈阳：沈阳出版社，2020．

［15］中国药店 http://www.bjasyb.com．

［16］医药经济报 http://news.yyjjb.com.cn．

［17］中国营销传播网 http://emkt.com.cn．

［18］360媒体网 http://360mt.com．

［19］39健康网 http://www.39.net．

［20］世纪医药招商网 http://www.yy21.net．

［21］中国产业经济信息网 http://www.cinic.org.cn/zgzz/qy．

［22］逆传播 https://www.nichuanbo.com．